플라스틱 테러범

우리를 독살하는
플라스틱 비즈니스의 모든 것

플라스틱
테러범

도로테 무아장 지음   최린 옮김

LES PLASTIQUEURS
by DOROTHÉE MOISAN

Copyright (C) Calmann-Lévy, 2021
Korean Translation Copyright (C) The Open Books Co., 2023
All rights reserved.

This edition is published by arrangement with Calmann-Lévy through Icarias Agency, Seoul, South Korea.

일러두기
• 각주는 모두 옮긴이주이며, 원주는 미주로 처리했다.
• 두꺼운 서체로 표시한 단어는 책 뒤편의 용어 해설에 설명해 두었다.

이 책은 친환경 인증 용지에 콩기름 잉크로 인쇄했습니다.
표지 유니트 화이트 209g/m² **본문** 친환경미색지 95g/m² **면지** 뉴칼라 68 차콜색 128g/m²

리송에게 —
찌르듯 일깨우는 남자, 절대로 놓치면 안 될 사람.

다비드에게 —
플라스틱 너머로 인간과 희망을 보는 〈멋진 사람〉.

사랑하는 형제들이여, 지식의 진보에 대한 찬사를 들을 때, 악마의 가장 달콤한 속임수는 악마가 존재하지 않는다고 그대들을 설득하는 것임을 결코 잊지 마십시오!

— 샤를 보들레르

플라스틱 폭탄으로 폭파하다plastiquer:

플라스틱 폭탄으로 어느 장소를 파괴하거나 훼손하는 행위

〈플라스틱 테러범plastiqueur〉:

플라스틱으로 환경과 공중 보건을 파괴하거나 훼손하는 기업

원서 편집자의 말

이 책에서 다루는 몇몇 문제는 2020년 4월부터 10월까지 뉴스 사이트 레주르(www.lesjours.fr)에 「플라스틱 테러범Les Plastiqueurs」이라는 제목으로 연재된 기사의 주제였다.

저자의 말

주석에 따로 언급한 경우를 제외하고, 인용문은 저자가 나눈 인터뷰 또는 저자가 참석한 세미나에서 가져온 것이다.

들어가기 전에

〈플라스틱스유럽,* 플라스틱 폐기물 종식 연맹** 그리고 당신이 연락을 취했던 다른 여러 조직과 의논한 결과, 응답을 하지 않는 것으로 합의했습니다.〉 흔해 빠진 일회용 플라스틱처럼 버림받았다. 아무리 마음의 준비를 해두어도, 매번 기분이 이상하다. 플라스틱 문제를 조사하며 1년을 보냈고, 난 매우 참을성 있게 ─ 그리고 정중하게 ─ 업계의 유명 인사들, 전문가 협회, 또한 제품의 포장 용기가 해변에 나뒹굴도록 내버려 둔 기업들에 인터뷰를 요청했다. 끊임없이 접촉을 시도했지만 대답은 항상 〈아니요〉였다. 아주 간단하게 〈아니요〉라는 대답만 왔다. 인터뷰를 거절하는 이유가 뭐죠? 왜냐하면…… 때문입니다. 짧게 대답이 왔다.

　처음에는 코베스트로***의 CEO이자, 강력한 압력 단체인 플라스틱스유럽의 신임 회장이며, 50개의 다국적 플라스틱 기업체 모임 플라스틱 폐기물 종식 연맹의 회원이기도 한 마르쿠스 슈타

---

* PlasticsEurope. 유럽의 플라스틱 생산자 연맹. 유럽 플라스틱 제조업을 대표한다.

** Alliance to End Plastic Waste, AEPW. 싱가포르에 본부를 둔 산업 기반의 비정부 및 비영리 단체.

*** Covestro. 다양한 폴리우레탄 및 폴리카보네이트 기반 원료를 생산하는 독일 기업.

일만Markus Steilmann에게 인터뷰 약속을 얻어 냈다. 아마 여러분은 코베스트로에 별다른 흥미를 느끼지 않을 수도 있다. 그러나 코베스트로는 독일의 화학 산업을 이끈 바이엘*의 예전 플라스틱 사업부였다. 2015년에 독립한 코베스트로 ─ 직원 수 총 1만 7,000명, 매출 120억 유로 ─ 는 오늘날 세계의 플라스틱, 특히 비스페놀 A가 함유된 폴리우레탄(소파용 폼)과 폴리카보네이트를 대량으로 생산하는 업체 가운데 손꼽히는 회사다. 성가신 질문이 간혹 있었지만 ─ 대기업은 대개 사전에 질문 내용을 보내 줄 것을 요구한다 ─ 인터뷰를 허락했다. 2020년 11월 2일, 오후 2시 30분이었다. 그래 한번 붙어 보자. 저널리스트에게 가장 어려운 일은 인터뷰 약속을 받아 내는 것이기 때문이다. 일단 날짜와 시간이 정해지면 되돌릴 수 없다. 대체로 그렇다. 생각해 보니 인터뷰가 만성절(萬聖節) 다음 날이었다. 벌써 죽음의 냄새가 나는 것 같았다.

인터뷰가 취소되어 분한 마음은 다소나마 저널리스트의 직업적 자부심으로 바뀌었다. 사실, 이 이메일은 관련 업계가 나와는 더 이상 말을 하지 않겠다고 서로 협의했다는 내용 그 이상도 그 이하도 아니었다. 프랑스 통신사인 AFP에서 근무한 18년을 포함해 21년을 기자로 일한 나로서는 처음 겪는 일이었다. 약속이나 한 듯이 네슬레Nestlé, 다논Danone, 카르푸Carrefour, 더욱이 전 세계의 거대 브랜드 여러 곳과 협력하는 엘런 맥아더 재단**까지

---

* Bayer. 독일의 화학, 제약 기업. 1863년에 창립했다.
** Ellen MacArthur Foundation. 순환 경제를 촉진하는 영국의 자선 단체.

플라스틱에 대해 언급하기를 거부했다. 한편에서는 플라스틱 발자국을 줄이자며 홍보를 많이 하면서, 다른 한편으로는 바로 그 주제를 다루려는 책에 답변하기를 거부하다니 이상하다. 기업들이 무언가 숨길 것이 있는 걸까? 이번 조사를 통해 나는 어릴 적의 부드러운 **PVC** 인형과 **비스페놀**로 된 첫 장난감 총이 내게 알려준 마법과 같은 플라스틱 이야기가 어떤 점에서 현실보다는 우화에 가까웠다는 걸 이해하게 되었다. 플라스틱 테러범들이 펼치는 망상의 세계에 오신 것을 환영한다.

차례

머리말

3퍼센트. 이 수치는 향후 몇 년 동안의 플라스틱 생산품 성장을 예측한 것이다. 이것을 알게 된 날, 나는 낡은 계산기를 꺼내서 계산한 후에 상상조차 할 수 없었던 사실을 깨달았다. 매년 3퍼센트로 성장한다는 건 20년 내에 전 세계 생산량이 두 배로 증가한다는 의미였다. 그런데 왜 아무도 내게 이 사실을 말해 주지 않았을까? 이렇게 명백한 사실이 어떻게 정치인과 언론을 피해 갈 수 있었을까? 무엇보다도, 관련 산업이 이 정도로 성장하는데, 귀가 닳도록 들어 왔던 플라스틱 오염과의 싸움이 도대체 어떻게 그것과 절충점을 찾길 바랄 수 있었던 것일까? 빨대와 면봉 사용을 금지한다고 해서 문제를 충분히 해결할 수 없을 것임은 분명하다.

코로나19와 그로 인한 플라스틱 쓰레기의 폭발적인 증가는 겉으로 드러나지 않는 현실을 더욱 눈에 띄게 만들었을 뿐이다. 플라스틱은 죽지 않았다. 그것의 생명력은 아직 여전하다. 플라스틱은 그 어느 때보다 활발하게 움직이고 있다. 한 전염병이 과거의 전염병을 돌아오게 만드는 데 몇 주만으로 충분했다. 폴리프로필렌 마스크, 손 세정제 용기, 투명 합성수지로 된 가림막, PVC로 만든 얼굴 가리개, 폴리스타이렌*으로 포장된 택배 물품······. 병원, 교통수단, 슈퍼마켓뿐만 아니라 거리, 강, 소각로에서도 플라스틱이 차고 넘치는 걸 볼 수 있다.

1907년에 베이클라이트**가 발명된 이후 이 소재는 거의 변하지 않았다. 화학 구조는 동일하며 99퍼센트가 화석 연료, 즉 석유, 가스, 석탄에서 나온다. 말하자면, 아무것도 변하지 않았다. 전혀 변한 것이 없다. 달라진 것이 있다면 일회용품의 등장이다. 그 전까지 인류는 커피 잔을 세척해서 썼는데, 어느 날 커피 잔을 사용한 후 버리는 걸 배웠다. 더 정확히 말하자면, 사람들이 그렇게 하는 방법을 가르쳤다. 처음에는 어려움이 있었다. 1950년대에 커피 자판기가 첫선을 보였을 때, 어떤 사람들은 플라스틱 커피 잔을 버리지 않고 보관했다가 씻어서 다시 사용하겠다는 어처구니없는 생각까지 했다. 그러나 얼마 지나지 않아, 판매기의 발치에 때맞춰 놓인 쓰레기통이 그런 사람들을 마지막까지 망설이게 만들었다. 혁신과 홍보 캠페인을 통해 산업계는 우리 삶에 일회용품의 즐거움을 심어 주었다. 이제 미래는 쓰레기통 속에 자리 잡게 될 터였다. 버려지는 모든 제품은 교체될 것이고, 플라스틱 테러범들에게 영원한 번영을 보장할 것이었다.

70년이 지난 후 정말로 바라던 대로 발전했지만, 그 사이에 70억 톤 이상의 플라스틱이 우리 주변에 버려졌다는 사실은 근심거리다. 더 이상 코끼리나 축구장과 비교할 수도 없을 만큼 엄청

---

* 열가소성 플라스틱의 일종.
** 벨기에 태생의 미국 화학자 리오 베이클랜드가 발명한 합성수지의 일종.

난 부피다. 최근 몇 년 동안 이 수치는 미친 듯 정신없이 쌓였고, 관련 연구도 증가했다. 연구 결과에 따라 공포도 커졌다. 연간 플라스틱 생산량은 약 4억 5000만 톤에 근접하는데 이는 인구의 무게와 맞먹는다. 1950년 이후 90억 톤 이상의 플라스틱이 생산되었고, 그중 절반이 지난 15년 동안에 생산되었다. 그중 4분의 3은 쓰레기가 되었고, 대부분은 수백 년 또는 수천 년 동안 분해되지 않을 것이다. 1000만에서 2000만 톤의 플라스틱이 매년 바다로 흘러들어 가는데, 1초마다 1톤씩 해양에 버려지는 셈이다. 인류는 1분마다 전 세계적으로 100만 개의 물병과 1000만 개의 비닐봉지를 소비하고 있다. 시간이 흐르면 플라스틱은 침식 작용, 태양, 산소에 의해 어디에서나 볼 수 있는 미세 입자로 분해된다. 에베레스트 정상, 심해, 우리 몸의 장기, 소금, 맥주, 해산물, 식수, 심지어 젖병의 우유에서도 발견되는데, 일단 이 점은 나중에 다루려 한다. 바다는 더 심각하다. 은하계의 별보다 500배 더 많은 수의 **미세 플라스틱**이 바닷속에 있다.

최근 몇 년 사이에, 시민들이 이 재앙을 인식하기 시작한 것 같다. 위기를 통제하기 위한 법안이 여기저기서 통과되고 있다. 유럽연합은 해변에서 가장 흔하게 볼 수 있는 일회용 플라스틱 제품을 금지했다. 중국은 서구 세계에서 오는 쓰레기에 국경을 닫았고, 아프리카에서는 때로 징역형을 선고하면서까지 비닐봉지 사용을 금지하는 국가가 셀 수 없을 정도다. 낙관적인 사람들은 플라스틱 오염이 곧 근절되리라고 믿기 시작했다. 관련 업계가 그들에게 그런 암시를 주려는 노력을 아끼지 않기 때문에 그런 희망을 갖는 게 이해가 가지 않는 것도 아니다. 해변 청소를 후원하거나 더 나아가 플라스틱 폐기물 종식 연맹이라는 거대 연합 단체를 야심 차게 결성했다. 2019년에 전 세계 거대 플라스틱 제조업체 50개가 결성한 이 단체는 5년간 15억 달러에 달하는 돈을 투자하겠다고 약속했다. 〈함께 플라스틱 쓰레기를 근절하기 위한〉 금액으로는 큰돈이다. 문제는 이 금액을 투자하겠다고 약속했던 바로 그들이 미국에서 새로 석유 화학 공장을 세우는 데 2000억 달러 이상을 투자할 계획이라는 사실이다. 130배를 웃도는 금액이다.

플라스틱 오염과 벌이는 전쟁, 그리고 생산량을 두 배로 늘리려는 막대한 투자. 이런 불편한 모순에서 관심을 돌리려면 교란이 필요하다. 그래서 지난 40년 동안 재활용이라는 최후의 교활한 계략을 내놓았다. 일부 미국 산업체 경영진은 재활용을 촉진하는 것이 소비자에게 죄의식을 덜어 주고 소비에만 집중하도록 장려하기 위해 그들이 고안해 낸 전략에 불과하다는 걸 인정했다. 실제로, 발표된 기적은 신기루에 가까웠다. 1950년 이후 생성된 플라스틱 쓰레기 가운데 단지 9퍼센트만이 재활용되었으며, 12퍼센트는 소각되었고, 나머지는 매립되거나 자연 속에 버려졌다. 제조업체는 재활용을 열렬히 옹호하고, 다수의 비정부기구NGO는 완전히 혼란에 빠진 소비자에게 재활용은 성공할 수 없다는 걸 설명하려고 애쓰는 전례 없는 상황에 이르렀다. 비정부기구가 재활용에 반대한다고? 플라스틱은 확실히 이 세상을 뒤집어 놓고 있다.

이 지점에서 난 벌써 비평가들이 으르렁거리는 소리를 듣는다. 배경 음악은 엘머 푸드 비트*의 히트곡이다. 프랑스 낭트 출신의 이 그룹이 1991년에 콘돔 착용을 장려하며 부른 이 노래의 제목은「플라스틱은 정말 환상적이야Le plastique, c'est fantastique」이다. 맞다, 그건 사실이다. 플라스틱은 오염의 원인이고 종종 유독하고 온실가스의 주요 배출원이지만, 그 그리스 어원인 ⟨plastikos⟩가 의미하듯이 원하는 대로 주조하고 반죽할 수 있으며 상상하는 모든 형태를 가능하게 하는 엄청난 특성을 가진 재료다. 불과 한 세기 만에 플라스틱은 지구 위의 삶에 혁명을 일으켰다. 가볍고, 방수가 되고, 다용도에, 투명하고, 내열성이 있어서 특정 식품을 보존할 수 있으며, 또한 플라스틱은 의료, 건설, 운송, 전자, 통신 분야에 없어서는 안 되는 반드시 필요한 것이 되었다. 오늘날에는 에너지 전환(자동차 배터리, 풍력 터빈 등등)에 꼭 필요한 협력자가 된 것 같다. 우리는 깨닫지 못하고 있지만, 이제 단 몇 초라도 이 물질과 접촉하지 않는 것이 불가능해졌다. ABS수지**로 된 키보드를 사용해서 이 문장을 쓰고 있을 때, 폴리카보네이트로 된 내 스마트폰은 테플론 소재의 케이블을 통해 폴리프로필렌으로 만들어진 전기 콘센트에 연결되어 있다. 내 눈동자는 실리콘 렌즈로 덮여 있고, 양말은 합성 섬유로 짜였고, 내 책상을 비추는 창문은 PVC 제품이다. 플라스틱이 너무 많은 으뜸 패를 쥐고 있어서, 감히 단언하건대, 플라스틱을 완전히 없애는 건 정말이

* Elmer Food Beat. 1986년에 결성된 프랑스 록 그룹.
** 아크릴로나이트릴, 부타디엔, 스티렌의 세 가지 성분으로 이루어진 스티렌 수지.

지 〈완전히 불가능하다〉. 모든 것에서 적당한 대체품을 찾을 수가 없다. 상황이 이렇긴 해도 그 영향력을 줄일 수 있는 여지는 있다. 다만, 그 임무가 엄청나다.

오랫동안 잘못된 질문만 해왔다. 우리는 스스로에게 〈이 플라스틱이 어디로 가고, 어떻게 제거되는 것일까〉라고 묻기만 했다. 이제 〈이 플라스틱은 어디에서 왔고, 어떻게 해야 생산하지 않을 수 있을까〉라고 물어야 한다. 물론 소비자도 플라스틱 오염에 일부분 책임을 져야 한다. 그러나 불성실한 시민들에게 은근히 의존하면서, 제조업계는 자신들의 책임을 너무 빨리 지워 가고 있다. 제조업계는 〈플라스틱은 정말 환상적〉이라고 우리를 설득하기 위해 수십 년 동안 수십억을 투자했다. 이제 어느 정도 균형을 회복해야 할 때다. 이 책의 300여 쪽으로는 충분치 않을 것이다. 〈플라스틱 문제는 심각하기〉 때문이다. 수많은 연구에 따르면, 제조업계에서 내세우는 위생적인 이미지와는 다르게 이 물질은 건강에 위협이 된다. 이 물질의 수명 주기 각 단계, 즉 추출, 정제, 운송, 작업자 제조, 소비자 사용, 소각, 또는 자연 속으로 해체 등의 단계에서 사람의 건강을 위협한다는 얘기다. 이렇게 인간의 건강과 환경에 주는 위협은 플라스틱 입자 자체에 노출되는 것뿐 아니라, 플라스틱과 관련이 있는 화학 물질에 노출되는 것도 원인이다. 이 첨가제 중 일부는 발암성 물질이고, 다른 첨가제는 소량으로도 인체의 기능을 방해할 수 있는 **내분비 교란 물질**이다. 이런 물질이 수만 개에 달한다. 그러나 규제되는 것은 거의 없다. 통제도 되지 않고 있는데, 소비자를 살뜰히 보호하는 지역 중 한 곳인 유럽 역시 상황은 마찬가지다. 〈시스템에 완전히 매몰되어 사람들은 올바른 질문을 할 수가 없습니다. 누구든지 그 상자를 여는 사람은 자신의 인생을 걸어야 합니다.〉 유럽의 한 전문가는 오래전에 이 위험한 판도라의 상자를 열었던 사람에게서 봄 직한 지치고 짜증스러운 표정으로 이렇게 설명했다.

밀접한 연관성을 지닌 석유 산업과 마찬가지로 플라스틱 산업도 의혹을 바꾸고 조작하는 데 능숙하다. 의혹을 방어하려고 이 분야에서 펼치는 로비는 꽤나 강력하다. 플라스틱은 새로운 담배가 될 것인가, 아니면 새로운 석면이 될 것인가? 담배가 20세기에만 1억 명의 생명을 앗아 가는 동안 반세기에 걸쳐 담배 회사는 담배의 유해성을 부정하고, 이 산업이 계속 번창할 수 있도록 담배와 폐암의 연관성을 강력하게 부인하는 전략을 펼쳤다. 19세기 후반에 널리 사용되었던 석면을 생산한 업계도 길을 열었다. 1930년에 영국에서 실시한 연구에 따르면 석면 먼지와 폐 질환 사이의 〈반박할 수 없는 연관성〉이 드러났다. 업계는 알고 있었지만 직원들에게 계속 이 사실을 숨겼다. 1970년대가 되어서야 그 속임수를 폭로하기 위해 미국에서 소송이 제기되었다. 플라스틱 테러범들은 그 피고석에 앉게 될까?

1장

화석 에너지는 죽었다, 화석 에너지 만세!

〈플라스틱은 기후를 보호한다.〉

플라스틱스유럽[1]

쇼핑 목록을 작성하면서, 자신이 사용하는 볼펜과 기후 변화의 결과를 연결 짓는 사람이 있을까? 분명, 극히 소수만이 그럴 것이다. 그러나 우리의 선반은 석유로 가득 차 있다. 커피 메이커, 의류, 칫솔에 사용되는 플라스틱의 99퍼센트가 화석 에너지에서 나오기 때문에, 만약 우리가 기후 재앙을 피할 (작은) 기회를 갖고자 한다면 화석 에너지를 땅속에 묻힌 상태로 그냥 두어야 한다. 현재의 도표는 다소 암울하지만, 처음에는 모든 것이 좋은 의도, 즉 주사위, 피아노 건반, 당구공을 만들기 위해 상아를 훔치는 밀렵꾼에게서 코끼리를 보호하자는 의도에서 시작되었다. 영국의 화학자 알렉산더 파크스Alexander Parkes는 20년간의 연구 끝에 1860년대에 식물성 재료와 섬유소를 질산과 용매와 혼합하여 최초의 플라스틱을 개발했다. 이 〈파크신〉*은 가열하면 말랑말랑해져서 특정 형태의 물체로 반죽할 수 있고 이것은 식으면서 단단해진다. 파크신은 셀룰로이드라는 이름으로 미국에서 제작되면서, 머리빗과 같은 일상용품의 생산이 가능해졌다. 또한 영화관

* Parkesine. 사상 처음으로 만들어진 플라스틱의 명칭.

에 최초의 필름을 제공하며 제7의 예술이 탄생하는 데에 힘을 보탰다. 이전의 필름은 상아를 연상시키는 크림색이었다.

벨기에 출신의 미국인 화학자 리오 베이클랜드*가 다음 단계를 밟아 최초의 완전 합성 플라스틱을 발명한 건 1907년의 일이다. 최초의 합성 플라스틱 베이클라이트는 석탄으로 만들어졌고 오래된 검은색 다이얼 전화기를 통해 영원히 남게 되었다. 희귀하고 값비싼 소재를 대체하려는 시도는 계속 이어졌다. 이번에는 아시아 깍지벌레가 만들어 내는 호박색 수지로, 전기 절연이라는 특성 때문에 사용되는 셸락**이었다. 셀룰로이드와 베이클라이트는 이전까지 상류층에게만 허용되었던 몇몇 물건을 일반 대중도 사용할 수 있게 하면서 소비 사회의 기반을 구축했다.

다른 주요 벽돌들은 1920년대와 1940년대에 놓였다. 미국 저널리스트 수전 프라인켈Susan Freinkel은 자신의 저서 『플라스틱 사회Plastic: A Toxic Love Story』[2]에서 전설적인 이야기를 들려주는데, 그 이야기에 따르면 스탠더드오일*** — 엑손Exxon, 모빌Mobil, 셰브론****의 조상 격인 회사 — 의 소유주 존 D. 록펠러John D. Rockefeller가 어느 날 한 정유소에서 분출되는 화염을 발견했다고

---

* Leo Baekeland. 미국의 화학자이자 기업가. 플라스틱 공업의 시조로 일컬어지는 인물이다.

** shellac. 니스를 만드는 데 쓰이는 천연수지.

*** Standard Oil. 석유 생산, 운송, 정제, 마케팅에서 타 회사에 비해 월등한 영향력을 가졌던 미국의 석유 화학 회사. 1870년에 설립되었다가 1911년에 여러 회사로 분리되었다.

**** Chevron. 미국 정부가 소유하지 않은 석유 회사 가운데 세계 5위의 기업. 1879년에 설립되었다.

한다. 그는 정유 회사가 정제 과정의 부산물인 에틸렌 가스를 태우고 있다는 설명을 들었다. 〈낭비를 하면 쓰나! 그거로 할 수 있는 일을 찾아보게!〉라고 이 억만장자는 소리를 질렀을 것이다. 〈그거로 할 수 있는 일〉이 오늘날 가장 흔한 플라스틱인 폴리에틸렌이 된 것이다. 「이 이야기가 사실이었는지는 의심의 여지가 많아요.」 수전 프라이켈은 이렇게 고백하고, 이어서 말했다. 「하지만 저는 이것을 신화로 보고 싶습니다. 이 이야기는 토양에서 뽑아 올린 탄화수소가 이런저런 방법으로 이윤을 창출할 수 있다는 전제에서 탄생한 거물, 즉 현대 석유 화학 산업의 기원을 간결하게 묘사하고 있기 때문이죠.」 석유 생산자들은 그때까지만 해도 단순히 쓰레기로 생각했던 것을 버리는 데 아무런 의심의 여지가 없었다. 화학 기업들이 신속히 그들과 협력에 나섰다. 두 차례의 세계 대전 사이에 활약한 최초의 플라스틱 테러범들은 스탠더드 오일, 다우케미칼,* 듀폰,** 바스프,*** 이게파르벤,**** 그리고 ICI*****였다. 20년 동안 그들은 오늘날에도 유명한 플라스틱들을 개발했다. 셀룰로스가 원료인 아세테이트(담배 필터에 들어 있다), 나일론, 폴리스티렌, 폴리에틸렌, PVC, 폴리테트라플루오로에틸렌PTFE 그리고 미국 기업 듀폰이 등록한 상표로 잘 알려진 테프론이 해당된다.

---

* The Dow Chemical Company. 미국의 화학 기업. 2017년 듀폰과 합병했다.

** DuPont. 미국의 화학 기업. 2017년 다우케미칼과 합병했다.

*** BASF. 독일에 본사를 둔 세계 최대 화학 기업.

**** IG Farben. 나치 패망 후 해체된 독일의 확학 공업 기업 집단.

***** Imperial Chemical Industries PLC. 영국의 화학 회사. 2008년에 분리·해체되었다.

폴리머의 촉진제

제2차 세계 대전은 **폴리머** 개발의 촉진제로 작용했다. 장비에서 혁신이 시작되었다. 플라스틱은 낙하산과 비행기뿐 아니라 원자 폭탄에도 사용되었는데, 테프론이 접합부의 밀봉을 책임졌다. 물품 생산은 폭발하듯이 급증했다. 그리고 전쟁이 멈추자 제조업체들은 시민 사회를 향해 서둘러 방향을 바꾸어 물품을 생산하기 시작했다. 듀폰은 흔히 나일론이라고 부르는 폴리아미드로 낙하산을 만드는 대신, 파리에서 샌프란시스코까지 수많은 여성이 사려고 난리를 치는 스타킹을 제조했다. 베이비 붐과 싼값의 플라스틱의 등장이 맞물리면서 특히 번창한 산업이 있었다. 바로 장난감 업체였다. 1945년에서 2020년 사이 장난감 업체의 매출은 1,000배로 증가했다. 지금은 장난감 열 개 중 아홉 개가 플라스틱으로 만들어지고 있다.

플라스틱은 모든 곳에서 모습을 드러냈다. 처음에는 강도와 다용도라는 특징 덕분에 환영을 받았지만, 점차 새로운 특성을 갖게 되었다. 일회용으로 사용할 수 있게 된 것이다. 현대적이라는 것은 곧 플라스틱을 사용한다는 뜻이며, 더 나아가 1955년 『라이프Life』[3]의 유명한 표지에서 보았듯이 이제 사용 후 씻지 않고 바로 버리는 것이 현대적인 것이 되었다. 그 표지에서는 젊은 부부가 웃으면서 플라스틱으로 된 수십 개의 수저, 컵 및 기타 포장지를 주위에 던지고 있는데, 제목은 〈버리며 살기: 일회용품이 집안일을 줄여 줍니다〉였다. 이 물건들을 다 씻으려면 40시간은 소요될 거라는 매우 진지한 설명도 있었다. 다행히 쓰레기통에 공간이 충분했다. 3년 뒤, 아메리칸익스프레스American Express Company 는 최초의 PVC 신용 카드를 출시했다. 무게가 5그램인 이 카드 는 전 세계적으로 꾸준히 성공을 거두었다. 플라스틱을 소비하기 위해 플라스틱으로 만든 5그램짜리 물건이니, 꼬리에 꼬리를 무 는 형국인 셈이다.

그 이후로도 플라스틱 열풍은 흔들리지 않았고, 소비자뿐 아 니라 프랑스 철학자 롤랑 바르트Roland Barthes 같은 철학자들도 플 라스틱에 매혹되었다. 롤랑 바르트는 〈양동이뿐 아니라 보석까 지도 모두 만들어 낼 수 있는〉 이 소재에 말 그대로 깜짝 놀랐다. 그는 1957년에 출판된 선집 『현대의 신화Mythologies』에서 한 텍스 트를 플라스틱에 헌정하기까지 했다. 그는 플라스틱을 〈단조로 움을 허락하는 최초의 마법 같은 재료〉라고 보았다. 그는 계속해 서 이렇게 설명했다. 〈처음으로 기교가 희귀한 것이 아닌 일반적 인 것을 겨냥한다. (······) 물질의 계층 구조가 폐지되고, 단 하나 가 모든 물질을 대체한다. 전 세계가 플라스틱으로 가공될 수 있 고, 생명 그 자체가 그렇게 될지도 모른다. 우리는 플라스틱 소재 의 대동맥을 만들기 시작한 것 같다.〉[4] 이 문장이 세상에 소개된 이후로 실제로 플라스틱은 인간의 육체에 흠뻑 배어들었고, 생산 량은 1950년 200만 톤에서 2020년 4억 톤으로 200배 이상 증가 했다. 이런 성장세를 유지한다면 2040년에는 두 배가 될 것이고 2050년에는 생산량이 10억 톤을 넘어설 것이다.

6종의 플라스틱이 시장의 90퍼센트를 점유하다

수천 가지의 폴리머가 발명되었지만, 단지 여섯 가지가 시장의 90퍼센트가량을 차지한다. 그것들은 모두 **열가소성 플라스틱**으로, 새로운 용도를 위해 다시 녹일 수 있다. 폴리에틸렌, 폴리프로필렌, 폴리스티렌, PVC, 폴리에틸렌테레프탈레이트PET, 직물에 사용되는 합성 섬유(나일론, 폴리에스테르 등등)가 그것이다. 그러나 각각의 물질은 추가하는 첨가제에 따라 수천 가지의 제형을 생성한다. 폴리에틸렌이 하나만 있는 것이 아니라 무수히 많은 폴리에틸렌이 있다. 일곱 번째 폴리머는 폴리우레탄인데 이것도 비교적 널리 보급되어 있다. 제조업계에서 많이 사용하며 신발 밑창에서 흔히 볼 수 있다.[5] 그러나 앞에서 언급한 6종의 플라스틱과는 달리 폴리우레탄은 **열경화성 수지**라는 다른 범주에 속한다. 내구력이 매우 강한 이 플라스틱은 일단 경화되면 고체 상태로 남아 거의 재활용할 수 없다. 21세기가 시작되면서 산업의 무게 중심이 점차 이동하고 있다. 2006년만 해도 유럽과 북아메리카가 여전히 아시아(38퍼센트)를 앞서며 세계 플라스틱의 절반을 생산했는데, 이후 시장 지배력이 역전되었다. 아시아 대륙은 현재 생산량의 51퍼센트를 점유하며 선두를 달리고 유럽과 북미는 35퍼센트를 생산하고 있다.[6] 시멘트, 강철 또는 알루미늄이 퇴장하고, 플라스틱의 수요는 이제 모든 잡다한 재료의 수요를 초과한다.

　　다시 화석 에너지로 돌아가 보자. 플라스틱은 폴리머, 달리 말하면 더 작은 요소인 **모노머***로 구성된 큰 분자다. 이런 폴리머

---

* 단량체(單量體)라고도 한다.

는 석유 증류 시 나오는 **나프타**, 또는 천연가스에 존재하는 **에탄**에서 생산될 수 있다. 아주 간단히 요약하자면, 에탄과 나프타는 탄화수소 분자를 더 작은 분자로 분해하기 위해 거대한 분해 증류용광로 속에서 증기가 있는 상태로 섭씨 800도 이상 가열된다. 이 **증기 분해기**의 출구에서 프로필렌을 얻는데, 무엇보다도 대부분의 플라스틱을 생산할 수 있게 하는 유명한 모노머 에틸렌을 얻게 된다. 남은 일은 그것들을 서로 연결해서 ─ 산업 전문 용어로는 〈중합한다〉고 한다 ─ 폴리에틸렌, 폴리프로필렌, PVC와 그 밖의 플라스틱 알갱이를 얻기 위해 첨가제를 뿌리는 것이다. 첨가제는 플라스틱의 특성을 바꾸는 플라스틱 가공제, 용매, 산화 방지제, 염료, 불연제 등의 화학 물질이다. 이런 화학 물질 없이는 플라스틱이 그렇게 마법을 부리지 못하고, 독성을 지니지도 않을 것이다.

2050년 석탄 화력 발전소 619개에 해당

50년 동안 플라스틱 쓰레기는 눈에 띄는 오염 문제로 많이 거론됐지만, 그것이 기후에 미치는 영향은 그다지 언급되지 않았다. 그러나 모든 플라스틱 조각은 기후를 교란시키는 온실가스를 방출하는 결과를 초래한다. 2020년 처음으로 비정부기구는 플라스틱의 수명 주기 동안 발생하는 배출량을 정량화해 보려 애썼다. 국제 환경법 센터*가 공동으로 진행한 보고서를 통해, 우리는

* The Center for International Environmental Law, CIEL. 전 세계 국제 및 비교 환경법과 정책을 강화하기 위해 1989년 미국에서 설립된 공익 비영리 환경 법률 로펌.

2019년 플라스틱 생산, 폐기 및 소각으로 8억 6000만 톤의 온실가스가 발생했다는 걸 알게 되었는데, 이것은 세계에서 오염이 가장 심한 189개의 석탄 화력 발전소가 배출하는 양과 같다. 현재 속도를 유지한다면, 2030년에는 295개, 2050년에는 619개 석탄 화력 발전소에서 배출하는 양에 해당할 것이다. 예를 들어, 석유 대기업 셸Shell과 엑손모빌ExxonMobil이 펜실베이니아주와 텍사스주에 건설할 계획인 두 개의 에틸렌 생산 공장은 매년 자동차 80만 대가 내뿜는 양에 해당하는 이산화탄소를 배출할 것으로 예상된다. 그리고 〈이 석유 화학 프로젝트는 주로 플라스틱 생산을 위해 미국에서 계획 중인 300개 이상의 공장 설립 또는 확장 프로젝트 가운데 두 개에 불과하다〉.[7]

플라스틱 산업은 독특한 특성이 있다. 석유와 가스는 단순히 플라스틱을 생산해서 스마트폰이나 목욕할 때 갖고 노는 오리로 바꾸는 데 사용되는 에너지가 아니다. 그것들은 플라스틱 산업의 원료이기도 하다. 거의 같은 비율로 쓰인다. 그 결과, **석유 화학**은 세계에서 가장 에너지 집약적인 산업이고 온실가스 배출량 측면에서 시멘트와 철강 다음으로 세 번째 자리를 차지한다. 이 부문의 70퍼센트 이상이 플라스틱을 생산하고 나머지는 주로 비료와 세제에 관여한다. 2018년 국제 에너지 기구International Energy Agency, IEA는 이 부문을 〈에너지 논쟁의 주요 사각지대〉[8] 중 하나로 규정하며 경고했다. 사우디아람코,* 셰브론, 엑손모빌, 셸, 페

---

* Saudi Aramco. 사우디아라비아의 국영 석유·천연가스 회사.

트로차이나,* 코노코필립스,** 또는 토탈***이 150년 동안 전 세계 온실가스 배출의 최초 공헌자[9]였다는 사실을 이미 우리는 알고 있다. 이 기업들이 현재 플라스틱 생산에 투자하는 것을 보면 상위권을 유지하겠다는 그들의 결의를 추측할 수 있다.

석탄과 가스는 공장을 운영하는 에너지원으로 활용되지만, 석유는 전 세계적으로 플라스틱을 생산하는 데에 가장 널리 사용되는 원료다. 국제 에너지 기구의 석유 화학 보고서에 따르면, 1970년 이후 이 산업의 원료로 석유 74퍼센트, 가스는 25퍼센트, 석탄은 1퍼센트 사용됐다고 추정한다. 그러나 2020년에는 석탄의 비중이 플라스틱 생산에서 무시할 수 없게 되어서 5~10퍼센트에 이를 것이다. 세계에서 유일하게 중국이 이 값싼 에너지에 크게 의존하며 지하에 많은 양을 보유하고 있기 때문이다. 베이징은 플라스틱 제조에 사용하는 가스 에틸렌의 20퍼센트를 그렇게 생산한다. 같은 톤의 플라스틱을 생산하는 데 석유보다 석탄이 훨씬 더 많이 필요하므로, 중국의 플라스틱 생산은 가장 오염이 심하고 온실가스를 가장 많이 배출한다.

미국의 셰일가스 혁명

가스의 경우, 미국에서 셰일가스****가 급성장하며 점점 더 대중화

* PetroChina. 중국의 석유 및 천연가스 회사. 중국석유천연가스공사의 상장 계열사.

** ConocoPhillips. 미국 텍사스주 휴스턴에 본사를 둔 에너지 기업.

*** Total. 1924년에 설립된 프랑스의 석유 회사로 6대 슈퍼 메이저 가운데 하나.

**** 탄화수소가 풍부한 셰일 층에서 개발, 생산하는 천연가스. 메탄 70~90퍼센트, 에탄 5퍼센트, 콘덴세이트 5~25퍼센트로 구성된다.

되고 있다. 이 혁명의 결과, 미국은 약 15년 만에 절대 폐위되지 않는 중국이라는 황후의 뒤를 따르는 플라스틱 왕자가 (다시) 되고 말았다. 셰일오일과 셰일가스의 개발은 2000년대 초반에 시작되었다. 환경에 영향을 끼쳐서 많은 논란을 야기했던 기술, 즉 **수압 파쇄법**을 개선했기 때문이다. 이 기술은 물, 모래, 화학 물질의 혼합물을 지하에 주입하는 것인데, 가스와 오일이 표면에 떠오르도록 아주 미세한 균열을 만들기 위해서다. 그러나 이 기술로는 제한된 지역 내에서만 탄화수소를 방출할 수 있어서 기존의 가스나 오일보다 100배 또는 200배 더 많은 유정(油井)을 시추해야 한다. 초기에 아주 많은 양을 시추해야 하므로 몇 달 후면 생산이 중단된다. 적정 생산량을 유지하려면 한시라도 빨리 근처에 새 유정을 뚫어야 하고 이 과정을 지속적으로 반복해야 한다. 그리고 이렇게 진행하려면 거액을 빈번하게 투자해야 한다. 기업들은 언젠가 수익을 창출하리라는 희망으로 조금씩 빚을 더 늘려가는 것이다. 그러나 불행하게도 소수의 기업만이 이익을 낸다. 미국에서 셰일 전문 기업의 4분의 3 이상이 매출액보다 더 많이 투자하고, 종종 정부 보조금으로 유지된다.

플라스틱 테러범들은 셰일가스 냄새를 일찌감치 맡았다. 말하자면, 에탄올이 잘 공급되며 과잉 생산되는 시장에서 셰일가스는 그들에게 환상적인 기회를 준다. 폴리머를 생산할 때 셰일가스 안에 메탄과 함께 섞여 있는 5~10퍼센트의 에탄을 최대한 활용하겠다는 생각이었는데, 이 폴리머는 자동차 연료보다 훨씬 더 높은 부가 가치를 창출한다. 2014년에 미국 화학 협회American

Chemistry Council, ACC의 회장 칼 둘리Cal Dooley는 〈셰일가스 생산의 폭발적인 증가로 미국은 화학 및 플라스틱 제조에 있어 세계에서 가장 매력적인 투자 가치가 있는 장소가 되었다〉고 말했다. 여기서 이 책의 주요 저명인사 가운데 한 명을 소개하게 됐다. 미국 화학 협회는 세계에서 유서 깊은 전문 단체 가운데 하나다. 워싱턴 D.C.에 본부를 둔 이 강력한 로비 단체에는 가공하지 않은 플라스틱을 최초로 생산한 글로벌 기업을 포함하여 170개 미국 기업 또는 외국 기업이 결집되어 있다. 예를 들면, 아르케마,* 바스프, 브라스켐,** 케무어스,*** 셰브론 필립스Chevron Phillips, 코베스트로, 다이킨 인더스트리,**** 다우케미칼, 듀폰, 엑손모빌, 인도라마 Indorama, 사빅,***** 셸, 솔베이,****** 토탈이 이 협회의 회원사다.[10] 미국에 미국 화학 협회가 있다면 유럽에는 플라스틱스유럽이 있다.

과잉 생산의 위협

미국 화학 협회의 호소를 모든 플라스틱 테러범이 들었다. 셰일가스 산업의 경제 모델이 취약했지만, 그들은 특히 에틸렌 생산

* Arkema. 프랑스의 특수 화학 및 첨단 소재 회사.
** Braskem. 상파울루에 본사를 둔 브라질 석유 화학 기업. 라틴 아메리카에서 규모가 가장 크다.
*** Chemours. 2015년 7월 듀폰에서 분사한 미국 화학 기업.
**** Daikin Industry. 일본 오사카에 본사를 둔 에어컨, 화학 제품 제조 기업.
***** Sabic. 사우디아라비아의 다국적 화학 제조 기업.
****** Solvay. 벨기에의 화학 기업.

을 위해 텍사스주, 루이지애나주, 펜실베이니아주, 심지어 오하이오주의 셰일 시추공 근처에 시설을 건설하거나 확장하기 위한 투자를 늘리면서 기회를 잡고자 몰려들었다. 2019년에서 2025년 사이에 에틸렌 생산은 25퍼센트 증가할 것으로 예상된다. 생산력이 계속 증가하면서 과잉 생산을 할 위험에 직면했다. 게다가 저렴한 가스 가격은 플라스틱 가격의 하락으로 이어진다. 그리고 이런 상황은 기어이 발생했다. 2년 만에 폴리프로필렌 가격이 절반으로 떨어진 것이다. 이는 순환 경제에 나쁜 소식일 수밖에 없다. 낮은 가격이 일회용품 제품의 판매를 촉진하지만, 다른 한편으로는 재활용 업체에 불이익을 주기 때문이다. 천연수지 가격이 절반으로 떨어지면 재활용 플라스틱을 누구에게 팔아야 한다는 말인가?

플라스틱 제조업계가 그렇게 투자를 한다는 건 시장이 있다는 이야기다. 기후 보호가 비상사태가 되고 열을 동력으로 하는 자동차가 사라지려는 세상에서 그들은 화석 연료가 반드시 새로운 출구를 찾아야 한다는 것을 알고 있다. 그들은 자신들이 맹신하는 재료가 계속 세상을 뒤덮고 자신들의 미래를 보장하리라는 것을 알고 있다. 그들의 계산은 단순하고 정확하다. 더 많은 사람과 더 많은 수입은 곧 더 많은 플라스틱을 의미하는데, 특히 동남아시아와 아프리카에서 그렇다. 10년 전부터 연간 4퍼센트씩 성장해 왔다는 사실로 미루어 보면 향후 30년 동안 2~4퍼센트 성장이 가능하다.

미국 화학 협회가 의뢰한 연구는 포장재를 많이 소비하는 온

라인 상거래와 음식 배달의 지속적인 증가, 플라스틱이 편재하는 (변기, 파이프 등) 분야에 해당하는 개발 도상국의 〈화장실 혁명〉, 주택 단열재, 전자 장비나 태양 전지판처럼 에너지 전환에 필수 불가결한 플라스틱 재료 등을 통해 그런 예측이 타당하다는 걸 증명했다. 영국의 시장 조사 회사 IHS마킷IHS Markit의 연구 사무소는 다음과 같이 전망했다. 〈중산층이 증가하면서 스포츠와 여가 활동에 비용 부담이 줄어들어 기능성, 충격 내성, 중량 감소가 가능해진 플라스틱 소재의 다양한 제품에 대한 소비로 이어질 것이다. 말하자면 카약, 헬멧, 운동장, 경기장 좌석 같은 스포츠 장비, 보호 장비, 지원 플랫폼과 설비 등 몇 가지 실례를 들 수 있다.〉[11] 플라스틱 제조업자들은 자사 제품을 판매하기 위해 동남아시아, 그리고 특히 인도와 아프리카에 주력하여 가장 많이 투자하고 있다. 이 지역들은 신흥 중산층이 〈생활 수준의 향상〉을 추구하며 점점 더 도시화가 진전되고 있는 곳이다.

20억 달러짜리 증기 분해기

어떤 항목을 포함하느냐에 따라 5000억에서 1조 유로 규모의 매출을 올리는 시장이 있는 이 매력적인 비즈니스를 위해 석유 화학 분야의 주요 기업들은 주저하지 않고 서로 연대한다. 미국의 엑손모빌과 사우디아라비아의 사빅은 〈세계에서 가장 큰 증기 분해 시설〉[12]을 갖추었을 뿐 아니라, 갓 생산된 에틸렌으로 포장재, 농업용 필름, 의류 및 건축 자재를 생산하는 **플라스틱 가공** 공장까지 갖춘 텍사스주의 거대한 석유 화학 단지에 200억 달러 이상을 공동 투자할 계획이다. 예상 수익은 첫 6년 동안 500억 달러다. 미국에서는 이 프로젝트와 수많은 다른 프로젝트 때문에 지역 주민들이 건강과 환경에 미치는 영향, 즉 대기와 물에 배출되는 유독성 물질, 현장 주변의 플라스틱 오염, 폭발 위험 등을 걱정하며 예민한 반응을 보이고 있다. 루이지애나주 배턴루지*와 뉴올리언스 사이에서는 석유 화학 공장 수십 개가 세워져 암 발병이 급증한 탓에 그 지역은 〈암의 골목〉이라는 별칭을 얻었다. 이 위험 외에도 비정부기구는 또 다른 위험, 즉 건설 중인 공장이 2050년을 훨씬 넘겨 유지될 것이기 때문에 오랫동안 우리의 미래를 플라스틱 안에 가두는 셈임을 경고했다. 그것은 마치 거대한 소각로와 같아서 일단 공장이 세워지면 계속 그 공장을 가동해야 한다. 그렇지 않으면 공장들은 분노를 터뜨릴 것이며 특히 주주들이 그럴 것이다.

　두 가지 상반되는 시나리오가 있다. 한편에서는 일부 분석가가 진정한 성공 스토리를 예측하는데, 아쉽게도 이 성공은 지구가 아니라 그저 업계를 위한 것이다. 2020년 분석 전문 기업 우드 매켄지**는 향후 5년 동안 석유 화학 공장 176개가 건설될 예정인데, 그중에서 80퍼센트는 아시아에 세워질 거라고 밝혔다. 2019년 말에 S&P 글로벌 플래츠***는 〈지난 3년 동안 석유 화학

---

* 루이지애나주의 주도.

** Wood Mackenzie. 에너지 분야의 세계적인 리서치 회사. 화학, 재생 에너지, 금속 및 광업 등의 분야를 연구하고 컨설팅한다.

*** S&P Global Platts. 에너지 및 원자재 정보 제공 업체.

제품과 플라스틱이 다른 정제 제품에 비해 평균적으로 톤당 665달러의 프리미엄으로 수익을 얻었으며〉[13]〈정유 업체는 가능한 한 많은 부가 가치를 창출하기 위해서라면 모든 걸 한다〉고 지적했다. 국제 에너지 기구는 지금까지 정유 업체들이 자동차 연료를 판매해 수익을 올렸고, 석유 화학에 사용된 원자재가 〈원유보다 때로는 싸게 거래되는 경우가 있었다〉고 밝혔다. 그러나 휘발유와 경유의 수요가 그리 크지 않은 반면, 플라스틱의 수요는 여전히 높아서 〈전통적인 판매 루트에 여전히 의문을 제기한다. 정유사 입장에서는 석유 화학 산업으로 확장하는 것이 이런 추세에 대비하는 전략적 방어책이다〉. 2014년에서 2019년 사이에 공장을 새로 건설하거나 기존 시설을 확장하는 데 1200억 달러가 투자되었다. 미국이 이런 성장의 거의 절반을 차지하지만, 문제가 되는 나라는 미국만은 아니다. 수많은 증기 분해 시설이 중국, 한국, 말레이시아, 심지어 중동 지역에서도 등장했다.

배럴당 10~80퍼센트를 플라스틱 생산에

결론을 말하자면, 정유 업체들은 대개 원유 배럴당 10퍼센트 미만에 해당하는 양을 우선 플라스틱 생산을 위한 화학 유도체로 전환했지만, 현재는 40~80퍼센트 수준으로 추출할 수 있는 새로운 공정을 실험하고 있다. 전례가 없던 일이다. 시장 조사 업체 IHS마킷은 이것을 배럴당 수익성을 두 배로 늘릴 수 있는 〈혁신적인 기술〉로 보고 있다. 엑손모빌이 운영하는 이런 종류의 정유소 중 하나는 이미 싱가포르에서 가동되고 있다. 인도, 중국, 사우디아라비아에서는 최대 다섯 배 크기의 정유소가 건설되고 있다. 사우디아라비아의 에너지 대기업 사우디아람코는 이런 새로운 기회를 개발하려고 향후 10년에 걸쳐 1000억 달러를 투자할 계획을 세웠다. 〈화학 제품의 놀라운 성장은 우리에게 근사한 기회의 창을 제공한다. 그러나 당연히 그런 창구는 신속하게 행동하는 사람들에게만 최고의 혜택을 줄 것〉[14]이라고 사우디아람코는 내다보았고, 행동으로 옮겨서 사우디아라비아 석유의 미래를 보장받기 몇 달 전, 2018년에 플라스틱 챔피언인 동료 기업 사빅을 장악했다.

두 번째 시나리오는 업계에 대해 덜 낙관적이다. 「수압 파쇄는 자금을 빨아들이는 깊은 구덩이며 앞으로도 그럴 것입니다. 그것은 카드로 쌓아 올린 무너지기 직전의 성과 같습니다.」 국제 환경법 센터의 플라스틱과 기후 보고서 코디네이터인 스티븐 페이트Steven Feit는 이렇게 경고했다. 「산업은 전례 없이 발전하고 있습니다. 그러나 재정은 유례없이 취약한 상황입니다.」 생산 과잉으로 에틸렌 가격이 위험할 정도로 하락하고 있기 때문에 그렇다. 이런 하락의 증거로, 지난 5년 동안 200개 이상의 회사가 파산했고 셸 및 셰브론 같은 거대 기업들이 셰일에서 철수하기 시작했다. 반면, 엑손모빌의 화학 부문 이윤 폭은 북극의 얼음과 같은 속도로 녹고 있다. 엑손모빌은 〈중산층의 지속적인 성장에 힘입어 전 세계 화학 제품의 수요가 2030년까지 45퍼센트 증가할 것으로 예상된다〉고 목소리 높여 주장하지만, 처음으로 석유 화학 부문에서 2019년 사사분기에 3억 5500만 달러[15]라는 막대한 손실을 입으며 흑자에서 적자로 돌아섰다. 스티븐 페이트가 보기에, 지난 20년간 탄화수소가 최저 수준을 기록해 왔으며, 여기에 코로나19 팬데믹과 경제 위기는 수년간 수액으로 겨우 연명해 오던 업계의 〈재정난을 드러내고 악화시켰을〉 뿐이다. 2020년 4월 17일 역사상 처음으로 미국 경질유의 배럴당 가격이 마이너스 37달러를 기록했다. 팬데믹 이전에 거의 60달러에 근접했던 가격에서 폭락한 것이다. 일부 플라스틱 관련 프로젝트는 연기되었고, 몇몇 프로젝트는 완전히 중단되었다. 국제 에너지 기구는 〈석유 화학에 대한 투자가 단기적인 소비 성장을 충족시키는 데 필요한 수준을 넘어서기 시작했다〉며 경고하고 있다. 코로나19 팬데믹이 상업 및 산업 활동을 둔화시켜 상황은 개선되지 않으며 〈향후 몇 년 동안 산업의 이윤과 공장 가동률에 먹구름이 드리울 것이다〉라고 국제 에너지 기구는 예측한다.

이 비즈니스 모델의 취약성에 플라스틱 수요, 특히 전 세계 폴리머 생산품의 3분의 1 이상을 차지하는 일회용품 — 주로 포장재가 대부분인 — 의 위협을 추가해야 한다. 중국, 아프리카 그리고 유럽에서 발표한 금지 조치가 확대되고 강화된다면, 플라스틱 성장세는 업계가 기대한 것에 한참 못 미칠 수 있다. 업계에서 연간 예측을 예민하게 따르고 있는 석유 회사 BP*가 고민하는 점이 이것이다. BP는 〈플라스틱에 대한 규제를 실질적으로 강화하면 석유 수요의 성장세가 대폭 줄어들 수 있다〉고 경고한다.[16] 그

* 영국 최대의 정유 기업이자 미국 엑손모빌에 이어 세계 2위의 석유 기업.

러나 국제 에너지 기구는 신흥 경제국에서 펼쳐질 〈플라스틱 수요의 엄청난 잠재력〉[17]을 보고 상대적으로 확신을 갖고 있다. 이 기구의 견해에 따르면, 일회용 플라스틱의 재활용 및 금지 조치가 전 세계 플라스틱 소비에 끼칠 영향력은 미미한 수준에 그칠 것이다. 국제 에너지 기구는 성장은 다소 둔화될 것이 확실하지만, 2017년 천연가스 생산량의 8퍼센트, 석유의 14퍼센트를 차지했던 석유 화학 부문은 계속 확장될 것이라고 판단하고 있다. 2040년까지 원유 생산량의 20퍼센트를 집어삼킬 수 있다. 지금까지 석유 산업의 제왕인 연료에 이어 2차 시장이었던 플라스틱은 미래에 일등 자리를 차지하는 시장이 될 것이다. 국제 에너지 기구에 따르면, 지금까지 자동차 연료가 차지했던 시장 점유율을 점차 잠식하면서, 2050년에는 중국과 유럽에서 플라스틱 생산에 사용될 석유의 양이 자동차를 굴리는 데 사용되는 양을 초과하게 될 것이다.

2장

이네오스, 유럽의 심장에
자리 잡은 플라스틱

〈플라스틱을 다른 재료로 교체하는 것은 실제로 환경에
해를 끼치는 역행 조치가 될 것이다.〉

2018년 이네오스INEOS 사이트에 게재된 글 「플라스틱은 대단히 좋을 수 있다」에서

눈앞에 훤히 펼쳐진 철조망. 개미들이 여왕개미를 먹여 살리듯이, 공장을 유지시키는 탄화수소를 가득 채운 유조선. 토탈, 랑세스,* 바스프, 다우, 엑손모빌 그리고 이네오스는 울타리 안에서 몸을 사리고 있다. 플라스틱 테러범들은 조용한 걸 좋아한다. 거대한 풍력 터빈을 지나면, 저 멀리 우윳빛 하늘에 흐린 연기를 내뿜는 원자력 발전소의 굴뚝 두 개가 보인다. 소방서가 있던 자리에, 무모한 건축가가 다이아몬드를 잘라 낸 듯 외형을 유리로 만든, 대형 정기선 모양의 미래 지향적인 건물도 있다. 유일하게 색깔이 칠해진 노란색, 파란색, 빨간색, 녹색 상자들이 거대한 컨테이너 선박에 실려 스헬더강**을 미끄러져 간다. 우리는 유럽 최고의 석유 화학 중심지 안트베르펜 항구에 있다. 정유소 두 개, 수압 파쇄 시설 세 개, 공장 수십 개와 1,000킬로미터에 달하는 파이프라인을 갖춘 이곳은, 연간 1900만 톤의 화학 물질을 생산하여 세계 평균보다 열 배는 더 높은 매출로 벨기에 국민을 이 분야의 세계

---

* Lanxess. 독일계 화학 기업.
** 프랑스 북부, 벨기에 서부와 네덜란드의 남서 지방을 흐르는 강. 프랑스어로 〈에스코Escaut강〉이라고도 한다.

챔피언으로 만들었다.

안트베르펜에 최초의 석유 화물이 상륙한 것은 1861년이었다. 석탄이 주요 연료였던 당시 유럽에서는 새로운 시도였다. 플랑드르 지방의 이 도시는 내연 기관의 성공에 힘입어, 빠른 속도로 대륙의 주요 석유 창고가 되었다. 한 세기가 지난 후, 항구를 다양화하겠다는 결정이 내려졌다. 이전까지 석유 제품의 저장과 정제만을 담당했던 그곳에, 1958년 〈페트로킴Petrochim〉이라는 적절한 이름의 석유 화학 공장이 최초로 세워졌다. 이 공장은 에틸렌을 생산했다. 안트베르펜은 60년 동안 유럽에서 플라스틱 생산의 허브가 되었다. 원료의 3분의 1을 벨기에에서 직접 가공하고, 나머지는 주변 국가로 수출한다.

PVC는 분말 형태로 포장되지만 다른 폴리머는 대부분 **알갱이** 형태로 생산 라인에서 나온다. 사일로나 거대한 부대에 보관되어 있는 직경 5밀리미터짜리 작은 유색 알갱이의 문제는 그것들이 스헬더강과 안트베르펜 항구 중심부에 걸친 나투라 2000* 보호 구역으로 침투하려는 성가신 특성을 가졌다는 점이다. 도로와 강 사이에 실제로 작은 띠 모양의 땅이 펼쳐져 있다. 거기 도착했을 때, 나는 그곳이 쓰레기를 버리는 곳이라고 생각했다. 온갖 종류의 플라스틱이 널려 있었기 때문이다. 하지만 아니었다. 그곳은 특정 종의 철새가 둥지를 틀 수 있도록 마련된 보호 구역이었다. 난 발아래의 땅을 더 면밀히 관찰하기 시작했다. 그 땅에는 최

---

* Natura 2000. 유럽연합 영토의 자연 보호 지역 네트워크.

소 50센티미터 깊이로 수백 개의 파란색, 회색, 노란색 알갱이가 쌓여 있었다. 이 작은 알갱이는 전 세계 생산량 중에서 0.04퍼센트가 매년 자연으로 스며드는데, 16만 7,000톤에 이르는 것으로 추정된다.[1] 일부 전문가는 이 수치가 대체적으로 과소평가되었다고 여긴다. 주변 오염 물질[2]을 결합하는 것으로 밝혀진 이런 알갱이가 이제 폐수에서 발견되는 미세 플라스틱의 4분의 1을 차지한다는 사실은 변함이 없다.

브렉시트의 강력한 지지자

이 알갱이의 대부분은 빗물 배수구를 통해 배출되는 것 같다. 도로에서 배수로를 따라 올라가 보면 그것이 어떻게 누출됐는지 그 원인을 금방 알아볼 수 있다. 가장 가까운 배수구가 이네오스 공장 앞에 있다. 일반 대중에게는 잘 알려지지 않았지만 이네오스는 2019년에 세계 5위의 석유 화학 기업이었다.[3] 이 회사는 프랑스 마르세유 인근 포쉬르메르Fos-sur-Mer 산업 단지 내 라브라Lavera 프랑스 정유 공장을 포함하여 유럽에 약 40곳의 사업장이 있다. 이네오스의 회장이자 최고경영자인 68세 영국인 짐 랫클리프Jim Ratcliffe가 억만장자라는 사실도 거의 알려지지 않았다. 2018년에 영국 여왕에게 기사 작위를 받은 그는 세금 문제 때문에 모나코로 이주했고 브렉시트Brexit의 열렬한 지지자가 되었다. 폭력적인 대처 방식으로 영국 노동조합원들에게 미움을 산 랫클리프는 2020년 140억 유로로 개인 자산 선두에 있다.[4] 작은 양모 양말 덕분에 그는 아이슬란드 최고의 부동산 소유주가 될 수 있었다. 그가 연어 낚시를 즐기는 가장 좋은 방법은, 연어가 산란하는 피오르를 구입하는 것이었다.

스포츠광인 랫클리프는 니스와 로잔 지역의 축구 클럽뿐 아니라, 크리스토퍼 프룸*이 전에 몸담았던 스카이SKY라는 사이클 팀도 소유하고 있다. 또한 그는 육상 경기와 — 그는 케냐의 마라톤 선수 엘리우드 킵초게Eliud Kipchoge를 후원하고 있다 — 포뮬러 원Formula One, F1에 돈을 대고 있으며, F1 세계 챔피언 메르세데스Mercedes 팀의 후원자로 지분을 갖고 있다. 또한 2021년 아메리카 컵** 우승을 목표로, 올림픽에서 금메달을 네 개 획득한 벤 아인슬리Ben Ainslie(영국의 요트 경기 선수)에게 배팅하며 요트 경기에 수백만 달러를 투자했다. 그의 꿈은 랜드로버 디펜더***를 소생시키는 것이다. 전설적인 사륜구동 차의 권리를 다시 살 수 없었기 때문에, 랫클리프는 2022년까지 알자스 지방에서 같은 타입의 사륜구동 자동차 그레나디어****를 생산할 예정이다. 2020년 말에 인수를 발표했던 함바흐*****에 있는 이전 메르세데스-벤츠 공장 부지에서 생산할 거라고 한다. 이네오스 홈페이지에는 플라스틱이 아닌 요트, 사이클 및 드림카에 관한 내용이 나와 있다. 2010년 이후 이 영국의 억만장자의 원대한 프로젝트는 대형 선박 〈드래곤Dragon〉으로 미국의 셰일가스에서 추출한 에탄을 들여

* Christopher Froome. 영국의 자전거 경기 선수.
** America's Cup. 국제 요트 경기.
*** Land Rover Defender. 랜드로버에서 생산하는 SUV 차량.
**** Grenadier. 이네오스에서 생산하는, 디펜더 1세대 모델을 모티브로 한 자동차.
***** Hambach. 독일 서부 라인란트팔츠주 남동부의 마을.

와 유럽에서 에틸렌, 그다음에는 플라스틱을 생산하는 것이다. 기존의 천연가스 매장량이 고갈되면서, 기업들은 셰일 암석에 갇혀서 추출하기 어려운 이 가스에 점점 더 많은 관심을 기울이고 있다. 미국의 지하에는 매우 풍부하게 매장되어 있어 가격이 저렴하므로 짐 랫클리프 같은 유럽 기업가들이 매력적으로 여길 만했다.

〈이네오스가 해냈다.〉 2016년 3월 23일 이네오스는 노르웨이의 라프네스 항구에 첫 번째 드래곤 선박 인터피드Interpid가 도착한 걸 축하하며 〈유럽 화학 산업에 새로운 시대가 열렸다〉고 발표했다. 20년 전만 해도 전 세계 투자액의 3분의 1을 지원하며 화학 분야의 최대 지분을 가졌던 유럽연합은 그 이후로 상당히 후퇴해 자금 조달에서 12퍼센트만 차지할 뿐이다. 영국 기업 이네오스는 5년간의 물밑 작업과 20억 달러의 투자를 쏟아부어야 했던 이번 성공을 다음과 같이 설명했다. 《발전을 위한 셰일가스》라는 슬로건이 새겨진 180미터의 선체 위에 안전하게 고정된 거대한 선박의 모습은 6,000킬로미터의 대서양을 횡단한 귀중한 화물을 보는 것만큼이나 숨이 막힐 것 같았다. 역사가 우리 눈앞에서 쓰이고 있었다.〉[5] 이네오스 함대에는 네 척의 드래곤 선박이 있고, 나머지 네 척은 여전히 중국 조선소에서 잠자는 중이었다. 2016년 이 기업은 〈이 선박들은 하루 4만 배럴의 미국 셰일가스를 향후 15년 동안 매일, 노르웨이와 스코틀랜드의 그레인지머스* 에 있는 이네오스 석유 화학 공장 두 곳으로 운송할 것이다〉라고

* 스코틀랜드 중부의 포스만에 면한 도시.

발표했다. 그리고 짐 랫클리프는 미국산 에탄의 첫 출하 물량이 그해 안에 그레인지머스에 도착하면 〈공장은 하루아침에 적자에서 흑자로 전환될 것입니다. 그러면 석유 화학 인프라에서 세계 최고의 지위를 되찾을 것입니다〉라고 약속했다.

지역의 오염과 유럽의 플라스틱

모래와 화학 물질이 담긴 물을 땅속에 주입하여 천연가스를 추출하는 수압 파쇄법에 대해 잠시 살펴보자. 이 기술을 사용하면 극도로 심각한 오염을 일으킬 뿐 아니라 심각한 메탄 누출이 일어난다. 메탄은 인간이 배출하는 온실가스의 4분의 1을 차지한다. 메탄이 대기에 유출된 후 첫 20년 동안 온난화를 발생시키는 능력은 이산화탄소의 그것에 비해 80배에 달한다. 그리고 2008년 이후 대기의 메탄 농도가 급증했는데, 북아메리카의 셰일가스 추출과 함께 등장한 현상이다. 미국 코넬 대학교의 생태학자 로버트 하워스Robert Howarth에게 이 현상은 우연이 아니었다. 2019년 그는 메탄가스의 급격한 증가가 이전에 생각했던 것처럼 소의 사육에 기인한 것이 아니라 캐나다와 미국에서의 셰일가스 생산이 원인이라는 것을 입증하는 데 성공했다.[6] 하워스에 따르면 메탄의 대기 유출이 셰일가스 생산량의 3.2~6.4퍼센트를 차지하며, 지난 10년 동안 기록된 새로운 전 세계 메탄 배출량의 35퍼센트에 기여했을 수 있다. 유독성을 띠는 데다 지진 발생의 원인이기도 한 파쇄법은 프랑스를 포함한 유럽의 여러 국가에서 사용이 금지되거나 중지되었다. 짐 랫클리프가 영국에서 여러 사업권을 확보했지만, 런던이 2019년 말 수압 파쇄에 모라토리엄을 선언함에 따라 그의 계획은 좌초되고 말았다. 이 억만장자는 당황하지 않고 미국으로 눈을 돌렸다. 그는 텍사스주에 수천 헥타르의 땅을 확보했는데,[7] 그곳은 시추 허가 협상이 다른 어느 지역보다 용이한 곳이었다. 그 지역은 오염되었고 유럽은 플라스틱을 가져갔다.

이네오스의 다음 단계는 안트베르펜이었다. 바로, 프로젝트 원Project One이었다. 2016년 이네오스는 플랑드르 지방 정부와 새로운 협력 관계를 맺는다고 발표했다. 이미 20년 전부터 안트베르펜에 공장 여섯 개를 운영하고 있는 이네오스가, 미국의 셰일가스로 에틸렌과 프로필렌을 생산하는 시설을 갖춘 거대한 복합 단지를 건설하기 위해 추가로 30억 유로를 투자한다고 발표한 것이다. 당연히 안트베르펜 항구는 이네오스의 지원에서 최우선 순위에 놓았다. 사실, 이네오스가 우리에게 준 대답은 때때로 석유 화학 대기업의 그것과 거의 일치했다. 안트베르펜 항구의 관점으로 보면 프로젝트 원은 〈부정적인 추세를 역전시키는 데 도움이 되고 유럽 화학의 경쟁력을 높일〉 수 있는 필수 불가결한 프로젝트다. 이네오스로서는 자신의 야망에 찬물을 끼얹을 잠재적 훼방꾼에게 경고장을 던지는 셈이었다. 〈글로벌 예측에 따르면, 플라스틱 수요는 증가할 것이다. (……) 선택은 유럽의 몫이다. 혁신에 투자하거나 환경 문제에 덜 까다로운 지역에서 수입하는 것이다.〉

이네오스의 대응에는 놀랄 만한 게 있다. 〈프로젝트 원은 플

라스틱 공장이 아니다. 시장에 어떤 무가공 플라스틱 생산 능력
도 추가하지 않을 것이며 다른 공장으로 보내는 원료(에틸렌과
프로필렌)만 생산할 것이다〉라고 고집스럽게 주장하고 있다. 에
틸렌과 프로필렌 가스가 거의 전적으로 플라스틱 재료를 만드는
데 사용되고 있는데도 말이다. 에틸렌과 프로필렌은 플라스틱의
기초 원료고, 이네오스는 이들 원료를 처음 제조한 업체다. 프로
젝트 원은 알갱이를 생산하지 않을 것이지만 무가공 플라스틱 생
산에 전적으로 기여할 것이다. 실제로 이네오스는 공지 내용에
에틸렌과 프로필렌이 사용될 환상적인 응용 분야를 열거하고 있
다. 건설용 절연체, 수도 및 가스 파이프, 섬유, 자동차에 들어가
는 장비들, 혈액 보관용 백, 식품 포장재, 전기 케이블, 스마트폰.
말하자면, 모든 게 플라스틱인 것이다.

2019년에 발표된 안트베르펜 프로젝트는 기후 단체와 환경
단체를 심각하게 자극했다. 2020년에 〈셰일가스 없는 안트베르
펜〉, 〈클리맥시〉,* 〈이네오스는 무너질 것이다〉 등의 지역 협회가
시민 불복종 행동에 나섰다. 위험을 인지한 대규모 조직이 점차
전투 대오에 참여했다. 환경법을 행동의 지렛대로 이용하는 클라
이언트 어스**가 이 경우에 해당한다. 2019년부터 타티아나 루한
***과 그녀의 팀은 프로젝트 원에 법적인 절차로 저항하고 있다.

* Climaxi. 벨기에의 비영리 단체.
** ClientEarth. 런던, 브뤼셀, 바르샤바, 베를린, 베이징에 지사가 있는 환경법 자선
단체.
*** Tatiana Luján. 콜롬비아 출신의 환경 전문 변호사.

이 팀은 이네오스가 〈파일을 세 개의 별도 평가로 분할해서〉 플랑드르 정부의 눈에 프로젝트가 환경에 끼치는 영향을 최소 수준으로 보이게끔 조작했다고 비난했다. 하나는 해당 지역의 삼림 벌채와, 다른 하나는 두 개의 설비 각각에 관한 내용이다. 결과적으로 법을 위반하면서까지 공장이 불러일으킬 영향을 은폐했던 것이다. 클라이언트 어스는 플라스틱 알갱이가 부유함으로써 발생하는 오염뿐 아니라, 플라스틱 생산이 환경과 대기 오염에 미치는 영향을 지적한다. 「벨기에와 네덜란드 공기 중에 이미 많은 양의 질소가 있어요.」 타티아나 루한은 한숨을 쉬며 말했다.

2차 재판

클라이언트 어스의 소송에 직면해서 이네오스는 결국 포기하여, 환경 영향 관련 연구를 세 개가 아니라 한 개로 제출하는 데 동의했다. 그러나 플랑드르 정부는 법원에서 요구하는 환경 영향 조사를 기다리지 않고 삼림 벌채를 승인했다. 어쨌든 50헥타르의 숲이 항구의 영향을 받기 때문에 언젠가는 벌목을 피할 수 없을 거라고 플랑드르 정부가 주장했는데, 전통적으로 이 정부는 산업계에 친화적인 성향을 보여 왔다. 게다가, 이네오스 그룹이 보상책으로 다른 곳에 나무를 심는 것에 동의했는데 왜 꼼짝도 하지 않는 것일까? 이네오스가 이미 전기톱을 돌릴 준비를 마친 상태에서 클라이언트 어스는 다시 재판에 뛰어들었다. 2020년 11월, 다른 13개 조직과 함께, 클라이언트 어스는 프로젝트가 정식으로 승인을 받을 때까지 모든 삼림 벌채를 차단하기 위한 긴급 절차에 돌입했다. 법원은 이번에도 클라이언트 어스의 손을 들어 주며 전기톱을 치우라는 명령을 내렸다. 2대 0으로 클라이언트 어스의 승리였다. 이네오스는 프로젝트를 최소 1년 연기하면서, 사실상 삼림 벌채 허가를 위한 소송을 시작했다. 1심 판결이 2022년 이전에는 내려지지 않을 것으로 예상된다.

「프로젝트 원에 참여한다는 것은 기후 변화와 생물 다양성의 파괴가 계속될 막다른 골목에 수십억 달러를 쏟아붓는 것만을 의미하지는 않습니다.」 이네오스에 반대하는 소송 당사자인 윤리적 재정 협회 페어핀*의 프랑크 바나르쇼트Frank Vanaerschot가 경고했다. 그리고 이렇게 덧붙였다. 「(플랑드르) 정부가 공장 설립을 보증하겠다고 약속하는 건, 납세자들이 낸 수십억 유로의 돈을, 민간 투자자들이 합당한 이유를 들어 감당하지 않는 위험을 대신 감당하는 데 사용하겠다는 것을 의미합니다.」 실제로 그는 〈플라스틱의 과잉 공급, 플라스틱 사용에 대한 엄격한 규제의 필요성이 프로젝트와 전혀 양립할 수 없다는 점, 그리고 셰일가스 시장의 변동성과 이네오스의 과도한 부채는 간과해서는 안 되는 경제적 위험〉이라고 지적한다.[8]

이네오스의 부채 문제가 핵심이다. 타티아나 루한은 설명한다. 「그들은 너무 많은 빚을 지고 있어요. 그들의 사업 모델은 새로운 기업을 매입하려고 부채를 지는 것에 기반을 두고 있어요.」 이네오스에 직접적으로 행동을 취할 수 없는 클라이언트 어스와

* FairFin. 벨기에 비정부기구.

같은 조직은 투자자들을 대상으로 행동하려고 한다. 투자자 중에는 미국의 거대 투자 펀드사인 블랙록*이 있다. 미덕보다는 수익성 좋은 투자로 더 유명한 이 세계 최고의 자산 관리 회사는 2020년 초에 기후 보호 프로젝트에 자금을 투입하기로 약속했다. 만약 블랙록이 생태 보호에 대한 약속을 지킨다면, 이네오스 같은 석유 화학 기업에 영향력을 발휘할 수 있다. 2020년 봄, 펜데믹이 전 세계를 강타할 때, 짐 랫클리프는 스코틀랜드의 그레인지머스 부지를 지원하기 위해 5억 파운드의 국가 보조금을 요청했다. 이 요구에 비정부기구는 펄쩍 뛰었다. 푸드 앤드 워터 유럽**의 앤디 게오르기우Andy Gheorghiu는 역겹다는 듯 이렇게 말했다. 「짐 랫클리프는 기후와 플라스틱 위기를 부채질해서 재산을 모았습니다. 그는 또한 녹색 정책과 이에 관련된 세금에 공개적으로 반대했습니다. 그러면서 수압 파쇄법에 기반하여 플라스틱을 생산하는 자신의 비즈니스 모델을 유지하는 데 국가 대출 보증을 이용하는 것이 모순이라고 생각하지 않습니다.」 이네오스는 무엇이 문제인지 알지 못한다. 실제로 2020년 5월에 이네오스의 대변인 중 한 명은 〈연료 수요가 급감하는 봉쇄 조치 기간에 정유소가 정부에 직접 호소하는 것은 놀랄 일이 아니다〉[9]라고 판단했다.

폭발물보다 나쁜 마스크

독일 출신의 앤디 게오르기우는 이네오스에 반대하는 캠페인을

* BlackRock. 미국에 본사를 둔 세계 최대의 자산 운용 회사.
** Food & Water Europe. 지역 생산품을 보호하는 단체.

시작했다. 집 근처에서 시추 프로젝트가 진행된다는 걸 알게 된 후 수압 파쇄의 문제에 깊이 파고든 이 활동가는 이네오스와 그곳 경영진의 모든 것을 알고 있다. 그는 2019년 투르 드 프랑스 Tour de France 대회가 열리는 브뤼셀로 갔을 때 이네오스에 반대하는 시위를 조직한 혐의로 벨기에에서 몇 시간 동안 구금되었다. 그의 가방 안에는 폭발물보다 더 나쁜 것이 들어 있었는데, 바로 랫클리프 경의 사진이 인쇄된 마스크였다. 게오르기우는 이 회사가 1998년 안트베르펜에서 어떻게 세워졌는지, 과거 엑손 직원이었던 이 회사의 설립자가 아모코,* BP, 바스프, 다우 등 석유 화학 대기업으로부터 수익성이 거의 없는 회사들을 어떻게 사들였는지 설명하는 걸 좋아한다. 이런 석유 화학 대기업들은 마침 이 회사들을 처분하고 싶어 했다. 창립 초기 10년 동안 그는 20개 이상의 회사를 인수했다. 그 방법은 비용을 절감하고 수익을 창출하여 새로운 인수 자금을 조달하는 것이었다. 그리고 계속 확장해 나갔다……. 게오르기우는 이렇게 말한다. 「목표는, 실적이 저조한 회사를 재건해서 5년 안에 수익을 두 배로 늘리는 것이었습니다.」 2008년에는 이런 상황이 위기에 놓였다. 2009년에 70억 유로가 넘는 부채 때문에 거의 익사 직전까지 갔지만, 이네오스는 폭풍우를 견디고 버텼다. 게오르기우에게는 짜증나는 일이었지만, 그는 이렇게 말한다. 「문제는 그들이 여전히 그리고 계속해서 신규 자금에 접근할 수 있다는 것이었습니다.」 미국의 셰일가

* Amoco. 미국 동부에서 운영되는 주유소 브랜드. 1998년부터 영국 기업 BP가 소유하고 있다.

스 혁명과 저비용 에탄은 이네오스라는 기계를 되살리기에 적절한 시기에 도착했다. 이네오스는 펜실베이니아주의 가스를 동부 해안의 항구, 그리고 유럽으로 운송할 수 있도록 새로운 파이프라인인 마리너 이스트 2Mariner East 2를 건설하기 위해 미국에 기반을 둔 서노코*와 협력했다. 2020년 6월, 이 그룹은 BP의 50억 달러짜리 석유 화학 사업을 인수한다고 발표했다. 여전히 부풀린 과장이 많았고, 빚도 지고 있었다. 2020년 말, 이네오스는 26개국에 2만 3,000명의 직원을 고용하고 있으며 매출은 600억 달러를 초과한다고 주장했다. 랫클리프는 모든 곳에서 정치적 지원을 받고 있었다. 덧붙여 말하자면, 2018년 유럽 지도자 중 한 명인 한스 카시에르Hans Casier는 벨기에의 화학과 생명과학 분야의 강력한 연맹인 에센시아Essenscia의 회장이 되었다. 게오르기우는 여전히 확신에 차 있다. 그는 조류가 바뀔 때를 기다리고 있다. 「이네오스는 셰일가스에 목매고 있지만, 이 부문은 곧 침몰할 겁니다. 그것의 약점이 점점 더 가시화될 것입니다.」

이네오스가 주목을 받고 있는 또 다른 점은 이 그룹이 내린 환경에 대한 종합 평가 부분인데, 논란의 여지가 있다. 플랑드르 정부는 모든 것이 잘되리라 확신한다고 말했다. 이네오스의 주장을 되풀이하며 프로젝트 원은 에너지 소비 측면에서 유럽에서 〈가장 효율이 높을 것〉이며, 모든 것이 〈탄소 흔적을 상당히 약하게〉 남길 것이라고 약속했다. 마치 케이크 위에 놓인 체리처럼 업

---

* Sunoco. 미국 펜실베이니아주 필라델피아에 본사를 둔 석유 및 석유 화학 제조 기업.

계 전체의 〈기대감이 더 높아질 것〉이라 했고, 무엇보다도, 정부 당국은 〈엄격한 유럽의 규제 때문에 안트베르펜에 자리 잡은 화학 분야의 중심지를 개발하는 것이 가장 좋은 해결책이며, 환경과 관련된 요구 사항이 때로는 덜 엄격한 비유럽 국가에 공장을 분산시키는 것보다 기후 보호의 측면에서 더 낫다〉고 믿어 의심치 않았다. 이 주장이 틀린 것은 아니다. 그러나 전 세계 플라스틱 생산을 통제하기 위해서라면 그 대가로 더 황폐하고 덜 효율적인 지역을 폐쇄해야 하지 않을까? 그리고 유럽의 규정이 다른 지역의 규정보다 더 엄격하다면, 이런 규정을 적용하는 방법을 알아야 옳을 것이다. 이런 점에서 이네오스는 비판받아 마땅하다. 2020년 말, 이네오스 그룹의 두 개 기업이 에코바디스EcoVadis로부터 환경, 사회 및 윤리적 모범 사례[10]에 해당하는 우수한 평가를 받았지만, 이 비정부기구는 논란의 여지가 있는 그들의 평가 방식을 유지하고 있다. 그런 식으로 이네오스는 때때로 이산화탄소 배출량을 지나치게 축소해서 보고하는 것으로 보인다.[11] 이 그룹이 정부 당국에 의해 온실가스 최대 배출 기업으로 분류되었던 스코틀랜드의 예도 있다. 이네오스 그룹이 유럽 대륙에 정착해 온 역사를 주의 깊게 연구하면서, 푸드 앤드 워터 유럽은 그 공장들 가운데 많은 곳에서 사고가 일어났고, 제품 누출, 심지어 폭발 사고도 있었다는 사실을 알게 되었다.[12]

책임감 있는 파트너인가, 부주의한 파트너인가

수압 파쇄의 위험성에 대해 질문을 받은 이네오스는 플라스틱 생산에 사용하는 에탄은 미국 심토에서 추출하는 메탄의 9.5퍼센트에 불과하다며 가르치듯 설명한다. 그것은 상당한 양의 온실가스를 배출하며 연소되는 〈부산물〉인데, 다행스럽게도 이네오스 덕분에 〈에탄 가스는 잘 사용되고 있으며 대기 속으로 직접 방출되는 것을 방지할 수 있다〉는 것이다. 게다가 대형 선박 드래곤은 〈중유가 아닌 에탄 가스로 구동〉되어 독성 물질 배출량을 줄인다. 특히 이네오스는 〈요구 사항 이상의 것을 수행하는〉 펜실베이니아주의 레인지 리소시스*처럼 〈상호 관계에 책임감이 있는 생산 업체하고만 장기적인 계약을 통해 협력한다〉고 지적한다. 만약 이것이 사실이라면, 이 회사가 요구 사항 이하로 행동할 경우 무슨 일이 일어나는지 묻지 않을 수가 없다. 2020년 레인지 리소시스는 시추 지역 두 곳에서 발생한 유독성 물질 누출로 15만 달러의 벌금형을 받았다. 이네오스의 〈책임감 있는〉 협력사는 이 결정에 이의를 제기하지 않았다. 조시 사피로Josh Sapiro 펜실베이니아주 법무 장관은 〈레인지 리소시스는 이 누출을 방치했고, 파쇄 산업을 방치하면 수십 년 동안 지속될지도 모를 결과를 초래할 수 있다〉라고 말했다.[13] 시추 지역 중 한 곳인 예거Yeager는 2009년부터 레인지 리소시스가 개발했는데, 파쇄 과정에서 나오는 폐수와 고형 폐기물을 저장하기 위해서였다. 그곳 저수조가 누출되며 주변 지하수가 오염되었다. 2018년 12월에 가동되기 시작한 마리너 이스트 2 송유관은 〈프랑켄파이프〉라는 이름으로 불릴 정도로

* Range Resources. 미국 텍사스주 포트워스에 본사를 둔 천연가스 탐사 및 생산 회사.

수많은 사고를 일으켰다. 이네오스의 미국 파트너사인 서노코는 여러 차례 운영을 중단해야 했는데, 환경을 오염시킨 혐의로 여러 번 벌금이 부과되었다. 2019년 말, 미국연방수사국FBI은 산업 허가와 관련된 부패 혐의로 특히 톰 울프* 주지사를 겨냥한 수사에 착수하겠다는 결정을 내렸다.[14]

시위, 점거, 표적 캠페인……. 프로젝트 원을 반대하는 사람들이 매주 조금씩 더 늘어났다. 〈이네오스 윌 폴Ineos will fall〉의 회원으로 30대인 룰란드 기스Roeland Ghys는 아무것도 얻지 못했지만 〈4년 동안 그들의 속도를 늦출 수 있다면, 그들은 더 이상 수익을 내지 못할 것〉이라고 확신에 차서 말했다. 이 프로젝트는 원래 2024년에 운영될 예정이었으나 그 시기가 이미 2026년으로 연기되었다. 4년 전에 기후 운동에 뛰어든 그래픽 디자이너 기스는 여전히 프로젝트 원의 의미를 이해할 수 없다. 「2019년에는 이미 기후 변화에 민감했고, 플라스틱 오염에 대해 알고 있는 상황이었어요. 그 시기에 그런 프로젝트를 시작할 수 있었다는 건 말도 안 되는 일입니다.」 이네오스는 깨닫지 못할 테지만 활동가들은 이네오스에 고맙다고 말한다. 안트베르펜의 통신 회사 사장이자 반(反)이네오스 활동가인 토마스 고르덴Thomas Goorden은 〈이네오스는 너무 뻥이 심해요〉라고 요약한다. 「그런 회사가 존재한다는 건 알고 있었지만, 실제로 눈으로 보는 건 너무 끔찍해요.」 그는 반은 진지하게, 반은 빈정대며 말한다. 두 활동가 모두 언론의 관

---

* Tom Wolf. 미국의 사업가이자 정치인. 제47대 펜실베이니아주 주지사.

심을 분산시키기 위해 스포츠 팀을 매입하려는 이네오스의 마케팅 전략을 비판한다. 또 약속된 450개 일자리(간접 일자리까지 포함하면 다섯 배 이상 많은 수)에 관해서는 〈30억짜리 프로젝트에 비하면 아무것도 아니다〉라고 말한다. 이들 활동가의 결의는 확고해 보이지만 수십 명이라는 한정된 인원으로는 영향력이 미미할 것이라는 우려가 있다. 게오르기우는 이런 지적에 동의하며 이렇게 말한다. 「합리적인 관점에서 이네오스 같은 회사를 폐쇄하는 건 불가능하다고 생각할 수도 있겠죠. 하지만 저는 한 줌밖에 안 되는 소수의 사람들이 할 수 있는 일을 보면서 경외감을 느낍니다.」최초로 시추 면허를 딴 랫클리프의 면전에서 수압 파쇄에 제동을 건 스코틀랜드가 이 경우에 해당된다.

2021년 초반에 이 반대자들에게 예상치 못한 선물이 주어졌다. 1월 15일 이네오스는 프로필렌 생산 시설 건설을 무기한 〈재조정〉한다고 발표했다. 이네오스는 질문을 받자, 이 결정은 〈분쟁과는 아무 관련이 없다〉고 단언했다. 이네오스의 대변인 나탈리 메어트Nathalie Meert는 이렇게 설명한다. 「우리가 에탄 크래커*에 우선순위를 두는 이유는 프로필렌은 쉽게 구할 수 있는 반면 시장에서 에틸렌에 대한 수요가 급증하고 있기 때문입니다.」그렇다면 향후 투자가 양분될 것인가? 그렇게 되지는 않을 것이다, 왜냐하면 결국 에틸렌의 생산 설비와 〈이를 뒷받침하는 기반 시설만 해도 이미 30억 유로가 넘었다는〉 사실을 인정했기 때문이다.

* 셰일 층에서 에탄 가스를 채굴하는 설비나 제조업체를 지칭함.

추가 비용으로 균형을 잘 맞추게 된 것이다. 플랑드르 지방의 여러 언론 매체에 따르면, 이네오스가 프로필렌 설비 시설을 추가로 건설하려면 20억 유로를 추가로 차입해야 한다. 반대 세력으로서는, 프로젝트 원의 바로 이 부분을 취소하게끔 하는 서명을 받아내는 것이 새로운 계획이다. 이네오스가 계획하는 에틸렌 설비는 아직 승인되지 않았다…….

오랫동안 유럽에서는 천연가스를……

만약 프로젝트 원이 성공한다면 지난 20년 내 유럽 땅에서 가장 큰 규모로 진행되는 화학 분야의 투자이자 25년 만에 처음 건설되는 수압 파쇄 시설이 될 것이다. 수압 파쇄는 위험하고 플라스틱은 끝났다고 목소리 높여 주장하는 유럽에서 이런 일이 진행되다니 이상하지 않은가? 플라스틱 소비를 줄이자고 호소하는 유럽인들에게는 나쁜 신호가 아닐까? 우리는 유럽연합 집행위원회Europion Commission, EC에 질문을 던졌다. 프란스 티메르만스Frans Timmermans 유럽연합 집행위원회 부위원장은 이렇게 대답했다. 「저는 우리가 플라스틱의 지속 가능한 사용에 집중하게 될 거라는 점을 상기시키고 싶습니다. 우리는 플라스틱 그 자체에 반대하는 게 아닙니다. 왜냐하면 플라스틱은 우리 경제와 사회에서 핵심적이고 때로는 필수적인 역할을 하기 때문이죠. (예를 들어 의료기기를 한번 생각해 보세요.)」 그렇다면 미국 셰일가스에 의존하는 것은 어떻게 되는 걸까? 이 질문에 대한 답변은 이렇다. 「유럽연합에는 그 가스에 대한 규정이 없습니다. 각 회원국은 자국의 에너지 믹스*를 선택하고 있고, 세계 무역 기구World Trade Organization, WTO는 생산 방법에 기초한 모든 차별을 금지하고 있습니다. 향후에도 천연가스는 과도기적 연료로서 유럽 에너지 믹스에서 지속적으로 역할을 할 것입니다.」이런 반응은 기후 보호를 주장하는 많은 사람을 불쾌하게 할 것이다. 가스 연소는 석유나 석탄보다 이산화탄소를 절반만 배출하지만, 재생 에너지보다는 10배에서 많게는 80배 더 많이 배출하기 때문이다. 또한 셰일가스를 추출하거나 운송할 때 발생하는 메탄 누출로 인해 기후 비용이 급증하고 있다.

생태상의 전환점을 간과했다는 걸 인식하고, 안트베르펜 항구는 특히 이산화탄소 배출량을 줄임으로써 석유 화학 활동을 환경 친화적으로 바꾸는 데 전념했다. 플랑드르 정부 당국은 이네오스를 포함한 일곱 개 석유 화학 회사와 함께, 지금부터 2030년까지 항구에서 배출되는 양의 절반을 끌어모아서 노르웨이로 수출하여 지하에 저장하는 프로젝트를 진행하고 있다. 오래전부터 기후 전문가들이 잘못된 해결책이라고 비난해 온 탄소 포유 설비를 이제 유엔United Nations, UN이 지원하고 있는데, 그 구성원들은 지금까지 스스로 배출량을 줄일 수 없다는 걸 보여 주었다. 하지만 안트베르펜에서 폴리머 생산이 증가한다는 건 플라스틱 오염을 줄이려는 유럽인들의 열망에 어긋나는 것은 아닐까? 〈플라스틱 생산을 멈추는 것이······ 해결 방법은 아니야〉그리고 〈안트베

* 인구 증가와 더불어 급증하는 전력 사용량을 감당하기 위하여 조정되는 전력 발생원의 구성비.

르펜에서 생산하는 플라스틱은 냄새도 없고 맛도 안 나며, 플라스틱을 사용해야만 식수를 공급받을 수 있는 지역에 이용되고 있어〉라고 우리는 스스로를 안심시킨다. 냄새도 없고 맛도 없지만 그래도 어쨌거나 플라스틱 오염이 발생하는 건 사실 아닌가? 〈플라스틱 제품, 플라스틱으로 만들어진 포장재 등이 주변에 버려지는 것은 매우 안타까운 일이다. 소비자들은 이런 제품의 혜택을 누리는 한편, 제품의 수명이 다 되었을 때 재활용과 처리에 적극적으로 임하는 책임도 져야 한다.〉이하 증명 완료!* 우리는 생명을 구한다. 오염과 관련해서는 소비자가 전적으로 책임을 진다.

플라스틱 알갱이 청소

그렇다면 북해까지 도달하기 전에 나투라 2000으로 지정된 지역과 350킬로미터에 달하는 스헬더강 강둑을 따라 늘어선 알갱이들은 어떻게 되는 것일까? 정부 당국은 「수백만 개에 달하는 이 작은 플라스틱 알갱이들을 손으로 청소할 수 없습니다」라고 인정하며, 바로 이런 이유 때문에 그것이 〈최우선 순위〉라고 말한다. 그리고 이 문제를 해결하기 위해 2017년, 프랑스어로는 〈coup de balai〉라고 번역할 수 있는 클린 스윕Clean Sweep에 〈해당 산업 전체, 물류 업체, 그리고 운송 업체〉와 함께 참여하기로 협약을 맺었다고 주장한다. 고백하자면, 처음에는 나도 그것을 믿었다. 업계가 자신들의 주장처럼 결국은 〈주도적으로 해 나가기로〉 결정

---

* 프랑스어 〈CQED〉. 〈위와 같이 증명됨〉, 〈증명을 마침〉이라는 뜻. 대개 수학이나 보고서에서 쓰이는데 여기서는 아이러니한 상황을 비꼬며 강조하는 목적으로 사용했다.

을 한 것이라고 생각했다. 그리고…… 그리고 나중에…… 클린 스윕이 1991년에 미국 화학 협회의 주도로 시작되었다는 것을 알게 되었다. 업계 1위의 로비 단체가 이 프로그램을 만든 지 거의 30년이 지났지만 아무도 가입하지 않았고 진지한 실행도 없었다……. 그 결과 스코틀랜드나 루이지애나주의 해변 일부에서는 모래 위가 아니라 플라스틱 매트 위에 비치 타월을 펴는 셈이 되었다. 서프라이더 파운데이션Surfrider Foundation 유럽 지부는 2020년 11월에 발표한 보고서[15]에서 〈상황이 새로운 것은 아닌데도, 플라스틱 산업의 거대 기업들은 모든 게 제대로 된 방향으로 가고 있다고 반복해서 주장하고 있지만, 지금 상황은 통제할 수 없는 지경이다〉라고 밝혔다. 비정부기구는 안트베르펜, 로테르담, 심지어 타라고나 지역에서 발생하는 만성 오염에 대해 설명하며, 2016년 프랑스 파드칼레 지역 도로를 달리던 트럭에서 8톤 분량이 유실된 사고, 2020년 혹독한 겨울 폭풍이 지나간 후 컨테이너 운반선이 북해 바다에 13톤 분량을 유출시킨 사고처럼 우발적 사고로 발생하는 오염에 대해 추가적으로 언급했다. 비정부기구는 이렇게 말한다. 「이런 오염 때문에 대륙 전체를 포괄하는 거대한 차원의 접근이 필요합니다. 왜냐하면 이런 식의 오염은 덴마크같이 관련 제품을 전혀 생산하지 않는 나라도 가리지 않고 모든 유럽 국가와 영토에 영향을 주고 있으니까요.」

유일한 해결책이 있기는 하다. 플라스틱 알갱이 제조, 사용, 운송과 관련된 모든 회사가 법적 책임을 지는 것이다. 이것이 네덜란드의 환경 단체 플라스틱 수프 재단Plastic Soup Foundation이 한 일이다. 2020년 1월, 로테르담 항구에서 플라스틱 알갱이 때문에 죽은 동물 사체를 보는 것에 지친 이 재단은 환경을 오염시키는 기업, 그중에서도 특히 여러 색의 플라스틱 알갱이로 주변을 둘러싼 네덜란드 석유 화학 기업 뒤코르*에 제재를 가할 것을 촉구했다. 이에, 위반 사항이 발견될 때마다 뒤코르에 1만 5,000유로의 벌금이 부과되었다. 뒤코르는 즉시 청소를 시작했지만 자신들은 희생양에 불과하다고 불평을 털어놓으며 벌금 판결에 항소했다. 플라스틱 수프 재단은 그것으로는 충분치 않다고 반박했다. 「뒤코르는 다른 기업들과 책임을 나누어 지는 것으로 자신의 책임을 회피해선 안 됩니다. 그 회사는 자신이 오염시킨 부분에 대해 항상 책임을 져야 하고 앞으로도 그래야 합니다.」[16]

---

* Ducor. 로테르담에 공장을 둔 석유 화학 기업.

3장

대혼란을 불러올
깃털만 한 무게

〈비닐봉지가 생명을 구한다.〉[1]

코로나19 팬데믹 초기, 플라스틱 사용을 지지하는 로비를 중계한 미국 자유주의 사이트

평균적으로 20분 사용하지만 오염은 1,000년을 간다.[2] 하지만 아무리 머리를 짜내도 그만한 비용 대비 효과를 가진 다른 물건을 찾기는 쉽지 않다. 비록 개당 5그램에 불과하지만, 비닐봉지는 기록으로 볼 때 단연 으뜸이다. 2018년, 유엔은 매년 지구상에서 5조 개의 비닐봉지가 소비된다고 추산했다. 1분당 1000만 개인 셈이다. 만일 비닐봉지의 손잡이를 묶어 연결한다면, 매시간 지구를 일곱 바퀴씩 돌 수 있는 양이다. 놀라울 만큼 얇고, 초경량에 내구성 또한 엄청나다. 비닐봉지 말고 다른 그 어떤 것이 자기 무게의 2,000배를 담아 나른다고 장담할 수 있을까? 문제는 비닐봉지가 물건들의 무게를 잘 버티는 만큼 분해에도 잘 버틴다는 것이다. 비닐봉지들은 물과 바람에 실려 다니다가, 상당수가 바다에서 여정을 마친다. 일회용 봉지는 해안가에서 많이 발견되는 다섯 가지 플라스틱 쓰레기 중 하나다. 오늘날 이런 현실을 모르는 사람이 있을까? 비닐봉지는 그것을 부드러운 해파리로 생각해 삼킨 바다거북을 죽음에 이르게 한다는 사실, 혹은 바닷새나 고래의 위장이 비닐봉지로 가득 차 있다는 사실을 모두가 알고 있다. 비닐봉지는 생활 쓰레기와 같이 버려져서 — 너무 얇아서 재활용은 거의 불가능하다 — 찰나의 수명 동안 그 안에 갇혀 있던 이산화탄소를 방출하며, 결국 소각되지 않는 한, 햇빛과 바닷물, 마찰 작용에 의해 미세 플라스틱으로 잘게 쪼개져 최종적으로 먹이 사슬로 흡수된다.

상징적인 물건이 되어 버린 비닐봉지는 화석 에너지로부터 비롯된 기적의 발명품 가운데 하나다. 간혹 폴리프로필렌으로 만들기도 하지만 대부분 폴리에틸렌으로 만든다. 세계적으로 가장 많이 보급되는 폴리머인 폴리에틸렌은 뜻하지 않은 실수로 발명되었다. 1933년, 영국의 화학자들이 조작을 잘못하는 바람에 흰색의 밀랍 같은 잔여물을 얻게 되었는데, 이 물질의 성질이 아주 주목할 만한 것으로 드러난다. 제2차 세계 대전 당시, 영국군은 통신 케이블을 강화하려고 비밀리에 폴리에틸렌을 사용했고, 그 결과 독일보다 한발 앞선 위치를 점하게 된다. 전쟁이 끝난 후, 첫 번째 성공은 훌라후프다. 1958년, 폴리에틸렌은 소녀들의 허리 주변을 열광적으로 도는 유색의 원형 틀을 만드는 데 쓰였다. 훌라후프의 열광적인 인기는 이후에 재미는 덜하지만 돈벌이는 훨씬 더 잘되는 비닐봉지로 이어진다. 1950년대부터 몇몇 기업이 이런 유형의 포장재를 생산하기 시작했지만, 1965년에 스웨덴 회사 셀로플라스트Celloplast가 멜빵 형태의 손잡이 두 개가 달린 일체형 주머니의 특허권을 소유하게 된다. 이제는 너무나도 유명해진 그 비닐봉지다. 이 신제품은 폭발적인 반응을 불러일으켰다. 비닐봉지는 불과 몇 년 만에, 한 세기가 넘게 훌륭하고 충실한 임무를 수행한 자신의 조상 종이봉투의 자리를 빼앗고, 재사용이 가능한 가방도 퇴장하게 만들었다. 이번에는 예외적으로 유럽이 이 유행을 창출했으며, 1970년대 후반에는 이를 미국으로 전파했다. 어디서나 플라스틱은 계산대에 등장한다. 무료로 끊임없이 말이다. 20년 동안 소비자와 비닐봉지 사이의 러브 스토리에는 거의 불화가 없었다.

가수 앙투안, 열변을 토하다

1990년대 말, 거대한 면적의 **플라스틱 쓰레기 환류**가 태평양에서 발견된다. 이 거대한 수프에는, 비닐봉지 수백만 개가 통째로 혹은 조각난 채로 있다. 여기서 문제를 인식하기 시작한다. 프랑스에서는 1996년부터 유통업체 르클레르Leclerc가 처음으로 스스로를 돌아보게 되었다. 르클레르 회장 미셸 에두아르 르클레르Michel-Edouard Leclerc의 기억에 따르면, 이 대형 슈퍼마켓 체인은 당시 프랑스에서 매년 소비되는 비닐봉지 170억 개 중 10억 개를 자신들의 계산대에서 지급했다. 그는 자신의 블로그[3]에 다음과 같이 언급한다. 어느 날 가수 앙투안Antoine이 한 TV 프로그램에서 이렇게 말했다. 「바다에 떠다니며, 일곱 세대에 걸쳐 환경을 오염시키고 자연에서 분해되는 데 200년이나 걸리는 비닐봉지를 사용하지 말아야 한다고 열변을 토할 수밖에 없어요. (……) 비닐봉지를 없애면 계산대에서 사람들이 항의하리라는 것을 알지만, 우리는 유익한 친환경 운동을 추진할 수 있다고 확신합니다. 보증금을 받고, 재활용이 가능하며, 환불도 되고, 평생 교환이 가능한 가방으로 비닐봉지를 대체하자고 제안하니까, 주변 사람들이 처음에 〈미셸, 넌 제정신이 아냐!〉라고 반응했던 게 기억납니다.」
하지만 미셸이 미친 건 아니었다. 1년이 지나자 고객의 85퍼센트
가 자신의 쇼핑 가방을 재활용했는데, 그럼으로써 매년 4,000톤
가량의 플라스틱을 줄일 수 있었다. 다른 브랜드들도 그 뒤를 따
랐다. 플라스틱 업계는 항의를 해야 할지, 아니면…… 환호를 해
야 할지 갈피를 잡지 못했다. 〈경제적으로는 잘된 일이죠. 고객들
이 무료로 받던 것을 돈을 내게 하니까요〉라며 2016년 당시 플라
스틱스유럽의 서유럽 협회장 미헬 루브리Michel Loubry는 반색을
했다. 이 기사를 보도한 『르 몽드Le Monde』에 따르면 〈이 조치로 대
형 유통업체들은 2억 유로를 절감할 수 있을 것이다. 동시에 일회
용 비닐봉지의 품귀 현상 때문에, 더 두꺼운 쓰레기 봉지의 매출
이 상대적으로 증가하여 봉지 제조업자들이 행복한 비명을 지르
고 있다〉.[4] 심지어 플라스틱의 전체 소비량이 줄어들지 않을 정도
였다.

　　방글라데시는 과감하게 비닐봉지를 금지한 첫 번째 국가였
다. 2002년, 환경부 장관 샤자한 시라지Shahjahan Siraj는 강물을 오
염시키고 배수 시스템을 막아 홍수를 악화시켜 간접적으로 수천
명의 목숨을 앗아 가는 비닐봉지를 규탄했다. 업계 일자리 2만
5,000개를 보호한다는 명목으로 법적 대응을 감행하는 폴리에틸
렌 생산 업자들의 저항에도, 정부는 확고히 버티며 비닐봉지 사
용을 막았다. 시라지 장관은 〈폴리에틸렌 공장에서 일하는 수천
명의 근로자들을 구제하겠다고 1억 3000만 명 방글라데시 국민
의 목숨을 위험에 빠뜨릴 수는 없다〉[5]는 입장이었다. 히말라야 산

기슭에 조그맣게 자리 잡은 인도의 시킴주에서는, 비닐봉지가 빗물의 흐름을 막아 치명적인 산사태를 일으킨 이후, 1998년부터 비닐봉지를 금지하는 조건으로 길을 개방했다.

아일랜드, 국민의 지갑을 건드리다

같은 오염, 다른 해결책. 아일랜드 역시 1990년대만 해도 비닐봉지가 전체 쓰레기 배출량의 5퍼센트를 차지할 정도였는데, 이 나라는 지갑을 건드리는 방식을 선택했다. 1998년 환경부가 실시한 조사에 따르면, 아일랜드 국민은 비닐봉지 한 개당 2센트가 조금 넘는 환경 기여금을 지불하는 데 동의할 것이라고 응답했다. 국민의 행동 변화를 유도하고 재활용 가방 사용을 장려하기 위해, 아일랜드 정부는 대담한 내기를 감행한다. 2002년, 정부는 15센트의 플라스택스PlasTax를 도입한다. 소비자들이 지불할 용의가 있다고 한 금액보다 여섯 배나 많은 액수다! 하지만 때로는 과감한 실천이 성과를 가져온다. 한 해 동안 비닐봉지 연간 소비량이 1인당 328개에서 21개로 90퍼센트 넘게 감소한다.[6] 이후 관련 입법 물결이 필리핀 마닐라에서 칠레 산티아고까지 휩쓸었다. 유엔 환경 계획United Nations Environment Programme, UNEP에서 실시한 조사[7]를 보면, 2018년 여름, 127개 나라가 비닐봉지 사용을 제한하는 법률을 제정했다. 국가 차원에서 비닐봉지 생산을 줄이고, 수입을 막고, 계산대에서 배포를 금지하고, 세금을 부과하는 내용이었다. 캘리포니아주가 미국 주 정부 가운데 최초로 금지 조치를 내렸다. 그때가 2014년도였다.

아프리카에서는 54개 나라 가운데 34개 나라가 비닐봉지 사용을 줄이려는 법안을 채택했다. 그중 절반은 비닐봉지를 아예 금지했다. 특히 르완다와 케냐는 이 사안을 엄중히 다루어서 비닐봉지를 마약처럼 추적한다. 이를 어기는 범법자의 처벌은 징역형까지 가능하다. 케냐 나이로비는 벌금 3만 8,000달러와 징역형 4년이 포함된, 세계에서 가장 강압적인 법률안을 채택했다. 르완다 공립대학에서 교수로 재직하는 크리스티앙 세코모 비람 Christian Sekomo Birame은 플라스틱 오염 문제에 관해 정부를 보좌하고 있다. 2004년, 〈시장, 하수구, 마을, 들판 및 농장에서〉 플라스틱 쓰레기의 양을 평가하기 위한 위원회가 어떻게 진행되었는지 그는 기억하고 있다. 조사 결과는 참담했다. 특히 비닐봉지가 넘쳐 났다. 비람 교수는 〈이렇게 급변하는 상황을 멈추려면 결단을 내릴 필요가 있었습니다〉라고 말한다. 2008년 9월, 르완다에서는 비닐봉지의 제조, 수입, 사용이 법률로 금지된다. 「이러한 조치는 재고를 모두 처리하는 데 6개월의 유예 기간을 부여받은 생산자에게도, 또 지금까지 습관적으로 사용하던 소비자에게도 쉽지 않은 일이었죠. 하지만 달리 대안이 없었어요.」 금지 조치는 대중의 관심 환기, 지역 청소와 더불어 종이, 직물, 바나나 나뭇잎으로 만든 포장재 사용을 장려하는 정책과 동시에 진행된다. 초기에는 비닐봉지 수천 개가 특히 콩고 브라자빌에서 불법적으로 수입되기도 했다. 「이 때문에 많은 사람이 현재도 교도소에 있습니다.」 이로 인해 좋은 점은 〈강력한 억제력을 발휘했다는 것입니다〉라고 교수는 인정한다. 비람 교수는 해볼 만한 가치가 있는 일이었다고 판단한다. 오염이 현저히 줄어서, 탄자니아, 케냐, 우간다, 부룬디 같은 이웃 나라들이 르완다의 사례를 본받기 위해 방문할 정도였다.

분노한 서퍼들

환경 보호 분야의 선구자임을 자처하면서도, 유럽연합은 매년 그들이 소비하는 1000억 개의 비닐봉지에 조치를 취하는 데는 능장을 부렸다. 르완다는 이미 2008년에 입법 조치라는 강력한 무기를 빼 든 반면, 유럽연합은 2015년 4월이 되어서야 회원국들에 연간 1인당 비닐봉지 소비 개수를 (이전 평균은 200개였는데) 2019년까지 90개, 2025년까지 40개로 줄이도록 하는 지침을 채택했다. 그러나 플라스틱 쓰레기에 맞서 싸우는 서프라이더 파운데이션이 볼 때는, 지침을 채택한 지 5년이 지났지만 그 결과는 전혀 흡족하지 않다. 이 환경 단체는 수질 오염에 분노한 캘리포니아 서퍼들이 1984년에 결성했는데, 유럽 지부는 몇 년 후 프랑스 연안 도시 비아리츠에서 발족했다. 서프라이더 파운데이션 유럽 지부는 2020년 7월 3일, 세계 일회용 비닐봉지 없는 날 11주년을 맞이하여, 유럽 국가들의 열의가 부족하다고 성토했다. 우선 주목할 만한 점은, 유럽 회원국들에 예외 사항을 너무 많이 허용했다는 사실이다. 〈매우 가벼운〉 봉지, 이탈리아에서 승인받은 자칭 생분해성 봉지, 브뤼셀에서 허용되는 바이오 소재로 만든 제품, 그리스의 야외 시장에서 용인되는 비닐봉지, 루마니아에서 면제된 〈손잡이 없는〉 일회용 봉지 따위가 규제에서 제외되었다.

서프라이더 파운데이션이 보기에, 〈대부분의 나라가 실제로 일회용 비닐봉지 사용을 계속 허용하고 있다. (······) 이는 명백히 지침을 위반하고 있는 것이다〉.

더욱이 전 세계적인 규모로 볼 때 상황이 그리 밝지만은 않다. 2020년 200억 달러로 추산되는 시장 규모는 줄어들기는커녕, 2027년에는 오히려 11퍼센트 이상 늘어난 230억 달러에 이를 정도로 계속 확대될 것이다.[8] 예를 들어 독일의 경우, 미국, 중국, 일본, 캐나다 같은 세계 최대 소비국들과 마찬가지로 여전히 그 소비량이 증가할 것이다. 유엔은 〈정부 규제 조치의 시행이 대체로 열악하다〉고 지적한다. 아일랜드가 플라스택스로 불과 몇 주 만에 국내에서 비닐봉지를 근절하고, 거두어들인 세금을 이후 오염 방지 프로그램에 재투자한 것과 비교하면, 남아프리카공화국은 부과되는 세금이 너무 소소해서 소비자들의 습관을 바꾸도록 유도하는 데 실패했다. 일부 국가에서 나타나는 밀수를 제외하고도, 암시장이 급성장하거나 때로는 더 가볍거나 때로는 더 두꺼운 형태로, 금지 조치를 비켜가는 비닐봉지가 여전히 사용되고 있다. 국제 에너지 기구는 〈정책적으로 얇은 비닐봉지를 다회용 두꺼운 비닐봉지로 대체할 것을 장려하지만, 다회용 비닐봉지를 그저 몇 번만 쓰고 버린다면 또다시 수요가 증가할 수 있다〉고 경고한다.

바이오 성분, 이상적이지 않은

서프라이더 파운데이션과 유엔 모두 대다수 정부가 승인하는

〈생분해성〉 봉지의 유혹에 대해 경고한다. 〈생분해성〉이라는 용어는 예를 들어 가정에서 퇴비를 만드는 것처럼, 자연 환경 속에서 저절로 빠르게 분해되는 봉지를 지칭해야 할 것이다. 유엔은 〈실제로 대부분의 생분해성 플라스틱은 매우 높은 온도에서만 분해가 된다〉고 경고한다. 달리 말하면 여러분의 정원이나 발코니가 아니라 소각로에서나 분해가 가능하다는 이야기다. 〈심지어 옥수수 전분, 카사바 뿌리, 사탕수수, 지질이나 당분의 미생물 발효 물질(PHA)처럼 재생 가능한 소재로 만든 **바이오 플라스틱도** 환경 속에서 저절로 분해되지 않으며, 특히 바다에서는 더더욱 그렇다.〉 따라서 석유에서 추출한 기존 비닐봉지를 바이오 성분의 비닐봉지로 대체한다는 건 그리 좋은 생각이 아닐 수 있다. 유엔에 따르면, 이는 〈식량 작물 생산에 부정적인 영향〉을 미치고 기근으로 이어지는 위험을 초래할 수 있다. 플라스틱 업계가 대안을 늘리면서 소비자에게는 혼란만 일으킨다. 소비자는 결국 재활용이 가능하지도 않고 실제로 생분해되지도 않는 봉지를 빈번하게 분리배출장으로 보내게 된다.

아직 더 노력해야 하는데도, 사람들 중 일부는 20년간의 투쟁 끝에 승리로 향하고 있다고 믿고 있었다. 잘못된 생각이었다. 2020년에 지구를 휩쓴 코로나바이러스는 비닐봉지의 화려한 복귀를 의미했다. 환경에는 절망적인 일이지만, 오명을 씻을 기회를 잡은 업계는 쾌재를 불렀다. 늘 그렇듯이 사람들의 불안 심리는 아주 좋은 사업 수단이 된다. 이를 너무나 잘 파악하고 있는 기업들은 스스로 주장하고 있는 일회용 플라스틱의 위생적인 특성을 떠벌리고, 그들의 사업을 축소시키려는 법률에 이의를 제기하는 데 전염병을 이용했다. 몇 주, 심지어 며칠 만에 어제의 골칫덩이가 열렬한 환영을 받으며 돌아왔다. 공포에 사로잡힌 소비자들을 향해, 플라스틱과 안전을 억지로 결부시키며 플라스틱은 다시 쇼핑 카트 속 우상이 되었다. 유럽에서는 식당들이 문을 닫고 각 개인이 식료품을 대량으로 구매하면서, 플라스틱 생산량의 40퍼센트를 쓸어 가는 분야인 포장재 수요가 급증했다. 이탈리아에서는 포장된 감귤 판매량이 2020년 3월 초, 전년도 같은 기간 대비 2배를 기록하며 급증했다.[9] 플라스틱은 눈에 띄게 그 자리를 확고히 한다. 일회용 비닐봉지 수요가 폭발할 정도였다. 캐나다 포장재 회사 앙발라주 EBEmballages EB의 대표 프레데릭 레사르Frederic Lessard는 〈상황이 바뀔 가능성을 예상하고 있었지만, 이렇게 빠르게 진행될 거라고 생각하지 못했습니다〉라고 털어놓았다. 그는 얼마 전부터 비닐봉지 생산 기계를 거의 방치하고 있었는데 — 전체 시간의 5퍼센트 정도만 가동했다 — 2020년 봄부터 기계 작동을 재개했다. 하루 3만 개를 생산하기 위해 주 5일 하루 24시간 내내 가동 중이다.

플라스틱에서 더 잘 버티는 코로나바이러스

〈비닐봉지가 생명을 구한다.〉이 문구와 함께 또 다른 유사한 문구들이 코로나바이러스 팬데믹 초기에 미국 언론에 등장한다. 논지는 간단했다. 천으로 만들어 재사용이 가능한 가방이 세균의 온상이라고 비난받는 것과는 정반대로, 비닐봉지는 마치 궁극적으로 위생을 보장하는 것처럼 소개한다. 로비로 시작되어 소문은 퍼져 나간다. 적어도 세 건의 믿을 만한 연구 결과가 플라스틱은 강철과 더불어 그 표면에서 코로나바이러스가 가장 안정성을 띠며, 플라스틱 표면에서 9일까지 그 전염성을 유지할 수도 있다는 의견[10]에 동의했는데도 마찬가지였다. 6월에 저명한 과학자 100여 명이 주요 국제 언론에 글을 실어, 일회용 비닐봉지가 재사용이 가능한 가방보다 결코 더 위생적이지 않으며, 재사용 가방도 〈물과 비누로 세척하기만 하면 안전하게 사용할 수 있다〉[11]는 점을 상기시키며 못을 박는다. 8월에는 의학 저널 『랜싯 *The Lancet*』에 이런 의견을 게재하며 또 한 차례 강조한다. 〈표면과 접촉해서 전염될 위험은 매우 낮다. 오로지 감염된 사람이 기침을 하거나 재채기를 한 표면을 다른 사람이 얼마 지나지 않아 (1~2시간 내에) 만지는 경우에만 전염이 가능하다.〉[12]

이런 과학적 자료들을 제시했지만, 마법처럼 안전한 플라스틱이라는 메시지는 계속 제 갈 길을 간다. 비닐봉지 사용 금지 규정에 따른 단속을 발표했던 뉴욕주는 2020년 봄, 그 시행을 불과 며칠 앞두고 급히 보류하며 뒤로 물러설 정도였다. 결국 2020년 10월에야 시행되었다. 이 보류 결정은 미국의 금지 조치가 어느 정도로 취약한지 보여 준다. 2020년 말, 9개 주[13]가 상업 활동에서 비닐봉지를 없애 버린 반면 41개 주는 여전히 허용하고 있었다. 이 41개 주 가운데 플로리다주와 텍사스주 등 20여 개 주에서는 로비 압력으로 금지 조치에 반대하는 법안을 통과시켰다! 선매권이라고 하는 이 법안은 지방자치단체가 비닐봉지 사용을 금지하는 결정을 채택하지 못하도록 했다. 2005년에 미국 화학 협회의 비공식 파생 조직 미국 재활용 비닐봉지 연합American Recyclable Plastic Bag Alliance, ARPBA 같은 로비 단체들은 미국 내 비닐봉지 제조업자들의 이권을 보호하기 위해 매년 수백만 달러를 지출한다. 미국 재활용 비닐봉지 연합은 〈비닐봉지는 가족과 환경을 위한 가장 건강한 선택〉이라고 끊임없이 주장하며, 위협을 물리칠 목적으로, *Bag the ban* — 말 그대로 〈금지 조치를 봉지 속에 넣어 둬라(즉 금지 조치를 해제하라)〉 — 라는 전국적 캠페인을 후원하기까지 한다.

〈연구에, 연구에, 연구를 거듭한 결과〉

전 세계로 퍼진 코로나바이러스는 환경 보호주의자들을 동요하게 했다. 갑자기 비닐봉지는 더 이상 적이 아니고, 그 경쟁자인, 더럽고 위험한 존재가 되어 버린, 재사용 가능한 천 가방이 적이 되었기 때문이다. 2020년, 환경 문제에 관한 한 선구자 격인 샌프란시스코조차 시민들에게 쇼핑할 때 재사용 가방을 가져오는 것을 금지했다. 뉴햄프셔주도 재사용 가방이 〈포장하는 사람, 상인, 손님들에게 잠재적 전염의 위험〉[14]이 된다고 간주해 같은 조치를 취한다. 모든 과학적 근거에도 소문은 계속해서 부풀어 오른다. 미국 화학 협회 회원이자 플라스틱 가공업자들의 가장 큰 로비 단체인 플라스틱 산업 협회Plastics Industry Association는 〈말 그대로 생사를 가를 수 있는〉 제품을 생산하는 걸 자랑스러워한다. 3월 18일, 협회는 예상치 못한 이 요행을 이용해, 미국 보건복지부 장관 앨릭스 에이자Alex Azar에게 서신을 보낸다. 〈금지 조치에 대항해 일어설 것〉[15]을 대놓고 요구하기 위해서다. 플라스틱 산업 협회 회장 토니 라도체프스키Tony Radoszewski는 플라스틱을 가장 위생적인 소재로 치켜세우며, 〈연구에, 연구에, 연구를 거듭한 결과, 재사용 가방은 바이러스와 세균을 옮길 수 있다는 사실이 밝혀졌다〉고 단언한다. 미국인들의 안녕을 위해 그는 장관에게 〈일회용 플라스틱의 위생과 안전상의 이점에 대해 공표할 것〉을 촉구한다. 또한 〈비닐봉지 사용을 금지하려는 환경주의자들과 의원들의 열의〉를 진정시켜 달라고 요청하는데, 이들이야말로 소비자들과 근로자들을 위험에 빠뜨리기 때문이라는 것이다.

이런 공작에 이미 익숙한 그린피스 미국 지부Greenpeace USA는 즉각 대응에 나선다. 2020년 3월 26일 곧바로 면밀하게 작성한 보고서[16]를 발표한다. 이 보고서는 관련 업계가 가공할 만한 〈반향실 효과echo chamber〉를 조장하며, 어떤 식으로 코로나바이러스에 대한 불안을 증폭시키려 하는지를 풀이해 준다. 단체는 그들의 보고서에서, 2월 초 바이러스가 플라스틱 표면 위에서 9일까지 생존할 수 있다는 사실을 증명한 첫 번째 연구 발표로 되짚어 간다. 이 정보는 소비자들에게 경각심을 불러일으킬 수도 있는 매우 성가신 내용이므로, 업계는 신속하게 관심을 다른 곳으로 돌려야 한다. 그러자 화석 연료 업계로부터 자금을 지원받고, 그들 로비 단체가 전달한 의견을 담은 기사들이 도처에 뿌려진다. 모두 천 가방의 위험성을 문제 삼는다. 이들은 그 근거를 몇몇 연구에만 의존하는데, 이런 연구 대부분이 화석 연료 업계의 재정 지원으로 진행된 사실은 언급하지 않는다. 업계는 천 가방이 매장 전체를 오염시킬 수 있고, 계산대에서 물건을 담는 직원들을 감염시킬 수도 있다고 비난한다. 하지만 비닐봉지도 그만큼 바이러스를 퍼뜨릴 수 있다는 사실은 절대로 밝히지 않는다. 또 계산대 직원이 만질 필요 없이 손님이 직접 자기 가방에 담으면 되고, 무엇보다 천 가방은 세탁이 가능하다는 큰 이점을 결코 어디에도 언급하지 않는다. 사실 로비 단체들이 인용한 연구 가운데 한 건에서도, 손세탁이나 기계 세탁만으로도 세균의 99.9퍼센트를 제거하기에 충분하다는 결론을 내리고 있다.

〈기회주의적이고 무책임한〉 접근

그린피스는 플라스틱 가공업자들의 〈기회주의적〉이며 〈무책임하고〉 〈위험한〉 접근을 비난한다. 그린피스의 선임 연구원 아이비 슐레겔Ivy Schlegel은 이렇게 밝힌다. 「수년 동안 플라스틱 업계는 일회용 플라스틱 사용 종식을 목표로 성장하고 있는 운동을 실추시키려고, 연구에 재정을 지원하며 장려하고 있습니다.」 또한 그녀는 〈코로나바이러스가 퍼지기 시작하자, 업계는 플라스틱 지지 네트워크를 활성화시켜 일격을 가할 기회를 잡았습니다〉라고 설명하며 〈사람들의 안전〉보다 이익을 우선시하는 현실을 안타까워한다. 보고서를 작성한 슐레겔은 아무리 로비 관행에 익숙하다고 해도 늘 믿기지 않는다고 털어놓았다. 어떻게 이렇게까지 〈의도적이고 조직적인지, (……) 어떻게 장바구니를 이용해 사람들을 불안에 빠뜨리고 직원들에게 매일같이 자기들 생명이 위험에 처해 있다고 믿게 만들 수 있는지〉, 무엇보다도 〈도대체 누가 다른 사람들에게 연락을 해서《이봐, 친구들. 이 위기를 이용해 보세》라고 말할 수 있는지〉 그녀는 오랫동안 놀라움을 가졌다. 하지만 그녀는 〈그들은 정부에 보낸 편지로써 지켜야 할 선을 넘었다고 생각합니다〉라고 말했다.

제일 신속하게 칼을 빼 들었던 것은 미국 로비 단체들이었으나, 아시아와 유럽에 있는 그 단체 동료들도 지체하지 않고 전투 태세에 돌입했다. 코로나바이러스가 유행하는 동안 수많은 비닐봉지 사용 금지 조치가 필리핀이나 태국 등 아시아에서 중단되었다. 유럽에서는 로마와 런던 당국이 플라스틱에 세금 부과를 검토하는 동안, 이탈리아와 영국 산업계는 이 기회를 이용해 근거도 없는 플라스틱의 위생적 특성을 다시 부각하며, 그 시행을 유예할 것을 요구했다. 업계 전문 협회인 플라스틱스유럽이 훌륭한 전사를 자처하며 나섰다. 자신들이 공장을 돌리는 유일한 목적은 오로지 이 전쟁에서, 특히 의료와 식료품 분야에 기여하기 위해서라고 맹세하는 한편, 뒤에서는 그 동생 격이자 5만 개가 넘는 유럽 플라스틱 가공업자의 이익을 대변하는 유럽 플라스틱 가공업체 연합European Plastics Converters, EuPC을 사주해, 늦어도 2021년 7월에는 시행되어야 하는 일회용 플라스틱 금지 조치를 연기해 달라고 요청하고 있었다. 유럽연합 집행위원회는 이 요청을 단호히 거부했다. 벨기에에 소재한 비정부기구들은 유럽 플라스틱 가공업체 연합의 이러한 공세에 별로 놀라지 않았다. 비정부기구들 중 한 곳에서는 이렇게 언급한다. 「플라스틱과 위생 문제는 오랜 논쟁거리입니다. 업계는 모든 포럼에서 이 주제를 꺼내 들며 플라스틱이 세균 감염과 음식 쓰레기를 예방해 준다고 하죠. 하지만 이는 논란의 여지가 정말 많습니다.」

거짓 분석들

전 세계적 팬데믹은 비닐봉지와 플라스틱 전반에 대한 업계의 오랜 논쟁들을 다시 불러왔다. 기후가 나날이 더 불안정해지는 시점에서, 오히려 논쟁이 시작된 게 잘된 분야도 있다. 바로 탄소 발자국Carbon Footprint이라 불리는 논쟁이다. 플라스틱스유럽은 토탈이나 이네오스 같은 유럽 플라스틱 생산자뿐 아니라 다우, 엑손모빌, 사빅 등 세계적인 그룹들의 유럽 자회사들을 대표한다. 이들이 바로 유럽의 플라스틱 압력 단체. 이들은 〈플라스틱 생산이 현재도 매우 에너지 집약적〉이라는 사실을 인정하면서, 서둘러 사실을 미화한다. 2010년 기후를 다룬 책자에 이들은 다음과 같이 썼다. 〈플라스틱은 막대한 양의 에너지를 절약하고, 사용 과정에서 유해한 이산화탄소 배출을 줄일 수 있게 해준다. 수명 주기 평가는 생산과 사용 사이의 상호 의존성을 보여 준다. 즉 플라스틱을 생산하는 데 석유를 많이 쓸수록, 다른 분야의 비용을 줄일 수 있다. 예를 들어, 플라스틱 단열재는 난방비를 줄여 주고, 식품 포장재는 운송 연료비를 절감해 준다.〉[17] 요약하자면, 플라스틱과 관련된 이산화탄소 배출량은 다른 곳에서 절감한 양으로 충분히 보상이 된다는 말이다.

    업계는 주기적으로 **수명 주기 평가**를 내세운다. 수명 주기 평가란 한 제품이 요람에서 무덤까지, 즉 제조되는 순간부터 폐기될 때까지 환경에 미치는 영향을 평가하는 것이다. 안타깝게도, 플라스틱스유럽은 플라스틱 수명에서 중요한 단계인 폐기 과정을 계산에서 누락시키는 듯하다. 탄소는 실제로 며칠간 비닐봉지나 욕실 오리 인형 속에 갇혀 머무르게 되고, 이런 물건들이 쓰레기로 버려지면 재활용, 소각, 매립 여부와 상관없이 새로운 배출물이 발생할 것이다. 세계 자연 기금World Wide Fund for Nature, WWF은 플라스틱 폐기물을 처리하는 과정에서 발생하는 이산화탄소 배출량이 2030년까지 실제로 세 배 증가할 수 있다고 추산한다.[18] 많은 기업이 장려하듯이, 폐기물을 에너지 생산을 위해 소각시킨다면 이런 플라스틱 처리 과정은 단지 이산화탄소 배출을 미루는 것뿐이지 배출을 안 하는 것은 아니다. 또 야외에서 하는 연소는 평가에 포함하지도 않고 있다. 상당수 개발 도상국에서는 비닐봉지나 생활 플라스틱 제품을 결국 들판에서 태워 버리는데, 야외 연소는 기후에 훨씬 더 해로운 영향을 미친다. 2020년, 한 비정부 기구가 처음으로 코카콜라, 네슬레, 펩시코PepsiCo, 유니레버Unilever가 시중에 내보내는 포장재들을 수거해, 중국, 인도, 필리핀, 브라질, 멕시코, 나이지리아 등 6개국의 야외에서 소각한 후 다시 측정을 해 보았다. 이 연구에 따르면, 네 개의 다국적 기업이 460만 톤에 달하는 온실가스를 발생시켰으며, 이는 영국에서 자동차 200만 대가 배출하는 매연에 해당하는 양이다.[19]

〈깜깜이 블랙박스〉

폐기물 관리 컨설팅 서비스를 제공하는 업체 유노미아Eunomia에 따르면, 수명 주기 평가는 특히 잘못 사용되기 쉽다고 한다. 이 방법은 선택하는 질문들에 따라 그 한계가 결정된다고 컨설턴트는 설명한다. 「부적절하고 오해의 여지가 다분한 정보로 잘못된 질문을 하면, 그 과정은 같은 부류의 답변만 나올 뿐입니다.」[20] 다시 말해, 플라스틱이 가볍다는 장점으로 인간과 환경에 미치는 부정적인 영향을 상쇄한다는 것을 입증하려고 한다면, 물질의 독성과 플라스틱의 환경 유출에 관한 질문은 생략하고 몇 가지 질문만 하면 되는 것이다. 플라스틱 업계가 그렇게 한다. 그러면 평가는 매우 과학적 관점에 따른 근거를 제시해 줄 것이다. 「수명 주기 평가, 이건 깜깜이 블랙박스입니다. 즉 자신에게 맞는 대로 자신이 원하는 모든 것을 넣을 수 있습니다.」 연구의 진정성으로 평판이 높은 영국 환경 단체, 켐 트러스트CHEM Trust의 이사이자 생화학자 마이클 워허스트Michael Warhurst는 이렇게 확신한다.

이런 평가 분석을 우리가 사용하는 비닐봉지에 적용해 보면, 비닐봉지가 면으로 만든 재사용 가방보다 탄소의 영향이 적다고 나온다.[21] 제작과 운송에 에너지가 적게 필요하기 때문이다. 하지만 환경 공학자이자 환경 디자인 전문 조직인 쉐이핑 인바이런먼털 액션Shaping Environmental Action의 설립자 율리엔 부셰Julien Boucher 박사는 이렇게 말한다. 「환경에 미치는 영향을 결정짓는 것은 그 재료보다는 사람들이 그것을 어떻게 사용하는가입니다. 면으로 만든 가방은 10년 동안 1,000번은 사용할 수 있습니다. 이런 설정이라면, 당연히 일회용 비닐봉지보다 영향을 덜 미치게 되겠죠.」

업계에서 떠벌리는 비닐봉지의 축소된 영향은 오로지 〈쓰레기들이 완전히 수거되고 재활용되거나 소각되어 에너지를 생산하리라는 이상적인 시스템에서만〉 가능한 것이다. 생산 규모를 축소하면 기후 정책에 해로운 결과를 가져올 수 있다는 걸 강조하기 위해 이 방법을 사용하는 플라스틱 업자들도 이미 잘 알고 있다. 유엔조차도 이 분석에 대해 경계할 것을 요구하며, 결국에는 〈환경에 가장 영향을 덜 주는 쇼핑백은 소비자들이 이미 집에 가지고 있는 장바구니다〉라고 결론짓는다. 이런 사실을 인지한 뉴저지주는 2020년 가을, 플라스틱이든 종이든 모든 일회용 봉지를 금지하는 조치를 표결에 붙여, 이 방면으로는 가장 야심찬 법안 가운데 하나를 채택했다. 3회 위반하면 벌금이 약 4,800달러 정도 부과된다.

4장

플라스틱은 위생적이다,
정말일까?

〈독성은 복잡한 문제다. 소금, 심지어 물조차도
너무 많은 양은 인간에게 독이 된다.〉[1]

미국 화학 협회, 「플라스틱의 독성에 대하여」

피할 수 없다. 여러분이 플라스틱에 관해 더 알게 될수록, 여러분을 둘러싸고 있는 그 제품들을 쓰기가 더욱 꺼려지게 될 것이다. 벌써 수십 년째, 플라스틱 제품들은 여러분의 일상을 채우고 있고, 여러분은 그에 대해 전혀 걱정하지 않고 지냈다. 하지만 여러분은 점점 더 새로운 시각, 좀 더 심각하고 좀 더 어두운 관점에서 그것들을 보게 될 것이다. 걱정할 필요는 없다. 플라스틱의 독성을 인지하게 된 모두가 ─ 과학자들, 환경 단체 회원들, 일반 시민들 ─ 겪는 일이다. 어떤 사람들은 자기 집에서 제일 먼저 버린 것이 식품 보관 용기, 검은 플라스틱으로 만든 주방 기구들이라 할 것이고, 다른 이들은 아이들 장난감, 또 다른 사람들은 합성 섬유로 만든 양말이나 운동복이라고 말할 것이다. 각자 자신의 싸움을 선택했고, 모두가 자신들의 소비 방식을 재평가하고 완전히 뒤집어엎기까지 했다.

코로나바이러스 팬데믹 기간에 120명의 과학자들이 공동성명에서 주의를 기울여 강조했듯이,[2] 플라스틱은 우리가 믿고 싶어 하는 바와 달리, 위생적으로 완전한 물질이 아니기 때문이다. 플라스틱이 의료계에서 필수라는 점은 인정할 수밖에 없다 치더라도, 플라스틱스유럽 사이트의 기사처럼 플라스틱이 〈사람들을 보호〉하고 〈아이들의 안전에 기여한다〉는 것을 무턱대고 지지하기에는 너무 위태로워 보인다. 다수의 연구가 플라스틱 소재의 장난감, 가구, 섬유, 식품 용기의 독성에 대해 경고한다. 독일에 기반을 둔 연구 집단이 요구르트병, 샤워 타월, 샴푸통과 같은 일상생활 용품 34개를 실험한 결과, 그중 4분의 3에 해당하는 제품에서 독성을 발견했다.[3] 이들은 1,411개의 각기 다른 화학 물질을 검출했지만, 그중에서 단지 260개만을 식별할 수 있었고, 80퍼센트가 넘는 부분은 전혀 알려지지 않은 상태였다. 정말 놀라운 것은, 실험한 8개 폴리머 중 사탕수수나 옥수수 전분으로 만든 PLA*가 독성이 가장 강한 물질 중 하나로 드러났다는 점이다. 「이는 바이오 성분, 생분해성 물질, 마치 최선의 대안인 것처럼 팔리고 있는 이 물질들도 기존의 플라스틱보다 반드시 더 안전하지는 않다는 것을 보여 줍니다.」연구원들은 이렇게 언급한다. 가스나 석유에서 추출한 플라스틱과 같은 성질로 만들려고 PLA에 온갖 첨가제를 넣었기 때문이다.

이 연구에 참가한 노르웨이 과학기술대학교NTNU의 생물학자이자 독물학자인 마르틴 바그너Martin Wagner 교수를 가장 화나게 만든 것은 소비자가 이를 구별할 수 없다는 점이다. 「우리가 요구르트병 네 개를 고르면, 그중 두 개는 독성이 있고, 두 개는 독성이 없습니다. 소비자가 어떻게 이를 구별해서 선택할 수 있

---

* Poly Lactic Acid. 옥수수 전분에서 추출한 원료로 만든 친환경 수지

겠습니까?」왜냐하면 제조업체들은 요구르트나 샴푸의 성분을 명시해야 하지만 이를 담는 용기의 구성 성분은 설명할 필요가 전혀 없기 때문이다. 4,200개가 넘는 화학 물질들이 플라스틱 포장재에 존재할 수 있고, 이 물질들이 용기에서 내용물로 옮겨 갈 수도 있다는 점을 추정해 볼 때, 걱정되는 부분이 아닐 수 없다.[4] 내용물로 옮겨 가는 현상은 열 — 전자레인지에 넣고 가열할 때와 같이 — 이나 보관 기간의 영향을 받고, 또 지방질이나 산성의 제품이 들어 있는 경우 더욱 심해진다.

8리터의 물, 이런! 우린 죽었다

연구에 참여한 학자들은 〈플라스틱 생산자들은 제품 안전성을 보장하고, 그 성분을 투명하게 공개하는 법적 의무를 가져야 합니다〉라고 말한다. 도대체 이들은 왜 이런 데 신경을 쓰는 걸까? 자신의 역할에서 조금 벗어나 있는 건 아닐까? 어쨌거나 플라스틱스유럽의 생각은 이렇다. 「과학자들은 과학에 대해 말하고, 거기까지만 하면 됩니다. 나머지는 보건 당국과 정치가 알아서 할 문제입니다.」플라스틱스유럽의 커뮤니케이션 담당 이사 베로니크 프레노Véronique Fraigneau는 불쾌한 내색을 감추지 않는다. 그리고 이 유럽 플라스틱 로비 단체에게는 별로 신경 쓸 일도 아니다. 「워낙 많은 연구가 있으니 이것도 그런 연구 가운데 하나겠지요. 18개월 동안 34개 물품이라…… 좋습니다. 우선 제가 보기에는, 이 연구팀은 마치 유럽에 아무 규제가 없는 것처럼 행동하고 있어요.」프레노는 이렇게 유감을 표한다. 그녀가 보기에는 이 과학자들이 ─ 물론 이들은 독물학 권위자들이다 ─ 〈피할 수 없는 위험과 통제가 가능한 위험을 혼동하고 있다〉는 것이다. 프레노는 포장 용기에 어떤 위험 물질이 존재하더라도 〈이 물질이 극히 소량의 상태로 옮겨지기 때문에, 소비자들의 건강에 위협이 될 만한 양은 아니다〉라며 현학적으로 설명한다. 유명한 파라셀수스Paracelse의 원리인 〈효과는 노출 수준에 달려 있다〉를 인용하며 이렇게 못박는다. 「독을 만드는 것은 바로 용량이에요. 마치 소금이나 물과 같은 거죠.」 무슨 이야기인가 하면, 건강에 필수적이지만 너무 많은 양을 섭취하면 인간에게 독이 될 수 있다는 것이다. 달리 말해, 물을 너무 많이 마셔도 죽을 수 있다는 거다. 그녀는 〈8리터〉로 기억한다고 말한다. 이거로 끝이다. 사람들을 설득하려는 커뮤니케이션 담당자의 노력과는 별개로, 이 비유는 우연히 그녀의 머리에 떠오른 것이 아니다. 화학 업계는 수년 전부터 이를 결정적인 논거로 이용해 왔다. 또한 이 비유는 미국의 강력한 로비 단체인 미국 화학 협회 웹사이트에 비슷한 논조로 등장한다.

생물학자 마르틴 바그너는 이를 〈대단히 신뢰할 만한 논거는 아니라고〉 본다. 물로 인해 죽는다라는 논거를 UFO처럼 약간 황당하다고 보는 과학계에 군이 발을 들이지 않더라도, 플라스틱 독성 전문가인 바그너는 〈이 논리의 중요한 허점은 만일 내가 물 8리터를 마시기로 결정한다면, 그건 내 선택입니다. 하지만 플라스틱에 있는 독성 물질을 섭취하는 것은 내가 한 선택이 아닙니다〉라고 말한다. 그럼 플라스틱 업계 앞에서 몸을 낮춰야 하는 과학자들의 입장에 대해서는 어떻게 보는가? 바그너는 이렇게 응수한다.「동의하지 않습니다. 만일 우려할 만한 문제를 찾아냈다면, 우리는 의견을 드러내야 합니다. 제가 불편한 것은, 업계가 수익을 올리는 동안 과학자들이 제품 속에 무엇이 들어 있는지 조사하는 비용을 세금으로 충당하게 된다는 점입니다. 기업은 성분을 투명하게 공개해야 합니다. 과학자들이 그들 대신 일을 하느라 시간과 비용을 낭비하지 않도록 말입니다. 만일 기업들이 자기네 제품에 무엇이 들어 있는지를 모른다면, 그들은 그것을 상품화해서는 안 됩니다.」

내분비 교란 물질의 소굴

플라스틱은 뇌 벽을 통과할 수 있을까? 우리 신체 기관은 어느 정도 양을 버틸 수 있을까? 미국의 생물학자 피트 마이어스Pete Myers 박사는 〈우리가 모르는 게 많기도 하지만…… 우리가 알고 있는 것 또한 많습니다. 특히나 플라스틱에 들어 있는 화학 물질들에 대해서 말입니다〉라고 의견을 보탠다. 실제로 플라스틱은 내분비 교란 물질들의 소굴이다. 이 화합물은 우리의 호르몬을 방해해 호르몬이 신체 기관에 보내는 신호를 어지럽힌다는 사실이 연구로 증명되었다. 호르몬은 극히 소량에서도 반응하는데, 안타깝게도 내분비 교란 물질이 이런 특성을 가지고 있다.

마이어스 박사는 이 가짜 호르몬들의 기능에 대해 과학계에 경고를 보낸 선구자들 중 한 명이다. 30년 전 어느 날이었다. 워싱턴 D.C.에서 마이어스 박사가 살충제가 철새들의 이동 경로를 교란시킬 수 있다는 강론을 막 마쳤을 때, 한 60대 여성이 그에게 달려와 어깨를 잡았다. 「피트 박사님, 우리는 반드시 연구 작업을 같이 해야 합니다.」 이 여성은 동물학자 시어 콜번Theo Colborn이다. 콜번은 마이어스 박사를 만나기 바로 얼마 전, 환경 오염이 오대호 동물군에 미치는 영향, 즉 생식 문제, 성 분화, 면역 체계 이상 등에 대해 연구하고 세계 자연 기금에 보고서를 발표했다. 전직 약사이자 콜로라도에서 양을 키우다 뒤늦게 생물학 공부를 재개한 이 60대 여성은 근래에 동물 병리 현상이 인류를 괴롭히는 만성 질환들과 같은 원인을 가지고 있다고 의심했다.

콜번은 이를 매우 중대한 발견이라 생각하고 갖은 애를 쓴 결과, 1991년에 학위를 받은 지 얼마 안 된 〈새내기〉로서는 상상할 수 없는 일을 이룬다. 〈내분비 교란 물질〉이라 명명한 물질에 대한 연구를 공유하기 위해 세계적인 과학자 20명을 위스콘신의 라신으로 불러들인 것이다. 자신들이 모였던 강당의 이름을 따서 윙스프레드 선언Wingspread Declaration이라고 이름 붙인 이 선언서에서, 이들은 〈자연 속으로 방출된 다수의 합성 화학 물질과 일부 천연 화합물이 인간을 포함한 동물들의 면역 체계를 교란시킬 수 있다〉[5]는 결론을 내린다. 돌연, 독이 되는 것은 더 이상 용량이 아니라 노출된 기간과 시기가 되었다. 아기와 임산부가 노출에 더 취약하다. 윙스프레스 선언에 참여한 21명의 과학자들이 내린 또 다른 주목할 만한 결론은, 이런 물질들은 그 영향이 한 세대를 건너뛰어 나타날 가능성이 매우 높다는 것이다. 안타깝게도 어머니 배 속에서 태아 시기에 노출되면, 그 아기의 생애뿐 아니라 몇 세대 이후 후손의 삶에도 영향을 줄 수 있다고 확인되었다. 과학자들은 첫 번째 협의회에서 약 30여 개의 내분비 교란 물질 목록을 만든다. 이는 2021년 초에 1,500개가량으로 늘어났고, 아마도 과학이 더욱 발달한 10년 후쯤에는 훨씬 더 많아질 것이다. 이 물질들은 현재 널리 유행 중인 비만, 당뇨병, 생식 능력 감소, 자폐증, 유방암, 전립선암, 고환암 등의 질병과 분명히 관련이 있다.

위험을 경고하는 이들을 업계가 조롱할 때

1996년, 시어 콜번, 피트 마이어스, 다이앤 듀마노스키Dianne Dumanoski는 내분비 교란 물질에 관한 연구 작업을 종합해 일반 대중을 대상으로 쓴 『도둑맞은 미래Our Stolen Future』[6]를 출간하여 큰 반향을 불러일으켰다. 25년이 지난 후, 마이어스 박사는 당시 산업계 반응을 이렇게 기억한다. 「그들은 우리를 비웃으며, 우리가 하는 이야기도 조롱했습니다.」 이들 3명의 과학자를 풍자한 만화가 출간되기까지 했다. 「당시에는 과학적으로 완벽하지는 않았어요. 우리는 그저 필요한 의문들을 제기하려 했습니다. 이후 과학이 이에 답을 줄 수 있게 말이지요.」 기업은 그들 나름대로 〈의혹을 만들어 내는 데〉 시간을 보냈다. 하지만 이들의 탐구를 멈추기에는 부족했다. 수억 유로와 달러가 새로운 연구에 투입되었고, 다수의 논문이 발표되었다. 「우리는 의료계와 과학계의 신뢰를 얻었고, 과학계의 비주류에서 주류로 점차 나아가게 되었습니다.」

독립적인 전문가들이 가공할 만한 보건 위협에 맞서 결집하고 있는 2020년에도, 브뤼셀에 위치한 플라스틱스유럽은 여전히

〈아직 확실한 결론이 난 것이 아니다〉라고 주장하며 계속해서 뭉그적대고 있다. 마이어스 박사는 〈로비 단체들 쪽에는 매우 유능한 변호사들이 있어요. 이들은 대중들 눈에 위험을 최소화시키지요〉라고 안타까워한다. 프랑스 정부 내의 이 문제에 관한 한 전문가는 〈이들은 늘 결정적 한방을 가지고 있습니다〉라고 확신한다. 그는 이렇게 말한다. 「그게 국회의원들에게 얼마나 잘 통하는지 정말 대단해요. 커피와 같은 거죠. 이들은 시간이 없기 때문에 〈아, 커피도 내분비 교란 물질인가요? 그럼 플라스틱도 결국 커피보다 더 위험할 건 없겠네요……〉라고 대충 생각합니다. 하지만 이건 완전히 말이 안 되죠. 커피가 어느 정도 내분비계에 상호작용을 하는 것은 맞지만, 이 문제와 아무 관계가 없어요. 이건 〈비소는 천연 물질이니 위험하지 않겠네요〉라고 말하는 것과 같은 겁니다.」

마이어스 박사는 〈플라스틱 문제가 내분비 교란 물질 문제와 하나로 합쳐져 버린 것〉이 최근 몇 년 사이 새로운 점이라고 말한다. 이는 플라스틱 산업계를 곤란하게 만든다. 유럽 기업 감시 Corporate Europe Observatory, CEO가 공개한 2015년 기밀문서[7]에 의하면, 플라스틱스유럽은 플라스틱의 내분비 교란적 특성을 보여 주는 과학적 증거들의 존재가 그들의 사업 이익에 〈약점〉임을 명확히 파악하고 있다. 이 〈약점〉과 싸우기 위한 〈강점과 기회〉는 무엇일까? 업계에 가장 호의적인 정부들 — 〈아일랜드, 영국, 독일〉 — 에 압력을 가하는 것이다. 하지만 〈다른 결과를 낼 수 있는 새로운 연구에 재정 지원을 하는 것〉이 무엇보다 중요하다. 달리 말하면, 의혹을 만들어 낸 다음, 이를 플라스틱이 불활성*의 무해한 물질이라고 여전히 믿는 사람들의 머릿속에 더 잘 심기 위해서다. 사실 플라스틱에 다량의 화학 제품이 가루 형태로 뿌려져 들어간다는 것을 아는 사람은 거의 없다. 예를 들어 PVC 같은 폴리머에는, 종종 첨가제가 플라스틱보다 더 많이 들어 있다. 잘 알려지지 않아 눈에 띄지 않지만, 첨가물의 세계 시장 매출 규모는 600억 달러 이상이다.

플라스틱의 경우 다양한 구성에서 독성이 나올 수 있기 때문에 더욱 위험하다.

○ 모노머: 그 자체로 폴리머를 구성한다. 폴리카보네이트 조성에 들어가는 비스페놀 A 즉 BPA가 이에 해당한다.

○ 첨가물: 플라스틱에 주입하여 플라스틱을 유연하게 하고, 착색과 착향을 가능하게 하며, 열, 물, 기름 등에 내구성을 갖도록 그 성질을 변화시킨다. 가장 문제가 되는 것들로는 **프탈레이트, 과불화 화합물, 브롬화 난연제**가 있다.

○ NIAS: 영어 Non-intentionally added substances에서 나온, 전혀 끌리지 않는 이 약자는, 의도적으로 첨가된 물질들이 아닌, 불순물 또는 제조 과정에서 나타나는 부산물을 말한다.

○ 마지막으로는 그 표면인데, 플라스틱 표면은 화학 물

---

* 다른 화합물에 쉽게 반응하지 않고, 화학적 방법으로 변화하지 않으려는 성질.

질과 코로나바이러스와 같은 세균들을 옮길 수 있다. 해양학자들은 플라스틱을 바이러스와 세균을 수천 킬로미터까지 운송하는 뗏목이라고 말하곤 한다.

실제로 꽤 위험한 우연한 첨가물들

얼마 전까지만 해도 알려지지 않았던 NIAS는 결코 무해하지 않다. 의도적으로 첨가하는 것이 아니라 우연히 나타나기 때문에, 이 물질은 종종 우연히 발견된다. 윙스프레드 선언 멤버 21명 중 한 명인 생물학자 아나 소토Ana Soto에게도 그런 일이 있었다. 1987년 보스턴에서, 그녀는 동료 칼로스 소녜셰인Carlos Sonneschein 과 세포 증식에 관한 연구를 수행하게 된다. 보통 세포들은 본래의 속도대로 자연스럽게 증식한다. 그런데 어느 날, 이들은 — 거의 증식하지 않는 게 정상인 — 대조군 세포들이 여성 호르몬 에스트로겐에 노출된 배양균 세포들만큼 증식한 걸 알아차린다. 「제조업자에게 연락을 했어요. 그도 폴리스티렌으로 된 튜브가 에스트로겐을 방출할 수 있다는 것에 무척이나 놀라워했어요」라고 소토 박사는 회상했다. 이후 그들은 여러 묶음의 튜브를 시험해 보고, 결국 제조업자가 충격에 강한 튜브를 만들기 위해 제조 방식을 바꾼 튜브에서 에스트로겐이 방출됐다는 사실을 알게 되었다. 두 연구원은 제조업자에게 어떤 첨가물을 넣었는지 물어보았다. 돌아온 답변은 〈기밀입니다〉였고, 〈그거로 끝〉이었다. 그 원인이 궁금해진 소토 박사와 소녜셰인 박사는 연구를 이어 갔고, 마침내 그들은 문제가 된 물질을 분리해 내는 데 성공한다. 그것은 에스트로겐 작용을 흉내 낼 수 있는 노닐페놀이라는 화학 물질로, 이후 내분비 교란 물질로 인정되었다. 사실, 이 물질은 시험관 튜브의 폴리스티렌에 의도적으로 첨가된 것은 아니었고, 튜브에 들어 있던 산화방지제다. 트리스 포스파이트(노닐페닐) 혹은 간단히 TNPP라고 한다. TNPP는 제조 과정에서 분해되면서 노닐페놀을 방출할 수 있다. 이 중간 산물은 페인트, 살충제, 세제, 개인 위생 용품과 같은 수많은 제품들에서 우연히 나타난다.

플라스틱스유럽이 그토록 떠벌리던, 500년이나 된 파라셀수스의 신성한 규칙을 내분비 교란 물질은 그 작용 방식으로 단숨에 깨어 버린다. 16세기 스위스 의사 파라셀수스에 따르면, 건강에 대한 효과는 복용량이 증가함에 따라 커진다고 한다. 하지만 내분비 교란 물질에서는 규칙이 다르게 작용한다. 극히 소량에서도 최대 효과가 생길 수 있다. 그리고…… 더 높은 용량에서는 사라질 수도 있다! 이런 특수성을 고려할 때, 마이어스 박사가 확인한 사실은 아주 단순하면서도 아주 암울하다. 「단 하나의 플라스틱도 심층 연구의 대상이었던 적이 없습니다. 전혀, 아무것도 없이, 완전 제로입니다.」 왜냐하면 유럽과 미국의 감독 기관들은 〈그 성분이 안전한지 아닌지를 결정하기 위해 21세기 과학〉을 이용하기보다는, 〈10년, 20년, 30년이나 지난 구식 테스트〉에 의존하고 있기 때문이다. 또 다른 허점은 기관들이 하나의 화학 물질이 다른 물질과 함께 섭취하거나 흡입될 때 생길 수 있는 **칵테일 효과**를 고려하지 않는 것이다. 의사도 환자에게 약을 처방하기 전에 반드시 어떤 다른 약을 복용하는지 물어보는데, 감독 기관들은 한 번에 오직 한 가지 화학 물질만을 테스트한다. 마이어스 박사는 〈이건 완전히 속임수입니다. 믿을 수 없을 정도예요. 그런데도 이건 안전하고 저건 안전하지 않다는 그 결론을 우린 받아들이고 있습니다〉라고 분개한다. 왜 그럴까? 너무나도 간단하다. 「아주 많은 돈이 걸려 있기 때문입니다. 비스페놀 A의 경우, 아마 전 세계적으로 매시간 적어도 100만 달러의 매출을 올릴 겁니다. 이 때문에 기업들은 그들 제품이 시장에서 꾸준히 팔리게 하고자 제품을 보호하고, 과학이 진실에 접근하지 못하게 하고, 실제로 존재하는 독성에 대해 의혹을 만들어 냅니다.」

규제 회피에 관한 궁극의 가이드

오염 물질 제거를 위한 비정부기구 글로벌 네트워크인 국제 유해 물질 제거 네트워크International Pollutants Elimination Network, IPEN도 제도적 허점을 이용하려는 업계의 성향을 지적한다. 2020년 9월, 유해물질반대네트워크는 유엔과 공동 작업으로 발행한 〈유독성 플라스틱 첨가물〉에 관한 보고서[8] 서문에서 〈이런 첨가물들은 소량이라도 면역 및 생식 체계 기능에 영향을 미칠 수 있고, 암, 지적 기능 훼손 또는 발달 지체의 원인이 될 수 있다〉라고 강조한다. 일부는 플라스틱 재료에 첨가된 화학 물질들이 〈너무 위험해서 국제법과 국내법에 의해 금지되었다〉. 문제는, 그럼에도 불구하고 유독성 제품들 가운데 일부가 〈업계 로비가 일궈 놓은 규제 예외 사항이나 허점 덕분에〉 아직도 시중에 남아 사용되고 있다는 것이다. 국제 유해물질 제거 네트워크는 이렇게 서술한다. 안타깝게도 대부분의 유독성 제품들이 〈독성 화학 첨가물들로 인한 피해가 확인되고 난 후에야 사람의 건강과 환경을 보호하고자 하는 우려에서 법률로 규제되고 관리 감독이 되며, 그 피해가 확인된 경우에도 화학 및 플라스틱 제조업계는 그저 테스트도 안 거친 새로운 제품을 시장에 내놓으면 되고, 규제 프로세스는 다시 시작된다〉는 것을 우리는 기억해야 한다.

좀 더 지속 가능한 화학을 위해 활동하는 국제 화학 사무국 ChemSec은 이 주제를 다룬 「화학 물질에 관해 유럽의 규제를 속이고 잘 피해 나가기 위한 궁극의 가이드」[9]라는, 작지만 매우 신랄한 매뉴얼을 출판했다. 이 조직은 이렇게 비아냥거린다. 〈우리는 어떻게 규제를 피해 가는지, (……) 관리 감독을 늦출 수 있는지, 또 관리 당국의 표적이 된 귀사가 어떻게 그 독성 화학 물질을 시장에 오랫동안 살아남게 할 수 있는지를 여러분에게 보여 드릴 것입니다. 이 가이드에 소개된 각 단계는 모두 다 테스트를 거쳐 검증된 것입니다. 뒤처진 기업들도 몇 년 전부터 매우 성공적으로 이 단계를 따르고 있습니다.〉 아마도 국제 화학 사무국이 좀 과장하는 것은 아닐까? 관리 감독 작업에 정기적으로 참여해 〈어마어마한 수의 위반 사례들〉을 확인하고 깜짝 놀란 몇몇 유럽 감독관은, 그렇지 않다고 대답한다.

국제 화학 사무국의 「궁극의 가이드」에 나와 있는 권고 사항에는 이런 것들이 있다. 절대로 〈귀사 화학 제품의 진짜 정체를 밝히지 말 것! 당신이 꼭 알아 두어야 할 것이 있다면, 그건 과학적 불확실성이 규제 과정을 가로막는다는 것입니다. (……) 당신이 원하는 바는 아무도 정확하게 알아낼 수 없는, 모호하고 불확실한 물질입니다. 그렇다면 당신은 이렇게 말해야 합니다.《그래요, 이건 약간 다른 화학 물질 같은 거예요. 근데 또 꼭 그렇지만은 않을 수도 있어요……》. 또 다른 중요 사항은 페이퍼 컴퍼니를 만들 것! 우편 주소 하나면 충분하다. 〈이게 수상하게 보일까 봐 걱정되나요? 걱정할 거 없어요. 사실 등록된 회사들의 40퍼센트가량이 페이퍼 컴퍼니입니다. 그러니 귀사도 좋은 회사가 될 겁니다! (……) 유럽연합 내 국가 중 한정된 자원을 가지고 있고, 규제를 시행하는 데 별 관심이 없는 한 지역에 회사를 등록하세요. 이렇게 하면, 귀사가 규제 감시망에 잡혀도, 관리 감독의 작동을 늦출 수 있을 겁니다.〉 이제 〈귀사의 물질을 등록할 차례입니다. 과학적 데이터의 결함 따위는 걱정하지 마십시오. 실상은 실제 데이터가 필요한 것이 아니라, 그냥《믿을 만한》데이터면 됩니다〉. 그러고 나면 〈등록 번호가 하나 부여될 것입니다. 대충 이 번호 하나면 당신은 유럽 시장에 발을 내디딜 수 있어요〉. 극도로 어려운 상황에는 어떻게 해야 하나? 〈기밀 정보라고 선언하고, 어떤 일이 있어도 이 주장을 밀고 나가세요.〉 유엔이 주목하는 것은 바로 이 마지막 부분이다. 첨가물에 관한 보고서에서, 유엔은 이 〈영업 기밀이라는 부당한 주장〉에 대해 유감을 나타낸다. 달리 말하면, 이는 일부 제조업자들이 그들 제품을 만들 때 들어가는 화학 물질 목록을 공개하지 않으려는 불순한 의도인 것이다.

치명적인 기밀

때맞춰 등장하는 어떤 사업 기밀이라는 것이 매년 수백만 명의 목숨을 앗아 갈 수도 있다. 환경 단체 티어펀드TearFund의 조사에 따르면, 개발 도상국에서는 플라스틱 오염으로 인한 질병으로 30초마다 한 명이 숨진다고 한다. 또한 유엔에 의하면, 사업장에서 유독성 제품에 노출되어 15초마다 근로자 한 명이 사망한다고 한다. 뿐만 아니라 세계 보건 기구WHO는 연간 인류 사망자 수의 4분의 1, 즉 1300만 명의 죽음이 환경과 관련 있다고 추정한다. 플라스틱에서 방출되는 내분비 교란 물질을 포함한 독성 화학 물질이 이 사망률에 일조한다. 그럼 플라스틱으로 인한 전체 사망자 수는 얼마나 되는 걸까? 정확히 말하기는 불가능하다. 아직 시기상조다. 그럼에도 불구하고, 『르 몽드』의 과학 전문 기자인 스테판 푸카르Stéphane Foucart가 프랑스 퀼튀르France Culture 라디오 채널에서 내분비 교란 물질 문제에 관해 설명한 것처럼, 수치가 매우 유용할 것이라는 점은 사실이다. 「정치인들은 사망자 수 같은 단순한 것들로 판단합니다. 석면에 관해서도, 사망자 수가 10만 명이 나온 날, 사람들이 움직이기 시작했어요. 내분비 교란 물질 현상은 전염병학자들이 파악하기에는 복합적인 분야입니다. 살충제인 DDT가 유방암 발병에 미치는 영향에 대한 수치를 얻는 데 50년이나 걸렸습니다. 사람들이 나이 들고, 유방암에 걸리고, 죽기를 기다리며 말이죠.」[10] 플라스틱으로 인한 피해를 수치로 산출하려면 얼마나 많은 시간이걸릴까? 2021년 2월 기준, 코로나바이러스는 230만 명이 넘는 인명을 앗아 갔다. 이제까지

늘, 지금 당장의 죽음이 10년 혹은 20년 후에 닥쳐올 죽음에 비해 선거나 언론에서 훨씬 무게감 있게 다루어져 왔다.

〈흡연이 폐암의 원인이라는 어떤 증거도 없다.〉 이는 담배 업계가 40년간 자신 있게 내세웠던 말이다. 담배 제조업체들은 1958년부터, 법원 결정으로 그 내부 문서를 공개하게 된 1998년 까지, 줄곧 그들 인기 상품의 위험성을 알고 있었다. 40년간 침묵을 지키며 치명적 이익을 취한 것이다. 석면의 경우와 정확히 같은 기간이다. 플라스틱의 상황도 상당히 비슷하다. 경각심을 불러일으키는 과학자들의 출판물은 수십 년 동안 산업계의 부인에 부딪혀 왔다. 과연, 플라스틱에 대한 소송은 언제쯤 이루어질까?

법정에 선 과불화 화합물

사실, 이미 터졌다……. 그것은 바로 미국 파커스버그에서 판결이 난 과불화 화합물 사건이다. 이 사건은 2016년에 『뉴욕 타임스』 에서 냉담한 어조의 기사[11]로 다루었고, 2019년에는 영화 「다크 워터스Dark Waters」에 등장했다. 폴리 및 퍼플루오로알킬Poly-and perfluoroalkyl이란 물질은 1940년대부터 제조되었고, 영어 약자인 PFAS로 더 많이 알려져 있다. 이 물질은 과불화 화합물이라는 용어로 분류되는데, 방수성을 가진 데다가 오염과 기름기에 강하고 눌어붙지 않는 등 기적적인 특성을 지닌 ─4,700개 이상의 ─ 분자들이 그룹을 이루고 있다. 이동성이 매우 뛰어나며 거의 파괴되지 않는 과불화 화합물은 80년 동안 환경과 먹이 사슬 도처로 퍼져 나갔다. 브레스트에 살든 보고타에 살든 그 어디에 살든 간에, 우리는 이를 수돗물로 마시고, 먹고, 들이마신다. 그리고 이 물질들은 우리 신체 기관에 축적되어 몇 년 동안 머무르게 된다. 지금은 〈불멸의 화학 물질Forever chemicals〉이라는 별명을 달고 과학 문헌에 등장하기까지 할 정도다. 가장 잘 알려진 것들은 PFOA와 PFOS로, 좀 더 난해한 말로는 퍼플루오로옥탄산 및 퍼플루오로옥탄술폰산이다. 2015년에 200명의 과학자들은 대안으로 제시되었던 〈짧은 사슬〉PFAS의 위험성을 세심히 경고하면서, 〈이 물질들의 생산과 사용을 제한해 달라[12]고〉 요청했다. 이에 과불화화합물 제조업자들을 대변하는 미국 화학 협회 산하 지부인 불소 협회FluoroCouncil는 곧바로 반박했다. 대안 물질에 관해 표명된 우려가 충분히 〈강력하지〉도 않고, 무엇보다도 〈비행기, 자동차, 스마트폰〉은 이런 물질들 없이는 존재할 수 없다는 것이다. 이 물질들이 〈현대 생활에 필수〉가 된 것뿐이라고 한다.[13] 현대 생활에는 그럴 수도 있겠으나, 삶에서는 아닐 수 있다. PFAS는 고환암, 신장암, 간 기능 장애, 면역 체계 약화, 생식력 감퇴 등과 연결되어 뒤죽박죽 엉켜 있다.

요약하자면, 파커스버그 사건은 미국 기업 듀폰이 코팅제인 테플론, PFOA가 함유된 대표 프라이팬 제품을 제조하는 과정에서 나온 잔류 물질을 자연환경에 방출하자, 이로 인해 40년간 7만 명의 웨스트버지니아 주민들이 어떻게 독성에 노출되었는지 밝혀 가는 내용이다. 또한 200년 된 기업이 〈그런 방법이 위험하다는 것을 인지하고도 이를 방출해 버렸다〉는 사실을 입증해 내는 데 성공한 로버트 빌롯Robert Bilott이라는 변호사에 대한 이야기이기도 하다. 듀폰 그룹은 희생자들과 암, 간 질환, 심장에 문제가 생긴 피해자들에게 보상하기 위해 수억 달러를 쏟아부어야 했다. 분위기가 좀 누그러지자, 듀폰은 2015년에 〈케무어스〉라고 이름을 붙인 새로운 독립 법인에 논란의 대상인 제품의 생산을 위탁하는 것으로 이 문제에서 적당히 빠져나왔다. 케무어스는 PFAS 오염과 관련된 30여 개의 소송을 수습했다. 인간과 동물 건강 보호를 목표로 하는 영국 환경 단체, 켐 트러스트의 이사 마이클 워허스트는 이렇게 말한다. 「런던에서 로버트 빌롯과 마주쳤을 때, 그는 내게 이런 이야기를 했습니다. 요즘 듀폰에 파커스버그 오염 문제에 대해 문의하면 이를 케무어스의 책임으로 돌리고, 케무어스는 또다시 듀폰에 떠넘겨 버립니다. 참 편리하죠. 믿기 힘들지만 이런 방식으로 기업들은 언제나 모든 책임에서 성공적으로 빠져나가곤 합니다.」

전 세계적인 오염

파커스버그 사건은 어떤 한 지역만의 이야기가 아니다. 오염은 제대로 알려지지 않아 모를 뿐, 전 세계에 널리 퍼져 있다. 덴마크, 아이슬란드, 노르웨이, 스웨덴, 핀란드 정부로 구성된 북유럽 협의회Nordic Council는 2019년 발표된 보고서[14]에서, 유럽 전역에서 PFAS 오염으로 인해 발생하는 보건 비용을 520억 내지 840억 유로로 추산했다. 벨기에, 이탈리아, 네덜란드의 공업 지역 주변에서도 이미 오염이 확인되었다. 2020년 6월, 일간지 『리베라시옹Libération』[15]이 상기시켰듯이, 프랑스도 예외는 아니다. 프랑스

우아즈 지역 빌레르생폴Villers-Saint-Paul에는 듀폰의 주문 생산용 케무어스 공장이 있고, 론 지역 피에르베니트Pierre-Bénite에서는 아르케마와 다이킨이 PFAS를 생산하고 있다. 미시간주 정부는 이 두 그룹을 다른 15개 기업들과 함께, 유해하다고 인지된 제품을 생산하여 수질과 환경을 오염시킨 혐의로 기소한 상태다.[16] 그런데 PFAS에만 초점을 맞추는 건 잘못일 수도 있다. 프랑스 보건 당국에서 실시한 연구[17]에서 볼 수 있듯이, 프랑스의 성인과 아동 100퍼센트에게 불소 화합물뿐 아니라 〈비스페놀 A, 비스페놀 F, 비스페놀 S, 프탈레이트, 파라벤, 글리콜에테르, 난연제〉가 〈침습해 있기〉 때문이다. 〈이 물질들 일부는 내분비 교란 물질 혹은 발암 물질로 판명되었거나 의심되고 있는 것들이다.〉

그렇다면 유럽은 무엇을 하고 있을까? 유럽은 다른 곳들보다는 유해 물질을 더 많이 금지하고 있지 않을까? 실제로, 유럽은 2007년에 〈화학 물질의 등록, 평가, 허가와 제한〉이라는 뜻의 영어 약자인 **REACH*** 규정을 채택했다. 이는 유럽연합 내에서 연간 1톤 이상 규모로 생산되거나 수입되는 모든 화학 물질을 데이터베이스에 등록하며, 가장 유해한 물질들은 다른 물질로 대체하는 것을 목표로 한다. 이론상으로는 환상적이다. 하지만 현실은 좀 더 복잡하다. 국제 환경법 센터 변호사이자 플라스틱과 건강에 관한 보고서[18]의 공저자인 다비드 아줄레David Azoulay는 〈유럽에서 사용되고 있는 10만 개가 넘는 화학 물질 중, 실제로 인체에 미

---

* 등록Registration, 평가Evaluation, 승인Authorization, 화학 물질Chemicals의 약자.

치는 독성을 평가하는 데에 필요한 데이터를 가지고 있는 건 5퍼센트도 채 안 됩니다〉라고 지적한다. 게다가 세계 보건 기구도 2021년에 내분비 교란 물질이 전 세계적 위협이라는 사실을 인정했지만, 1,500개 중 겨우 20개만이 유럽에서 규제를 받고 있다. 또한 〈식별되었다〉는 말이 곧 〈금지되었다〉는 뜻인 건 아니다. 2015년에 실시한 한 과학 연구에 따르면, 유럽연합 내 인구가 이런 물질에 노출되면서 치러야 하는 대가, 즉 남성 생식 능력 급감, 노출된 아동들의 지능 지수 하락, 비만, 당뇨, 자폐증 사례 증가로 유발되는 비용이 〈연간 수천억 유로〉로 추산되었다.[19]

5장

미세한 과다 복용

〈무엇인가 검출되었다고 해서 그것이 꼭
건강에 위험이 된다는 의미가 아니라는 점을
이해하는 것이 중요하다.〉

미국 화학 협회, 「미세 플라스틱에 관하여」

1997년 8월 3일, 선장이자 해양학자인 미국인 찰스 무어Charles Moore는 쌍동선 알귀타Alguita를 타고 항해한다. 로스앤젤레스와 호놀룰루 사이를 항해하는 요트 경주인 트랜스팩Transpac을 막 끝내는 길이다. 그는 이렇게 쓴다. 하와이로 돌아오는 길에, 〈나와 우리 승무원들은 무척 외진 해양 지역에서 바다 위에 떠다니는 쓰레기를 처음 발견했습니다. (……) 갑판에 서서 바라보는데, 깨끗해야 할 바다 표면이 끝없이 플라스틱으로 뒤덮여 있었습니다. 믿기지 않는 말이겠지만, 내가 지나가는 모든 곳에 쓰레기가 없는 곳이 없었습니다. 드넓은 아열대 바다를 지나는 일주일 동안, 어느 시간에 보든 병, 병뚜껑, 포장재, 부서진 조각 등 플라스틱 쓰레기가 도처에 떠다니고 있었습니다〉.[1] 무어 선장은 북태평양 환류, 즉 프랑스 면적의 두 배나 되는 거대한 쓰레기 지대를 발견해 세계적으로 유명해졌다. 이 넓은 면적의 쓰레기 지대는 제7대륙 혹은 플라스틱 수프라고도 불린다. 당시, 이 발견은 대중을 뒤흔들었다. 그런데 이런 현상은 꽤 오래전에 알려진 것이다. 1869년 프랑스 작가 쥘 베른Jules Verne은 소설 『해저 2만 리Vingt mille lieues sous les mers』에서, 온갖 쓰레기들이 바람과 해류에 밀려와 쌓이는 곳인 이 ― 환류 ― 지대를 묘사했다. 다른 점은 당시에는 쓰레기들의 성분이 대부분 자연에서 유래한 것이어서 결국 분해 돼 없어졌다는 것이다. 지금은 해양 쓰레기의 80퍼센트가 플라스 틱이며, 지중해에서는 그 수치가 95퍼센트에 다다른다. 쓰레기 중에서 20퍼센트는 해양 활동, 특히 어망에서 나오는 것이며, 나 머지는 육지에서 온다.

플라스틱 대륙에 대해 이야기할 때, 많은 이가 우주에서도 내려다볼 수 있는 쓰레기 섬을 상상하지만, 사실 쓰레기 섬은 아 직 위성 사진에서는 발견되지 않는다. 수면 바로 아래에 넓게 퍼 져 있는 플라스틱 조각들은 오로지 배의 갑판 위에서만 볼 수 있 다. 이 환류에 대한 언론 보도는 ― 다섯 개의 주요 보도가 있다 ― 사람들에게 플라스틱 오염에 대해 관심을 갖게 하는 장점이 있지만, 동시에 수면 위에 떠다니는 플라스틱 쓰레기로만 이목을 집중시키는 부정적인 효과도 있었다. 왜냐하면 이 30만 톤 쓰레 기는 바다에 존재하는 플라스틱 쓰레기의 1퍼센트도 안 되는 양 이기 때문이다. 이 환류 자체는 엄청나 보이지만, 대양에 떠다니 는 플라스틱 쓰레기 전체 덩어리에 비하면 그저 일부분일 뿐이다. 유럽 연안에 넓게 위치한 북대서양의 예를 들어보면, 이곳은 1,000톤의 플라스틱 쓰레기를 품고 있는데, 이는 해양 표면의 전 체 쓰레기 중에서 0.3퍼센트에 불과하다. 비교해서 보면 더욱 충 격적인데, 1,000톤이라는 양은 지중해에 버려지는 플라스틱 이 틀 치에 불과하다.

99퍼센트는 보이지 않는 바다 플라스틱

기억해야 할 것, 그건 그러니까…… 우리가 이야기하지 않는 것인데, 해안가에 도달한 플라스틱의 99퍼센트는 이후 눈에 보이지 않게 되는 점이다. 과학자들이 끊임없이 탐구하는 바다 밑바닥의 어떤 *해구*에 가라앉거나 혹은 해양 동물들이 삼키기 좋게 떠다닌다. 해수기둥* 내 어디에나 존재하기 때문에 〈해양 정화〉를 위해 실시하는 프로젝트를 비현실적인 작업으로 만든다. 플라스틱 오염에 관심을 불러일으킨 제7대륙 탐험대Expédition 7e Continent의 창시자이자 항해사인 파트리크 덱손Patrick Deixonne은 이렇게 말한다. 「사람들이 종종 내게 〈아무것도 없는 것보다는 낫다〉고 말하지만 저는 반론을 제기합니다. 왜냐하면 쓸모없는 일에 많은 돈을 쓰는 것이니까요.」 수면에 떠 있건 깊은 곳에 흘러 다니건 쓰레기 대부분은 쌀알보다도 훨씬 작다. 5밀리미터가 채 안 되는 이 조각들을 미세 플라스틱이라고 부른다. 공장에서 나오는 플라스틱 알갱이나 제품에 첨가된 미세 플라스틱은, 보디 스크럽에 들어 있는 각질 제거제처럼 *의도적*으로 제조된 것들이 있는 반면, 한편으로는 포장재나 합성 섬유 의류 같은 좀 더 부피가 큰 물체가 분해되면서 *의도치 않게* 생겨나는 것들도 있다. 의류가 마모되면서 나오는 섬유들은 플라스틱 오염의 매우 커다란 원인이다. 섬유 수십억 개가 우리의 세탁기에서 빠져나와 환경에 버려진다. 물병을 여는 단순한 행동도 눈에 보이지는 않지만 엄청난 양의

---

* 어떤 지점의 해수 표면에서 수직으로 심해에 이르는 일정한 양의 물기둥 형태.

플라스틱 부스러기들을 만들어 낸다. 가위로 포장재를 자르거나, 손으로 찢고, 그냥 비틀어 구겨 버리는 것도 마찬가지이다.

르망 대학교의 파비엔 라가르드Fabienne Lagarde 교수는 바로 이 플라스틱 미세 입자에 대한 연구를 한다. 환경화학자인 라가르드 교수는 이렇게 말한다. 「처음에 제 관심은 바다에 도달한 모든 플라스틱이 어떻게 되는지를 알아내는 것이었습니다. 지난 50년간 우리는 플라스틱 특성을 관찰하고, 그것으로 어떤 놀라운 것을 만들 수 있을지 생각했습니다. 예를 들면 수도관에 쓰려고 30년, 40년 혹은 50년을 버틸 수 있는 플라스틱을 찾고자 연구했습니다. 하지만 이런 물질들이 이후 어떻게 될지는 단 한 번도 고민하지 않았죠.」2013년에, 라가르드 교수는 한 가지 임무를 정한다. 바로 플라스틱을 빨리 낡게 만드는 것이다. 「플라스틱 수명에 접근하자는 생각입니다. 폴리머가 82년 동안 지속된다고 말할 수는 없어도, 그것이 나노 입자로 변하는 걸 볼 수는 있을 것입니다.」 라가르드 교수의 꿈은, 몇 킬로그램의 폴리에틸렌이나 폴리프로필렌으로 된 안면 마스크가 100년 후에 어떻게 변화할 것인지를 성공적으로 규명하는 것이다. 이들은 광물화가 될 것인가, 아니면 **나노(초미세) 플라스틱** 혹은 좀 더 미세한 입자로 분해될 것인가? 해안가나 수면에 머무르는 쓰레기들이 열, 자외선, 마모에 노출되면서 좀 더 빨리 분해된다고 본다면, 빛과 산소가 없는 해저에 가라앉은 쓰레기들은 수십 년 아니 수백 년간 그대로 남아 있을 가능성이 매우 높다고 교수는 예견한다. 프랑수아 갈가니François Galgani가 프랑스 국립 해양 개발 연구소Institut Français de

Recherche pour l'Exploitation de la Mer, Ifremer의 역사적인 잠수함 노틸 Nautile을 타고 지중해 바닥에서 발견한 30년 묵은 1960년대 물병들의 모습처럼 말이다. 무어 선장보다도 앞서 오염에 대해 경고한 이 해양학자는 농담처럼 이렇게 말한다. 「아주 간단해요. 잠수함 조종사들은 플라스틱 쓰레기가 보이면 바닥에 도착했다는 것을 알게 됩니다.」

플라스틱이 분해되는 데 걸리는 시간은 정말로 불가사의다. 플라스틱이 분해되려면 50년은 걸릴 거라는 글을 종종 보지만, 또 다른 글에서는 1,000년은 걸릴 것이라고 한다. 이런 근사치는 플라스틱이 어떤 환경에서 낡아 가는지 그 차이에 따라, 그리고 자연에 방치된 지 채 70년도 안 되는 이 물질에 대한 연구자들의 관점에 따라 다르게 설명될 수 있다. 「어쩌면 결코 알 수 없을지도 모릅니다. 왜냐하면 너무나도 오래 걸릴 수 있으니까요」라고 라가르드 교수는 감히 말해 본다. 그런데 이런 조건과 긴 시간 때문에 연구에 자금을 지원하겠다고 선뜻 나서는 사람은 드물다. 플라스틱 분해에 대해 꿈꾸는 사람은 라가르드 교수만이 아니다. 프랑스 국립 농업 식량 환경 연구소Institut français de recherche pour l'agriculture, l'alimentation et l'environnement, INRAE의 나탈리 공타르 Nathalie Gontard 소장은 자신도 〈지구상에서 아주 소수만이 관심을 갖고 있는 이 프로젝트〉에 참여하고 있다고 털어 놓는다. 공타르는 자신의 책『플라스틱 세상Plastique, le grand emballement』[2]에서 〈쓰레기 하치장과 매립지 안으로 지하 탐사를 가고 싶다〉고 쓰고 있다. 그녀의 소망은 〈플라스틱 폐기물이 낡아 분해되는 상태를 면밀히 조사하기 위해〉폐기물 매립장에서 채굴을 하는 것이다.

해양 생물 100퍼센트에 존재한다

어쨌건 일단 바다로 들어간 미세 플라스틱이 어류와 갑각류 속에
독성 첨가물들과 함께 쌓인다는 사실을 우리는 알고 있다. 오늘
날, 어떤 해양 생명체도 폴리머에 노출되는 것에서 더 이상 예외
는 없다. 2019년에 영국 뉴캐슬 대학교의 과학자 네 명[3]은 깊이
11킬로미터의 마리아나 해구에 있는 미니 새우의 몸에서 미세 플
라스틱의 존재를 발견했다. 이 연구원들 가운데 한 명인 앨런 제
이미슨Alan Jamieson은 이 사실을 인정한다.「저도 뭔가 조금은 발
견될 것이라 예상했지만, 이 정도까지는 아니었습니다. 세계에서
가장 깊은 곳에 있는 개체들 100퍼센트가 배 속에 플라스틱Fiber
을 넣어 다니고 있다니요. 이건 엄청난 겁니다.」[4]

많은 동료에게 프랑스의〈미스터 플라스틱〉이라고 인정받는
프랑수아 갈가니의 설명에 따르면, 바다에서 플라스틱은 여러 가
지 유형의 피해를 일으킨다. 바다 동물들은 버려진 어망에 엉키
어 죽고 — 지중해에서는 전체 대구 양의 2~3퍼센트의 손실이
발생한다 — 또한 일부 종들, 특히 거북이와 앨버트로스는 비닐
봉지 같은 물체를 삼켜 버린다. 북해의 가장 오염된 지역에서 살
며, 갈매기와 다소 유사한 바닷새인 풀마갈매기 위장에서도
0.6그램의 플라스틱이 심심찮게 발견되고 있다. 0.5그램이 별거
아닌 것처럼 보일 수도 있겠지만 갈가니는 이렇게 반박한다.「생
각해 보세요, 이건 성인 남자로 치면 50그램에 해당하는 양입니

다!」 동물들은 플라스틱을 섭취하면 다른 것을 덜 먹게 되는 습성 때문에 건강에 영향을 주고 때로는 죽게 된다. 하지만 갈가니가 가장 우려하는 점은 침입종의 이동이다. 미세 플라스틱은 때로는 병균을 가진 침입종의 받침대 역할을 하여, 이들이 지구 끝에서 끝까지 퍼질 수 있게 한다. 이동해 온 세균들은 새로운 환경에 도착해 해안과 해저를 감염시킬 수 있고, 그 지역의 동식물군을 파괴할 수도 있다. 『사이언스 *Science*』에 실린 한 연구에 따르면,[5] 2011년 쓰나미가 일본을 강타한 후, 불과 6년 만에 289개의 일본 토착종이 떠다니는 플라스틱 쓰레기들에 실려서 미국 해안에 도달했다고 한다. 갈가니는 경고한다. 「이것은 진정한 의미의 노아의 방주입니다. 생태계 균형의 변질이라는 측면에서 위험, 즉 우리가 더 이상 물러설 곳이 없는 위험을 야기하고 있습니다.」

그래도 갈가니는 이런 미세 입자들이 해양 생물에 미치는 영향에는 안심하는 편이다. 왜냐하면 미세 입자들은 종에 따라 몇 시간 혹은 며칠 만에 신속히 배출되기 때문이라고 그는 말한다. 「따라서 먹이 사슬을 통해 인간에게 발견될 위험은 거의 없어요.」 유엔은 확신이 덜한 입장이지만, 플라스틱은 오염 물질들을 흡수하는 진정한 스펀지 역할을 한다. 폴리머에 농축된 독성 물질에다가, 폴리머가 바다를 떠다니는 동안 부착되는 물질들을 더해야 하며, 이 모든 것이 〈어류 개체군과 풍부한 해양 생물의 다양성에는 직접적인 위협이 되며, 인간 건강에는 잠재적인 위험〉[6]이 된다.

바다보다 더 오염된 토양

한 가지는 확실하다. 눈에 거의 보이지 않고, 수명도 지나치게 길며, 지금 단계에서는 계산할 수도 없을 정도인 미세 입자들로 우리는 생태계를 채우고 있다. 대규모 오염에 관한 새로운 연구가 매주 발표되고 있다. 많이 언급되는 해양 세계뿐 아니라, 플라스틱 오염이 육지에서 인간을 포함한 동식물에게 더 큰 위협이라는 데는 더 이상 의심의 여지가 없다. 최근에 발표된 두 가지 연구는 우리 주변에서 눈에 띄지 않게 일어나는 일들에 대해 다소 염려되는 통찰을 제시한다. 그중 하나는 2020년『사이언스』에 발표된 것인데,[7] 우리에게 〈비로 내리는〉 플라스틱 입자들에 대해 경고한다.「지표상에 플라스틱이 없는 곳은 단 한 구석도 없습니다.」연구를 주도했던 재니스 브라니Janice Brahney 연구원은 당혹감에 싸여 결론을 짓는다. 그녀는 동료들과 함께, 미국에서 가장 외진 지역조차도 바람과 비에 쓸려 온 미세 플라스틱이 축적되어 있다는 걸 보여 주었다. 브라니는 설명한다.「대부분은 나일론이나 폴리에스테르 같은 합성 섬유에서 나온 것들입니다.」브라니는 또한 도로와 농경지에서 나오는 플라스틱 먼지도 언급한다. 미국 국립공원과 남부, 중서부 야생 지역의 토양을 면밀히 조사하면서, 그녀는 매일 제곱미터당 평균 플라스틱 조각 132개가 쌓이는 것을 관찰했는데, 이는 자연 공간 전체로 따지면 연간 총 1,000톤이 넘는 양이다. 1,000톤은 매년 이 지역에서 잘게 분쇄되어 가루가 될 플라스틱 물병 5000만 개에 해당하는 양이다.

두 번째로 실망하게 되는 건 독일에서 발표된 어떤 연구를 통해서다. 토양은 해양보다 4배에서 23배까지 더 오염됐을 수 있다는 것이다.[8] 연구를 주도한 앤더슨 아벨 지소자 마샤두Anderson Abel de Souza Machado는 〈이 분야에 관해서는 거의 연구가 행해지지 않았지만, 현재까지 얻은 결과만으로도 걱정스럽다. 플라스틱 조각들은 실제로 세계 도처에 존재하며, 수많은 해로운 결과를 유발할 수 있다〉라고 정리한다. 주요 원인은…… 하수구에서 찾을 수 있다. 과학자들에 의하면, 폐수에 존재하는 미세 플라스틱, 특히 세탁기에서 나온 직물 섬유의 80~90퍼센트는 하수 처리장의 필터를 통과해 폐수 찌꺼기에 남는다. 폐수 찌꺼기들은 종종 비료로 들판에 흘려보내지는데, 그 속에 든 수천 톤의 미세 플라스틱도 함께 끌려가는 것이다. 여기에다 농업에 사용되는 플라스틱도 더해진다는 것을 잊어서는 안 된다. 그중 하나는 비료인데, 매우 작은 플라스틱 껍질 속에 비료를 캡슐화하는 것은 높이 평가받는 기술이다. 이는 비료를 토양에 서서히 퍼트리는 장점을 가진 반면, 미세 플라스틱을 토양 속에 잔류시키고 농축시키는 단점이 있다. 또 다른 것은 습도 유지와 잡초 방지를 위해 경작지에 덮는 비닐 덮개다. 프랑스, 독일, 스웨덴 같은 일부 국가에서는 폴리에틸렌으로 된 이 비닐을 재활용하지만, 유럽 전체에서 그러지는 않으며, 나머지 지역들에서는 더욱 그러지 않는다. 종종 방수포는 거둬지지 않고 방치되어, 결국 토양과 섞여 버리게 된다. 일부 파급 효과들이 이미 관찰되고 있다. 〈예를 들면, 지렁이들은 토양에 미세 플라스틱이 있을 때 땅굴을 다르게 판다. 지렁이의 생태 특성과 토양의 상태에 영향을 미치는 것이다〉라고 독일의 연구는 지적한다. 다른 연구들에서는 이 입자들이 식물 자체에 미치는 영향을 증명한다. 그 예로 중미 합작 연구팀[9]은 나노 플라스틱이 식물 내에 축적될 수 있다는 증거를 제시했다. 결과는 식물들의 발육 상태가 나빠지고 뿌리가 짧아진 것이다. 이는 식물의 영양 가치 하락과 전 세계적인 식량 안전에 대한 위협이다. 이후, 이탈리아 카타니아 대학교 연구원들은 플라스틱 미세먼지들이 현재도 과일과 채소 속으로 침투해 사과, 당근, 상추 등을 오염시키고 있다는 사실을 증명하기도 했다.[10]

기관지 안의 타이어

그다음 (안 좋은 의미로) 놀랄 것은 십중팔구 차도 위에 있다. 타이어 부식은 실제로 가장 중요하지만 가장 알려지지 않은 미세 플라스틱 오염의 원인이다. 매년 레만Léman호로 배출되는 플라스틱 쓰레기 50톤 중에서 60퍼센트가 타이어의 마모로 인해 발생한 것이다.[11] 이 검은 먼지들은 미국 북서부의 하천에서 일어나는 연어 떼죽음의 원인으로도 의심된다.[12] 경제협력개발기구 OECD가 2020년 말에 발표한 보고서에 의하면, 〈도로 교통에서 대기 중 방출되는 미세 입자의 주요 원인으로, 브레이크, 타이어, 도로 표면의 마모가 곧 자동차 배기가스를 추월할 것이다〉.[13] 독성 물질과 중금속을 함유한 플라스틱 미세 입자들은 10년 내에 50퍼센트 이상 증가할 것이다. 그리고 전기 자동차는 엔진의 이산화탄소 배출을 줄이는 장점은 있지만, 배터리의 엄청난 무게 때문에 타이어 마모는 더 가중될 것이다. 미슐랭Michelin 그룹의 기술정보 이사 시릴 로짓Cyrille Roget은 〈우리 그룹은 2005년부터 이 문제를 진지하게 고민하고 있습니다〉라고 인정한다. 연간 1만 5,000킬로미터를 주행하는 운전자는 3킬로그램이 넘는 타이어 먼지를 배출하게 되는데, 이 먼지들은 도로에서 나온 미세 입자들과 섞인다. 대형 차량은 배출량이 3배 이상 많다. 어떤 타이어인지, 도로 상태가 어떤지, 또 운전 스타일이 어떤지에 따라, 그 배로 늘어날 수도 있다. 유럽 기준으로 타이어 마모 한계 기준을 정하는 데에 찬성한다는 미슐랭 그룹은 다음과 같이 단언한다. 「만일 어떤 물질에 독성이 있다고 입증된다면, 우리는 타이어 성분에서 이를 완전히 없애도록 최선의 노력을 할 것입니다.」

미세 플라스틱이 나타내는 위험과 관련해 어떤 사람들은 *개별적으로 고립된* 연구에 대해 이야기하기를 좋아한다. 하지만 이런 우려는 과학의 변방에 있는 소수 연구자들에게만 국한된 것은 아니다. 2018년 이후 **유럽 화학물질청**European Chmicals Agency, ECHA 조차도 다음과 같이 예견했다. 미세 플라스틱은 〈한번 유출되고 나면, 일부는 수천 년으로 추정되는 반감기를 가지며, 환경 속에서 극도로 오래 잔류할 수 있다. 이는 미세 플라스틱이 농경지에 축적되는 것이 우려된다는 의미인데, 그러한 축적과 장기적 노출이 일으키는 환경 위험을 현재로서는 평가할 수 없기 때문이다〉.[14] 더군다나 플라스틱 독성 첨가물 — 비스페놀 A, 프탈레이트 등 — 도 지하수로 스며들어, 결국 부엌이나 욕실로 흘러들어오는 것으로 의심되고 있다.

나쁜 소식은 한꺼번에 온다고, 미세 플라스틱은 기후에도 역시나 좋지 않은 것으로 보인다. 2018년에 미국 하와이 대학교에서 놀라운 발견을 발표했는데, 폴리머, 특히 그중 으뜸인 폴리에틸렌이 대기나 바다에서 분해되면서 메탄을 방출한다는 것이다. 연구원들에 따르면, 〈지금까지는 알려지지 않았지만, 플라스틱은 기후에 영향을 미치는 미량 가스*의 원인이며, 플라스틱이 더 많이 생산되고 환경에 축적됨에 따라 더욱 증가할 것이다〉.[15] 1년 후에, 프랑스와 아일랜드 합동 팀은 미세 플라스틱이 대기 중 이산화탄소를 해저까지 펌프처럼 운반하는 플랑크톤을 교란할 수 있다는 결론에 도달했다. 한 세기 반 동안, 이 섬세한 미생물은 인간이 배출하는 이산화탄소 양의 30퍼센트를 흡수하고 있었으나 이는 바뀔 수 있을 것이다. 과학자들은 미생물이 삼키는 플라스틱이 바닷속에서 이산화탄소를 흡수하고 장기간 저장하는 미생물의 역할에 영향을 미칠 것이라고 우려한다.[16]

우리 몸에 농축되는 미세 플라스틱

그렇다면 이 모든 난리 속에서 사람은 어떨까? 우리를 둘러싼 물, 공기, 토양이 플라스틱으로 완전히 물들어 있는데, 우리가 어떻게 오염되지 않을 수 있겠는가? 플라스틱은 이미 우리의 먹거리 어디에나 들어 있다. 어류나 갑각류뿐 아니라 소금, 설탕, 빵, 치즈 그리고 물, 수돗물이건 플라스틱 병에 담긴 물이건 우리가 마시는 물에까지, 도처에 존재한다. 개인적으로, 최근 두 가지 사례

---

* 대기에 존재하는 1퍼센트 미만의 소량 기체.

가 상당히 눈에 띄었다. 첫 번째는 육류와 관련된 것으로, 포장재인 폴리스티렌 용기에 의해 오염이 된다고 한다. 로리앙Lorient의 연구원들은 〈내용물인 고기와 투명 필름 사이에 밀리미터 크기의 폴리스티렌 입자가 다량 존재하는 것을 규명했다〉라고 밝혔다.[17] 이 입자들은 간단한 세척으로는 제거하기 어려워 〈조리된 뒤 섭취되었을 가능성이 높다〉. 이로써 안심해야 하는 걸까 아니면 반대로 걱정해야 하는 걸까? 이에 대한 언급은 없다.

두 번째는 티백에 관한 것이다. 티백들 중 일부는 종이가 아니라 플라스틱, 좀 더 정확히 말하면 나일론이나 PET로 만들어졌다는 사실을 알고 있는가? 문제는, 티백 생산자들이 포장재 성분을 표시해야 할 어떤 의무도 없기 때문에, 우리가 구입하는 것이 어떤 것인지 알 수 없다는 거다. 몬트리올에서는 섭씨 95도 물속에서 우려낸 티백 하나에서 〈한 잔당 미세 플라스틱 116억 개와 나노 플라스틱 31억 개가 나왔다는 것이 밝혀졌다〉.[18] 2018년에 세계 보건 기구는 물속 미세 플라스틱에 관해 발표된 연구들을 평가해 소비자들을 안심시키려고 했다. 당시 세계 보건 기구는 식수를 통한 미세 플라스틱 노출이 〈우려할 만하다〉는 점을 〈단정 지을 수 있는 믿을 만한 어떤 자료도 없습니다〉라고 매우 신중하게 결론 내렸다.[19] 그러면서 세계 보건 기구는 〈플라스틱 입자들, 특히 나노미터 크기 입자들의 독성에 대해서 최종 결론을 내리기에는 자료들이 불충분한〉 상태라고 서둘러 덧붙였다. 여기서 문제는, 차 한 잔에 수십억 개가 들어 있는데도 불구하고, 세계 보건 기구는 물 1리터당 단지 수백 개의 미세 플라스틱들을 검출하는 데 그쳤다는 것이다! 따라서 물은 미세 입자의 위험과 더 이상 상관없다. 동시에 위험이 없다는 이야기도 결코 아니다.

애리조나 대학교 교수들은 인체에서 수십 개의 폴리머를 찾아낼 수 있는 방법을 개발했다. 이 새로운 방법을 개발한 과학자 중 한 명인 배런 켈카Varun Kelkar는 강조한다. 「우리는 불안감을 조장하려는 게 아닙니다. 단지 도처에 존재하는 이런 생분해되지 않는 물질들이 인체 조직에 침투해 축적될 수 있다는 점과 우리 건강에 어떤 영향을 미치는지 알 수 없다는 점이 상당히 우려되어 말하는 것입니다.」[20] 사실 인체 속 미세 입자들을 정확히 측정하는 것은 인류 건강에 대한 잠재적 위험을 평가하기 위한 필수적인 선결 조건이다. 초기 연구들은 큰 반향을 일으키며, 이미 여러 가지 아이디어를 제시했다. 호주 뉴캐슬 대학교는 우리가 일주일에 〈2,000개의 미세 플라스틱 조각들〉,[21] 즉 5그램 또는 신용 카드 한 장에 해당하는 양을 삼킨다는 것을 계산해 냈다. 비슷한 시기에 캐나다에서 발표된 또 다른 연구[22]에서도, 우리가 연간 5만 개의 미세 플라스틱을 삼킨다고 하는데, 이 수치에 대해서는 과학자들조차도 〈과소평가된〉 것일 수 있다고 말한다. 한 가지 특이하게 눈에 띄는 점은, 무조건 플라스틱 병에 들어 있는 생수만을 마시는 사람은 수돗물을 주로 마시는 사람에 비해 22배나 높은 수치를 나타냈다는 사실이다. 가장 최근 발표는 2020년 말에 이탈리아 연구원들이 임산부 태반에서 미세한 유색 플라스틱 조각들, 즉 화학 물질을 옮기며 태아의 성장을 방해할 수 있는 미세 플라스틱을 발견한 것이다.[23]

속이 빈 굴이 우리에게 주는 교훈

〈현재의 과학 연구로는 미세 플라스틱이 인류 건강에 문제를 일으킨다는 결론을 내릴 수 없다.〉 이는 사실이다. 이 점에 대해서는, 미국 화학 협회가 전적으로 옳다. 인간이 큰 영향 없이 오염 물질을 일정량 흡수할 수 있다는 건 이미 알고 있다. 하지만 피해에 대한 증거가 부족하다는 것이 피해가 없다는 증거가 될 수는 결코 없다. 사방에서 경계 신호가 울리는데도 아무 일도 아닌 것처럼 계속 행동해야만 하는 걸까? 과학자들도 나뉘어 있다. 일부 과학자들은 예방 원칙을 내세우며 이렇게 확신한다. 사람들은 지금까지 문제가 없었다면, 그 기준을 넘어서는 순간 유해한 결과가 나타나게 될 위험 수치를 외면하려 한다. 또 다른 과학자들의 의견은 이렇다. 우리가 생각하는 것보다 훨씬 많은 이들이 미세 플라스틱에 관한 이런 발표에 달갑지 않아 한다. 자료에 기록된 〈낮은 농도〉[24]로 볼 때, 플라스틱 탓으로 돌리는 위협이 〈지나친〉 것이라 판단하기 때문이다. 그럼에도 유럽연합은 산업계의 반대에도 불구하고, 모든 종류의 제품에 미세 플라스틱 첨가를 금지하기로 입장을 정했다. 르망 대학교의 화학자 라가르드 교수는 과학 및 산업 공동체와 계속 부딪치고 있는데, 그들이 〈문제가 있다는 사실을 듣기를 거부하며, 마리아나 해구에 100년 동안이나 남아 있게 될 페트병의 위험을 보지 않고 있어요. 지금 당장은 위험이 없는 게 사실이며, 10만 년쯤 후에는 화석이 되어 다시 석유로 변할 거라 말할 수도 있을 거예요. 하지만 우리는 우리 생태계를 돌이킬 수 없는 방식으로 변모시키는 중이며, 무엇보다도 격정스러운 것은 이런 플라스틱들이 잘게 부서져 우리 몸속에 쌓인 다는 것입니다〉라고 그는 말한다.

미세 플라스틱이 인간에게 미치는 영향에 대해 우리가 여전히 모르는 것이 사실이지만, 굴에 대한 영향은 알아내기 시작했다. 물론, 인간은 굴이 아니다. 그건 그렇지만, 경험은 생각을 더 깊이 하게 만든다. 아르노 위베Arnaud Huvet는 프랑스 국립 해양 개발 연구소의 해양 생물학자이자 프랑스 폴리머 및 해양연구그룹 회원이다. 2016년부터 그는 수족관의 속이 빈 굴들에게 연체동물이 섭취하는 플랑크톤만큼 아주 작은 폴리스티렌 미세 알갱이들을 노출시키고 있다.[25] 이 종은 수컷과 암컷 들이 생식 세포를 바닷물에 배출하는 특성을 가진다. 이 생식 세포들은 물결에 따라 이동하다 기회가 되면 서로 수정한다. 따라서 생식 세포들은 꾸준히 미세 플라스틱과 같은 오염 물질에 노출되는 것이다. 위베는 회고한다. 「결과는 놀라왔습니다. 물론, 투여량이 중요하지만, 영향이 엄청나게 강력했습니다.」 오염 물질에 노출된 지 두 달 후, 굴들의 난자 배출은 40퍼센트나 감소했고, 정자들의 활동성이 현저히 떨어졌다. 4년 후, 좀 더 작은 폴리스티렌 나노 알갱이에 노출되자 이런 반응은 더욱 증폭되었다. 정자 수는 80퍼센트나 감소되고, 그 활동 속도는 60퍼센트가 떨어졌다. 굴의 생식 영향에 관한 이런 결과는 내분비 교란 물질이 관여되어 있다는 점을 시사한다. 그런데 폴리스티렌은 분해되면서, 내분비 교란 물질로 알려진 스티렌 모노머를 방출한다고 알려져 있다. 따라서 연구의 가설 중 하나는 스티렌을 겨냥하고 있다고 위베는 인정한다. 그리고 그에 앞서 이렇게 말했다. 「굴은 무척추동물이고, 우리 인간과 같은 항온 동물은 아닙니다. 하지만 그렇다고 해서 굴에게 영향을 미치는 내분비 교란 물질이 우리 인간에게 결코 그러지 않을 거라고 여길 만한 근거는 없습니다.」

6장

BPA에서 BPZ까지

「유럽 국가들이 이따금씩 겪는 먹거리 스캔들에서,
플라스틱은 단 한 번도 문제가 된 적이 없습니다.」

플라스틱스유럽

재사용이 가능한 플라스틱 물통. 이 물건은 무해하고 심지어 친환경적인 것으로 보인다. 일회용 플라스틱 물병을 사용하지 않도록 해주기 때문이다. 그럼에도 불구하고 켐 트러스트의 이사 마이클 워허스트는 20년 넘게 플라스틱과 화학 물질 분야를 개척해온 후, 그의 금지 물건 목록 상단에 이 물품을 두었다. 왜냐하면 플라스틱 물통이라 하면 가장 일반적으로 폴리카보네이트를 말하는 것이고, 폴리카보네이트는 비스페놀 A를 이야기하는 것이기 때문이다. 〈BPA free〉라는 표시 때문에, 소비자 대부분이 제품에 이 불가사의한 물질이 들어 있지 않은 것으로 알고 있다. 프랑스에서 2010년 젖병 포장재에 처음 등장한 이후, 다양한 플라스틱 포장재에 들어가 슈퍼마켓 통로 곳곳에서 번성해 나갔다. 건강하고 무해한 제품임을 보장하는 것처럼 소개하는 문구. 수많은 브랜드가 이를 마케팅 수단으로 삼을 정도였다. 〈BPA free〉라는 문구는 소비자를 안심하게 하여 최고의 매출을 올린다. 이런 제품 대부분이 비스페놀 A를 그 사촌격인 비스페놀 S로 대체했는데, 문제는 비스페놀 S의 유독성도 비스페놀 A와 비슷할 수 있다는 것이다. 하지만 업계는 〈with BPS〉보다는 〈BPA free〉라고 떠벌리며, 제품 성분의 정확한 표시를 누락시킨다. 이해가 간다. 이런 누락은 어차피 불법도 아니다. 슬그머니 위생 스캔들로 돌아간 것이다.

비스페놀 A는 20개가 넘는 종류를 가지고 있는 비스페놀 그룹에 속한다. 영화 「맨 인 블랙Men in Black」에 나오는 비밀 요원들처럼 〈A, S, F, Z……〉라는 문자를 이름으로 삼아 구별하는데, 이름은 그들의 성분에 따라 붙여진다. 예를 들어, 비스페놀 A는 아세톤을 나타낸다. 비스페놀 A는 폴리카보네이트를 만드는 데 쓰이는 모노머다. 1950년대 독일 연구원들이 개발한 이 플라스틱은 투명하고 충격에 강해, 안경, 소형 가전제품, 의료 기기 그리고 물병과 통, 젖병 같은 음식물 용기부터 스포츠 용품에 이르기까지 다양한 제품에 쓰인다. 매년 생산되는 비스페놀 A 700만 톤 중 3분의 2 이상이 폴리카보네이트를 제조하는 데 쓰인다. 나머지는 특히 에폭시 수지의 생산에 사용되는데, 엄밀히 말하면 플라스틱이라 할 수 없는 이 폴리머는 알루미늄으로 된 통조림이나 음료수 캔의 내부 코팅에 사용된다. 식품 보존 기간을 늘리고, 식품에서 금속 맛이 나지 않도록 하기 위해서다. 비스페놀 A는 감열지에 글자가 나타나게 하는 역할도 한다. 영수증과 승차권에 잉크가 잘 나타나도록 하는 것이다. 사용하지 않는 곳이 거의 없는 비스페놀 A는 우리가 예상하지 못할 만한 곳에도 있다. 언뜻 이해하기 어렵지만, 이 물질은 폴리에스테르 같은 합성 섬유로 된 의복 속에도 적지 않게 존재한다. 2019년에, 스페인의 연구원들이 구

매해 분석한 0~4세 아동용 양말 32켤레 중 29켤레에서 이 물질이 검출되었다.[2]

전 세계적으로 가장 많이 연구된 물질

비스페놀은 19세기 말에 처음으로 합성되었다. 그러다가 폴리카보네이트가 발명되면서 1960년대부터 비스페놀 A가 대량으로 사용되었다. 그 이후 지구상에서 가장 많이 생산되는 화학 합성물 중 하나가 되어, 2020년에는 그 시장이 200억 달러에 근접할 정도로 성장했다. 세계적으로 가장 많이 연구되는 물질이며, 금지 조치가 늘어나고 있는데도 불구하고 대형 제조업체들은 ─ 다우, 사빅, 코베스트로(이전에는 바이엘) ─ 단 한 순간도 이 수익성 좋은 궤도를 벗어나려고 해본 적이 없다. 오히려 다가올 몇 년 동안, 생산량을 매년 3퍼센트씩 증가시킬 계획을 하고 있다.[3] 그래도 여전히 우려를 표명하는 이들에게 미국 화학 협회는 확신에 차서 이렇게 대답한다. 「비스페놀 A는 오늘날 가장 많은 테스트를 거친 물질 중 하나며, 반세기 넘는 기간에 걸쳐 시행된 안전성 평가 결과를 가지고 있습니다. 전 세계 감독 기관들이 과학 자료를 검토했고, BPA가 무해하다는 결론을 내렸습니다.」 다시 말해, 볼 거 없으니 그냥들 가세요! 이 말이다. 하지만 30년 동안, 이 물질에 대한 경고는 끊임없이 늘어났다.

이미 제2차 세계 대전 이전에, 영국 연구원들은 이 물질이 생식에 관여하는 여성 호르몬의 효과를 흉내 낼 수 있다는 점을 발견했다. 하지만 1990년대가 되어서야 비스페놀 A는 다시 언급된다. 미국 스탠퍼드 대학교 연구원들은, 몇 해 전 생물학자 아나 소토가 폴리스티렌으로 된 시험관 튜브를 쓰며 겪었던 것과 똑같은 이상한 현상을 접한다. 효모에 대한 에스트로겐의 영향을 연구하던 당시, 이들은 에스트로겐에 노출되지 않은 세포를 포함한 모든 세포에서 강력한 호르몬 반응이 나타나는 걸 확인한다. 오염원은 신속히 발견되는데, 실험실에서 사용한 폴리카보네이트로 된 플라스크에서 나온 비스페놀 A다. 이후 몇 년에 걸쳐, 이 화학물질은 치과용 아말감과 폴리카보네이트로 된 젖병에서도 유출되었다고 밝혀진다.

25년이 지난 후 연구가 늘어나며, 비스페놀과 그 영향에 대한 이해는 상당히 깊어졌다. 예를 들면, 미국과 유럽 거의 모든 사람에게 이 물질이 침투해 있다는 사실을 알게 되었다. 혈액, 소변, 태아가 있는 양수에서도 매우 미미한 양이지만 측정이 가능하다. 여성과, 특히 아동이 가장 많이 오염되어 있다. 사람들이 비스페놀 A에 노출되는 경로의 80퍼센트 이상은 음식인데, 주변 공기를 흡입하거나 피부를 통해서도 흡수된다고 알려져 있다. 영수증을 반복해서 만지는 계산원들은 평균보다 높은 수치를 나타낸다. 어떤 작용을 하는지를 살펴보면, 비스페놀 A는 내분비 교란물질이라고 알려져 있다. 여성과 남성 모두에게, 생식 능력을 손상시킨다는 것도 알고 있다. 10년간 4,000명의 미국인을 대상으로 한 연구 결과는 비스페놀 A에 대한 노출이 사망 위험을 증가시킨다는 것을 보여 준다.[4] 다수의 동물 대상 연구에서도 이 물질은 당뇨, 비만, 성조숙증, 유방암, 전립선암 등의 발병을 조장하며, 뇌 발달을 방해한다는 사실이 증명되고 있다.

영국의 환경 단체 켐 트러스트는 2018년에 근거 자료가 잘 뒷받침된 비스페놀에 관한 보고서를 발표했는데,[5] 보고서에서 이 단체는 다수의 연구가 동물들(일반적으로 실험용 쥐 또는 생쥐)이나 세포 배양(시험관 속)을 대상으로 행해졌으므로, 이러한 연구들이 사람과는 어떤 관련성이 있는지 때로는 〈불확실〉할 수도 있다는 걸 인정한다. 〈비록 불완전할지라도, 위험 평가를 위한 많은 연구가 사람을 대상으로 하지 않은 자료에 의존하는 것이 현실이다.〉 켐 트러스트는 계속해서 이어 간다. 그럴 수밖에 없는 이유는, 사람을 대상으로 하는 실험은 중대한 윤리적 문제를 제기하기 때문이다. 사람에 대한 역학적 연구들은 기간이 오래 걸리고 비용도 많이 든다. 예를 들어, 자궁 속에서 태아에게 노출된 화학 물질을 식별해 낸다든가, 아이들 수백 명의 건강을 평생 동안 추적한다든가 하는 연구 방법은 아주 어려운 일이다. 따라서 켐 트러스트가 보기에는, 〈감독 당국이 이런 연구 자료를 기반으로 규제를 시행할 수 있다는 점이 매우 중요하다. 화학 물질이 장차 유해할 것이라는 충분한 증거가 존재하는데도, 대중들이 이를 계속해서 사용하게 놔두는 상황을 초래하기보다는 말이다〉.

현재 기준은…… 2만 배나 높다

2020년 5월, 생물학자 소토의 지휘 아래 쥐를 대상으로 비스페놀 A에 관한 대단히 정교한 연구가 진행됐다.[6] 이 연구는 비스페놀 A의 유해한 작용은 미세한 양, 즉 사람에게 노출되는 것과 비슷한 아주 적은 양으로도 발생할 수 있다는 사실을 공식적으로 보여 주었다. 보스턴에 위치한 터프츠 대학교 의과대학 연구원들은 이런 작용이 일정 수준 ─ 〈한계치〉 ─ 을 넘어서면 증가할 것이라는 우리의 예상과 달리 오히려 감소한다는 것을 입증했는데, 이는 업계가 그토록 소중히 여기는 파라셀수스의 선형 용량 원칙에 의문을 제기하는 것이다. 이 연구 작업은 입법자들이 정해 놓은 위험 기준이 소비자를 보호하지 못한다는 증거를 제공하고 있다. 내분비 교란 물질 연구에 일생을 바치고 있는 피트 마이어스 박사는 미국과 유럽 감독 당국들이 규제하는 용량은 〈너무 높아서〉, 솔직히 〈최소 2만〉으로 나누어야 되는 수치라고 말한다! 마이어스 박사가 진지하게 하루 섭취 허용량을 줄이기 바라는 내분비 교란 물질은 비스페놀 A뿐만이 아니다.

그런데도 미국 내 식품에 관한 규제를 담당하는 식품 의약국 Food and Drug Administration, FDA은 사이트에서 〈BPA는 안전한가?〉라는 질문에 여전히 〈물론이다〉라고 답하고 있다. 식품 의약국은 〈아주 소량의 비스페놀 A가 식품 포장재에서 식품이나 음료로 옮겨질 수 있다〉는 건 인정하지만, 〈저용량에 노출된 후, 비스페놀 A로 인한 어떤 영향도〉 입증되지 않았다고 판단한다.[7] 식품 의약국은 산업계와의 결탁 그리고 전문가들과의 이해 상충으로 끊임없이 비난받고 있다. 마이어스 박사는 2012년에 저용량에서의 내분비 교란 물질의 작용에 관해 곧 발표할 결과를 사전에 논의하기 위해 동료들과 함께 만났던 식품 의약국 고위급 과학자를 결코 잊지 못한다. 「그녀는 〈우린 이런 결과는 본 적이 없어요〉라고 했습니다. 내가 반박했어요. 〈당연히 본 적이 없겠죠. 이런 저용량으로 테스트를 해 본 적이 없을 테니까요!〉 그러자 〈그렇죠. 그건 당신 말이 맞아요〉라고 대답했습니다. 1년 후, 그녀는 로펌에서 열 배가 넘는 연봉을 받기 위해 식품 의약국을 떠났는데, 그 로펌은 의혹을 조작하기 위해 변호사들을 고용하는 곳이에요.」 그리고 그 로펌은 소비자와 감독 기관에 불확실성을 심어 주는 일로 돈을 버는 곳 중 하나다.

사이비 과학자들, 수상쩍은 장사치들

이 의심스러운 장사치들은 2020년 봄에 다시금 입에 오르게 된다. 여섯 개 과학 잡지에 동시에 게재된 논설에서,[8] 자칭 최고의 독물학자라는 19명의 전문가들은 〈합성 내분비 교란 물질이 인간에게 노출되는 건 대개 무시해도 좋은 수준〉이라고 주장한다. 이들의 결론은 번복의 여지가 없다. 따라서 〈더 이상의 추가적인 연구와 규제 조치는 정당화될 수 없다〉는 것이다. 이 문구는 우연히 나온 것이 아니다. 당시 유럽연합 집행위원회는 내분비 교란 물질이 핵심 주제인 화학 물질에 대한 규제안을 다듬는 작업을 진행 중이었다. 유럽연합 집행위원회 위원장 우르줄라 폰데어라이엔Ursula von der Leyen은 취임하기 전, 이런 화학 물질들이 좀 더 잘 통제되도록 최선을 다하겠다고 약속한 바 있다.

　논설에 서명한 이들은, 우리가 〈콩, 녹차, 겨자〉와 같은 음식에서 발견할 수 있는 〈천연 내분비 교란 물질〉이 비스페놀 같은 공장에서 합성한 내분비 교란 물질보다 훨씬 〈강력하다〉는 점을 내세운다. 그리고 이들은 논지를 입증하지도 않은 채 〈합성 내분비 교란 물질의 노출은 지난 50년간 꾸준히 감소해 온 반면, 천연 내분비 교란 물질의 노출은 주로 채식주의 생활 방식의 확산과 더불어 증가했다〉라고 자신 있게 주장한다. 마이어스와 소토 같은 진짜 전문가들은 이런 어이없는 주장을 마주하자, 분노로 피가 거꾸로 솟는 듯했다. 이런 사이비 과학자 무리가 등장한 건 이번이 처음이 아니다. 이미 2013년에, 같은 인물들이 구식 연구를 다시 들먹이며, 내분비 교란 물질을 규제하고자 당시 유럽에서 진행 중이던 절차에 훼방을 놓았다. 하지만 이번에는, 프랑스 일간지 『르 몽드』가 개입한다. 2020년 6월, 과학계의 이해관계를 훤히 알고 있는 언론인 두 명이 논설위원들의 이력을 조사한다. 그 결과, 그들 대부분은 자신이 알리고자 하는 문제에 그리 정통하지 않으며, 몇몇은 실상 산업계의 노련한 컨설턴트인 것으로 드러난다. 〈『르 몽드』가 살펴본 바로는, 19명의 과학자들 가운데 적어도 15명의 경력이 화학, 살충제, 화석 연료, 심지어 담배 업계와 관련이 있다고 한다.〉[9] 업계 중에는 거대 농화학업체인 몬산토 Monsanto, 담배 회사인 필립 모리스 Philip Morris, 그리고 절대 빠질 수 없는 미국 화학 협회가 있다.

그렇다면 모든 문제의 원인은 어디에 있는 걸까? 유럽에서 비스페놀 A는 금지되어 있다. 그렇지 않은가? 적어도 유럽인 대부분은 그렇게 생각한다. 하지만 그렇지 않다. 이미 보았듯이, 위험에 대한 인식은 1990년대로 거슬러 올라가며, 비스페놀 A가 젖병 속 우유로 유출된다는 사실을 인지한 것은 1997년이다. 그러나 감독 당국이 마침내 움직이기 시작한 것은 그로부터 10년이 훌쩍 지나고 나서다. 유럽보다 먼저 깨어난 곳은 미국과 캐나다다. 이는 2008년 초반 일어난 두 가지 기폭제 덕분이다.[10] 미국 캐나다 연합 환경 단체 그룹이 젖병 속 비스페놀 A 유출에 대한 새로운 연구 결과를 발표하고, 두 달 뒤, 미국 독성 물질 국가 관리 프로그램인 NTP National Toxicology Program에서 경각심을 불러일으키는 의견을 내놓은 것이다. 이해 상충에 시달리는 식품 의약국이 멋진 세상에서 모든 것이 다 잘될 것이라고 줄곧 되뇌고 있는 동안, NTP는 〈BPA가 인간 발달을 저해할 가능성은 배제할 수 없다〉라고 쓰며 비스페놀의 유독성에 극도의 우려를 나타냈다.

임산부, 성배가 될 것이다

같은 해에 캐나다에서는 젖병 속 비스페놀 A 금지 조치를 표결하고, 2009년 미국의 여러 주 정부도 그 뒤를 잇는다. 생산업자들이 사방에서 동요한다. 이들뿐만 아니라 식료품 제조업자들 역시 매우 흥분한다. 2009년 5월, 통조림과 캔을 판매하는 제조업자 일부가 여론을 뒤집기 위한 전략을 짤 목적으로 워싱턴에 있는 비공개 클럽에서 모일 정도였다. 이들에게는 안타깝게도, 그 〈위원회〉에서 오고 간 내용이 담긴 요약본을 우연히 입수한 『센티널 Sentinel』 기자 두 명이 비밀 회동 내용을 폭로한다.[11] 다섯 시간에 걸쳐 진행된 이 모임에는 통조림 식품의 왕 델몬트Del Monte, 코카콜라Coca-Cola 등 여러 캔 제조업자들이 참석했고, 여지없이 미국 화학 협회도 있다.

여러 제안이 쏟아지는데, 그중 하나는 〈대변인의 역할을 할〉 임산부를 한 명 찾아내 비스페놀 A의 장점을 치켜세우게 하자는 것이다. 임산부는 신뢰를 회복하기 위한 〈성배〉가 될 것이라고 위원회는 판단한다. 이런 역할을 수락할 과학자를 찾기는 어려울 것이란 생각 때문이었다. 다른 구제책도 등장한다. 바로 히스패닉계와 아프리카계 미국인 집단인데, 〈빈곤층으로서 통조림 식품에 더 많이 의존하는〉 이들에게 불이익이 생길 수 있다고 설득하자는 것이었다. 그렇게 하려면, 〈BPA 없이 제조된 통조림은 세균에 오염될 가능성이 더 높다는 메시지를 언론에 나가게 하는 것〉이 좋지 않겠는가? 오래된 공포 마케팅 전략이다. 모임 참석자들도 비스페놀 A가 언젠가는 다른 물질로 대체될 것이고, 대체 물질 또한 그다지 안전하지 않을 위험이 크다는 것을 알고 있는 듯하다. 그들은 〈미래에 나올 성분이 무엇인지는 별로 중요하지 않다. 문제는 생길 것이고, 사람들이 BPA, 제2의 BPA 혹은 잇따라 등장할 화학 물질들에 대해 좀 더 편안하게 느낄 수 있도록 위원회는 노력할 생각이다〉라고 의견을 모은다.

미국 기업들이 소비자들을 희생시켜 가며 그 기적의 제품에 대한 이미지 회복을 꾀하는 반면, 유럽은 마침내 전투태세에 돌입한다. 덴마크는 2010년 3월에 어린이용 식품 용기에 비스페놀 A 사용을 금지한다. 몇 달 후, 프랑스도 젖병에만 비슷한 조치를 발표한다. 유럽연합 집행위원회는 **유럽 식품 안전청**European Food Safety Authority, EFSA에 문제를 회부할 수밖에 없는데, 유럽 식품 안전청은 2010년 9월에 비스페놀 A의 하루 복용량이 체중 1킬로그램당 50마이크로그램까지는 안전하다고 결론 내린다. 그렇지만 유럽 식품 안전청은, 영유아들에게 미치는 영향은 잘 알려지지 않아, 〈이런 측면은 불확실한 영역에 대해 좀 더 확실한 자료가 나올 때까지 더 많은 주의가 필요하다〉고 강조한다. 입법 절차가 시작되어, 2011년 6월에 유럽연합에서 비스페놀 A를 포함한 젖병이 금지된다. 하지만 오직 젖병뿐이다. 이는 임산부와 어린아이가 다른 제품을 매개로 오염될 수 있는 가능성을 남긴다. 이 엄청난 결함을 인지하고 있는 프랑스는 좀 더 일관성 있게 노력하기 위해 브뤼셀에서도 운동을 벌인다. 프랑스는 2015년에 이미 자국 영토 내 모든 식품 용기로 금지 조치를 확대했다. 프랑스의 집요함은 결실을 거둔다. 2017년에 유럽 화학물질청은 비스페놀 A를 인간에 대한 내분비 교란 물질로 인정하고, 1년 뒤 야생 동물에게도 적용한다. 그리고 2018년, REACH 규정에 근거해 〈고위험 우려 물질〉로 분류한다.

그렇다, 문서상으로는 굉장해 보이지만 현실에서는 그렇게 근사하지 않다. 2018년부터 이 물질은 유럽에서 모든 3세 이하의 유아용 식기(장난감 제외)에 명백히 사용 금지되어 있다. 그리고 2020년 이후로 모든 감열지, 특히 영수증에 쓰지 못한다. 하지만 비스페놀 A가 〈고위험 우려 물질〉로 간주된다는 사실이 법적으로 금지된다는 의미는 아니다. 이는 오로지 고위험 우려 물질 목록으로 분류되어 있다는 것만을 의미한다. 산업계에 정보 고지 의무를 부과하는 목록이지만, 솔직히 이런 정보 고지는 매우 제한적이다. 이런 정보 고지는 〈제조업자, 수입업자 혹은 공급업자〉

에게만 해당된다. 따라서 소비자에게 정보를 제공할 의무는 어디에도 없다. 어떤 제품에 비스페놀 A가 들어 있는지 알아보려면 소매업체에 문의해야 하고, 업체는 만일 해당 제품이 비스페놀 A를 0.1퍼센트 이상 함유하고 있다면 이를 45일 안에 알려 주어야 할 의무가 있다. 따라서 이 분류는 대안에 투자할 수 있도록 시장에 알려 주는 신호일 뿐이다. 하나의 신호에 불과할 뿐, 어떤 명령이 아니다.

3D, 로비의 황금률

어쨌거나 이러한 분류는 다음 단계의 금지 조치에 포문을 열어 준다. 2019년 말, 유럽 화학물질청은 비스페놀 A를 REACH 승인 목록에 등록하라고 권고한다. 유럽에서 제품을 생산하는 데 비스페놀 A를 사용하려면 기업은 다른 대안이 없다는 걸 증명하고 특별 승인을 얻어야 하는 것이다. 더욱이 〈고위험 우려 물질〉이라는 표현은 잠재적 소비자를 유혹하고자 할 때 좋은 인상을 주지 못한다. 〈지속적으로 소비자들의 안전을 보장한다〉는 약속을 내세우는 플라스틱스유럽은 즉시 유럽연합 사법재판소에 한 건도 아닌 세 건의 소송을 제기한다. 소비자 보호를 목적으로 한 그 결정을 뒤집기 위해서다. 사법재판소는 두 차례나 플라스틱스유럽의 요청을 기각했는데, 이 로비 단체 회원사 다섯 곳은 적극적으로 비스페놀 A를 홍보하고 있다. 2021년 초까지도, 세 번째 소송에 대한 결론이 나지 않았다. 그러는 사이 시간은 계속 흘렀다. 이 시간 동안 비스페놀 A는 유통되고 업계의 수익은 쌓인다.

건강 환경 연합Health & Environment Alliance, HEAL에서 보건과 화학 제품 캠페인을 맡고 있는 나타샤 생고티Natacha Cingotti는 진술한다. 「산업계의 위력은 규제의 각 단계를 무력화시키는 정도라고 볼 수 있습니다. 5년 혹은 그보다 더 걸릴 수도 있겠지요.」 2003년에 창설된 건강 환경 연합 네트워크는 공중 보건 증진을 목표로 하는 다수의 유럽 조직들을 통합하고 있다.

우리는 자주 로비 황금률인 〈3D〉 원칙을 언급한다. 영어로 〈Deny, Delay, Deflect〉, 즉 〈부인하라, 지연시키라, 주의를 돌리라〉다. 담배, 석면, 화석 연료 회사이건 오늘날 플라스틱 회사이건 간에, 이 원칙을 쓰면 이미 이긴 게임이며, 더욱이 몇 년간의 수익을 절대적으로 보장한다. 70년이 넘는 기간 동안 산업계가 이 원칙을 적용했기에, 이제 3D 원칙은 꽤 많이 노출되었다. 그럼에도 불구하고 이 원칙은 여전히 훌륭하게 작동하고 있다. 왜냐하면 원칙이 절대로 저지받을 위험 없이, 무한히 반복될 수 있도록 규제 시스템이 구축되어 있기 때문이다. 로비스트들은 기계에 기름칠을 하고, 글자 그대로 로드맵을 따르는 일상을 수행하는 정비사들인 것이다. 3D 원칙 첫째, *부인하라.* 보건 위협을 부인하고, 과학자들을 분열시키고, 진실한 연구원들에 대한 신뢰를 훼손하고, 안심할 수 있는 결론에 이르기 위해, ── 돈으로 산 진짜 내 편인 ──사이비 전문가들을 동원해 연구를 완성한다. 둘째, *지연시키라.* 모든 수단을 써서 규제와 금지 조치를 지연시킨다. 끝없이 긴 법적 절차를 진행하며, 해당 물질이 현대적 생활에 필수적이라는 걸 주장하며, 보건 의료 기관에 잠입하고, 요청받은 자료를 제출하는 데 능장을 부리며, 이런 자료들은 기밀이며, 경제가 무너지고 일자리가 없어지는 걸 보고 싶지 않다면 영업 기밀에 대한 존중이 절대적으로 필요하다는 핑계를 대며 지연시키는 것이다. 세 번째, 주의를 돌리라. 기술의 발전 그리고 아직 존재하지는 않지만 장차 우리 모두를 구하게 될 해결책에 대해 떠벌리며, 언론에 거짓을 말하고, 대중에 잘못된 정보를 제공한다. 예를 들면, 아무 변화도 없는 것 같지만 모든 게 변하고 있다는 암시를 주기 위해, 이를 믿는 사람들에게만 유효한 자발적 약속을 하며, 의혹, 또 의혹, 계속해서 의혹을 만들어 가며 주의를 분산시킨다. 이런 애매모호한 불확실성은 수십 년 동안 지속될 수 있다. 그동안 기업은 대체 물질, 아마도 전과 마찬가지로 위험성을 띨 물질을 개발하고, 그럼 다시 순환의 원점에서 시작하게 되는 것이다.

유럽의 뒤엉킨 규제 시스템

우리는 비스페놀 A가 2017년부터 규제를 받아 왔다는 사실을 살펴보았다. 하지만 유럽 화학물질청의 규제만 받는 것이 아니다. 보통 이쯤 되면, 독자 여러분은 그만 읽고 싶을 것이다. 그 마음을 충분히 이해한다. 나 자신도 그랬기 때문이다. 하지만 조금만 더 버티면 모든 것을 알게 될 것이다. 다시 주제로 돌아가서, 유럽에서 유럽 화학물질청이 화학 물질을 규제하지만, 같은 물질을 사용하더라도 일부는 다른 시스템에 의해 규제를 받을 수도 있다. 예를 들면, 살충제와 같은 살생제는 자체적인 규제 프레임을 가지고 있다. 또한 식품과 접촉하는 소재에 포함된 화학 물질의 경우도 마찬가지인데, 이 물질들은 식품 안전 관리를 담당하는 유럽 식품 안전청의 규제를 받는다. 유럽 식품 안전청은 전문가들 가운데 다수가 농산물 가공 업계와 이해관계를 맺고 있음이 확인되면서, 독립성이 여러 차례 논란의 대상이 되곤 했다. 비스페놀 A 경우를 보면, 유럽 화학물질청에 의해 〈고위험 우려 물질〉로 분류되어 있지만, 한편으로 유럽 식품 안전청이 관리하는 유사 영역에서는 여전히 식품과의 접촉이 허용되고 있다. 놀랍지 않은가? 이에 대해 기관들은 같은 물질을 분석하더라도 다른 방식을 사용하기 때문이라고 설명한다. 유럽 식품 안전청은 특히나 뒤처져 있는데, 식품과 접촉하는 소재에 관한 법률이 1976년으로 거슬러 올라가기 때문이다. 그 결과는 큰 결함을 가진 구식 평가들이다. 예를 들어, NIAS는 제조하는 과정에서 우연히 나타나는 화학 합성물인데 이는 고려의 대상이 되지도 않고, 내분비 교란 물질이나 칵테일 효과는 더욱이 반영되지 않는다. 비스페놀 A와 같은 독성 물질을 놓칠 수밖에 없다.

　일부 회원국, 특히 프랑스의 압력 덕분에 유럽 식품 안전청은 마침내 비스페놀 A를 재검토하는 데 동의했다. 새로운 결론은 2021년이나 2022년에 나올 예정이다. 2014년 말, 유럽 식품 안전청은 하루 허용량을 그때까지 정해 놓은 양의 12분의 1로 줄인 체중 1킬로그램당 4마이크로그램까지로 변경한다. 스스로 매우 흡족해한 유럽 식품 안전청은 아무런 주저도 없이 단언한다. 〈현재 노출 수준에서 비스페놀 A는 모든 연령대(신생아, 영유아, 청소년 포함)의 소비자들 건강에 어떤 위험도 되지 않는다. 음식물이나 다른 원인(식품, 먼지, 화장품, 감열지)의 조합을 통한 노출은 안전 수준, 즉 하루 허용량에 비하면 상당히 적다.)[12] 이 새 기준은 2018년 마침내 유럽 법률에 반영될 때까지 4년이 걸리게 된다. 그리고 또 공장에서 식품 제조와 저장에 쓰이는 산업 장비들이 금지 대상에 해당되지 않는다면, 저장 탱크, 농산물 저장고(사일로), 생산과 충전 라인에는 여전히 비스페놀 A가 포함될 수 있다.

독성 전문가들 입장에서는 이 하루 허용량의 수준에 대해 아연실색할 수밖에 없다. 그들이 보기에는 아직도 너무나도 높은 수치다. 보스턴의 터프트 대학 연구원들이 2020년 발표한 연구는 다시 한 번 이 한계치를 비웃는다. 유럽 식품 안전청은 새로운 방법론에서 대안을 찾아야 하며, 많은 전문가와 부딪혀야 한다. 왜냐하면 구식 과학에 틀어박혀 머무르다 보면, 바로 플라스틱 테러범들과 공범이 되기 때문이다. 국제 조직인 건강 환경 연합의 나타샤 생고티는 이렇게 지적한다. 무엇보다도 소토 박사가 총괄 정리한 연구는 〈소량일지라도 비스페놀 A에 노출되는 것은 건강에 해로우며, 폭넓게 사용되고 있는 이 내분비 교란 물질에 대해 안전 노출 용량을 정한다는 것은 불가능하다는 점을 새로이 확인한 것이다. 비스페놀 A는 소비재와 식품 포장재에 전적으로 금지되어야 하며, 하루 허용량도 더욱 줄여야 한다〉고 밝힌다. 세계 최대 폴리카보네이트 생산자인 독일 코베스트로는 이런 관점에 동의하지 않는다. 코베스트로의 입장은 〈소비자를 대상으로 허용량을 적용하는 부분에서, 폴리카보네이트를 사용하는 것이

건강과 안전에 우려가 된다는 어떤 합리적 과학적 근거도 실제로 존재하지 않는다고 여전히 굳게 믿고 있다〉는 것이다.

아직 갈 길이 멀다

때때로, 나타샤 생고티는 벽에 머리를 박고 싶은 생각이 든다. 「유럽은 이 문제에 대해 리더라고 생각하지만, 증거 자료가 가장 많은 이 내분비 교란 물질이 여전히 식품과의 접촉에 쓰이고 있다는 사실을 보면, 아직 가야 할 길이 먼 게 확실합니다…….」 실제로 비스페놀 A는 유럽 감독 기관들, 그리고 더구나 전통적으로 소비자 보호에 미온적인 다른 기관들이 플라스틱 독성에서 개인을 보호하는 데 얼마나 무능력한지를 보여 주는 일례일 뿐이다. 식품과의 접촉은 특히 그렇다. 2020년 3월에 발표된 합의 성명서에서,[13] 제인 뮝케Jane Muncke, 피트 마이어스, 마틴 바그너, 아나 소토를 포함한 실력 있는 전문가들 33명은 수천 가지 화학 물질들, 대부분 확인이 되지 않은 이 물질들이 식품으로 옮겨지며 〈결과적으로 사람에게 흡수된다〉는 사실을 경고한다. 서로 다른 6개국의 유럽인 52명에서 소변을 채취해 각 시료에 대해 28개 테스트를 실시했는데, 평균 20가지 화학 물질이 검출됐다. 분석된 물질들에는 비스페놀 A와 여러 가지 프탈레이트가 포함돼 있었고, 이는 플라스틱에 아주 흔히 쓰이고 있는 것들이다.[14]

전문가들은 합의 성명서에서, 현재의 위험 평가는 〈인간의 건강을 보호하는 데는 실효가 없다〉고 경고한다. 유럽에서 사용되는 10만 개 이상의 화합물은 보건 당국의 자원 부족 때문에 실제로는 겨우 100개 미만만이 관리 감독되고 있다. 그렇지만 과학자들의 의견은 분명하다. 〈유해 화학 물질과 접촉한 식품에 노출되는 정도를 줄이는 것만이 인간에게 발생하는 만성 질환을 예방하는 데 기여할 것이다.〉 스위스에 기반을 둔, 푸드 패키징 포럼 Food Packaging Forum은 묑케가 창시하고 이끄는 독립 단체다. 2020년, 푸드 패키징 포럼은 식품과 접촉이 있는 것으로 알려진 모든 화학 물질들을 나열한, 그 분야에서는 유일한 데이터베이스를 업로드했다. 푸드 패키징 포럼은 플라스틱 포장재에 가장 빈번하게 쓰이는 900개의 화학 물질 중에서 적어도 150개가 인간과 환경에 〈위험하다〉고 판단한다.[15] 이 폴리머들 중에서 다른 것보다 좀 더 거리를 두어야 할 것이 있을까? 공동 연구자인 묑케는 잠시 생각한 후 이렇게 말한다. 「길게 답하자면 모든 폴리머는 미확인 물질과 NIAS를 포함하고 있다고 할 수 있고, 짧은 답은 PVC일 겁니다.」PVC는 첨가물이 가장 많이 포함되어 있다고 알려져 있다. 묑케는 또한 〈발암 가능성 물질인 스티렌을 포함하고 있는 폴리스티렌도 매우 우려됩니다〉라고 시인한다. 「PVC가 아마도 최악이겠지만, 저는 폴리스티렌을 택할 것 같아요. 왜냐하면 폴리스티렌은 어디에나 있고 사람들이 별생각 없이 쓰기 때문입니다.」그리고 이렇게 요약한다. 「어떤 플라스틱이든 어떤 첨가물이든 간에 모든 위험 물질은 제거되어야 합니다. 또한 〈유감스러운 대체〉로 확인된, 제대로 연구되지도 않은 다른 화학 물질로 대체되어서도 안 됩니다. BPA가 BPS로 대체된 경우처럼 말이죠.」

알파벳 바꾸기

업계는 사실상 대응책을 찾았다. 바로 A를 S로 바꾸는 거다. 알파벳 전체를 한 바퀴 돈다 해도 상관없다. 비스페놀 A에서 비스페놀 S를 거쳐, 다음은 이제까지 거의 연구되지도 않은 F, B 또는 AF로 가는 것이다. 비스페놀 S 사용 — 이전 물질보다 더욱 위험할 것으로 예상되는 — 은 비스페놀 A가 표적이 된 이후로 폭발적으로 증가했다. 이제는 지구상에서 환경과 유기체 속에 존재하지 않는 곳이 없다. 모든 소변에서 BPS가 아우성이다. 이는 비스페놀 S와 그 동종 물질들이 비스페놀 A와 매우 유사한 구조를 가지고 있기 때문에, 동일한 에스트로겐 작용을 일으킬 수 있다는 우려를 하게 한다. 매달 새로운 연구가 이를 증명한다. 비스페놀을 일일이 금지할 것이 아니라 모든 비스페놀을 금지해야 한다. 시간을 아끼고 효율성을 높이기 위해 유럽 화학물질청 스스로가 검토하기 시작한 비스페놀 그룹에 대한 규제가 그렇다. 2020년 초부터, 프랑스를 포함한 여러 회원국들의 도움으로, 유럽 화학물질청은 BPS, BPF와 같은 비스페놀 전체 그룹과 관련된 데이터를 검토하고 있다. 〈위험한 화학 물질이 유사한 우려를 낳는 다른 물질로 대체되는 것을 방지하기〉 위해서다. 켐 트러스트는 빨리 출시되는 이런 대체 물질들에 유럽연합이 하루빨리 관심을 가져야 한다고 본다. 독성 분야에 전문성을 지닌 켐 트러스트는 〈유럽연합이 이미 알려진 대체 물질에 대해 조치를 취하지 않고 위험 물질을 제한한다면, 이는 뜨거운 프라이팬에서 뛰어나와 불구덩이로 들어가는 것일 뿐〉이라고 경고한다. 산업계는 아직 규제를 받고 있지 않은 비스페놀들을 가지고 재주를 부리기 위해 이런 모호함을 이용한다. 이들은 이 고양이와 생쥐 게임에서, 덩치 큰 유럽 고양이를 상대하는 데 있어 자신들이 유리하다는 걸 너무도 잘 안다. 매일같이 시장에 쏟아져 나오는 새로운 화학 물질이라는 들쥐를 모조리 잡아 들이기에는 이 고양이는 너무나도 느리기 때문이다. 물질 작용에 거의 변화 없이, 분자의 아주 작은 고리 하나를 바꾸는 일은 쉽게, 빨리 진행된다. 반면에, 감독 기관과 과학자들이 새로운 물질(기업이 제조법을 기밀로 유지하는)의 독성을 테스트하고 증명하는 일에는 시간이 걸린다, 아주 많은 시간이 필요하다.

그런데도, 대용 물질은 존재한다.[16] 특히 감열지가 그렇다. 폴리카보네이트의 경우는 연구가 진행 중이지만, 구조 중심에 있는 비스페놀을 대체하는 것은 훨씬 복잡해 보인다. 가장 간단하면서도 가장 안전한 방법은 대안적 소재나 실천에 있다. 예를 들면, 폴리카보네이트보다는 스테인리스로 된 물병이나 유리도 된 재사용 가능한 용기들이다. 그러나 제조업체들은 단 한 순간도 비스페놀 A를 포기할 생각은 하지 않는다. 코베스트로는 회사 사이트에서 이렇게 설명한다. 〈비스페놀 A를 기반으로 하는 폴리카보네이트는 투명도, 내구성, 가벼움, 마찰과 열에 대한 강도 같은 기술적 특성들의 고유한 조합을 선사한다.〉 다른 조합의 폴리카보네이트는 〈이러한 특성을 가질 수 없다〉.[17] 목적은 뻔하다. 건강에 어떤 결과를 초래한다 할지라도, 비스페놀 A를 마르고 닳도록 쓰겠다는 것이다.

폴리카보네이트로 된 젖병들이 진열대에서 사라진 후, 제조업자들은 폴리프로필렌에 달려들었다. 정말로 안타깝게도, 최근의 한 연구[18]에 따르면, 열을 가하면 이 젖병들은 우유 1리터당 최대 1600만 개의 미세 플라스틱 입자를 방출한다고 한다. 나노 플라스틱은 그보다 더 많다. 미국 화학 협회는 즉각적으로 반발하며 이렇게 강조한다. 〈젖병을 포함한 식품 접촉에 쓰이는 플라스틱들은 미국과 캐나다에서 매우 적절하게 관리 감독되고 있다. (……) 무엇인가 검출된다고 해서 그것이 건강에 위협이 된다는 의미가 아니라는 점을 이해하는 것이 중요하다.〉

7장

병원에서의
딜레마

「플라스틱으로 된 일회용 의료 제품이 생명을 위협한다는 생각은
분과위원회 의견과 어긋납니다. 분과위원회는
최근 미국 대통령에게 모든 힘을 기울여서 마스크, 안면 보호대,
수술 가운, 일회용 가운, 보안경, 의료용 캡, 덧신,
일회용 장갑의 생산과 배포를 늘려 달라고 청원했습니다.」
토니 라도체프스키 플라스틱 산업 협회 회장, 2020년 7월 미국 의회 청문에서

●

2019년 1월, 그의 손녀가 미숙아로 태어난다. 「그 아이는 생애 첫 두 달을 정맥 주사 튜브에 연결된 채, 플라스틱에 둘러싸여 보냈습니다. 주변에 그 장비들이 없었다면, 아마도 살아남지 못했을 거예요.」 그런데 이 말을 한 사람은 플라스틱의 위험성을 너무나도 잘 알고 있다. 자신의 몸에도 스며들어 있을 내분비 교란 물질을 30년째 연구하고 있는 미국 생물학자 피트 마이어스 박사다. 그는 말한다. 「이 일은 우리를 난처한 상황에 처하게 하지만, 받아들일 수밖에 없습니다. 플라스틱이 생명을 구하는 특성도 가지고 있으니까요.」 생명을 살리는 플라스틱과 생명을 앗아 가는 플라스틱 사이의 엄청난 격차가 병원만큼 민감하게 느껴지는 곳은 없다.

「1970년대 제가 일을 시작했을 시기에, 플라스틱은 정말 마법의 재료이자 모든 곳에 쓰는 해결책이었습니다. 너무나도 훌륭해서 이것이 오염을 일으키고 내분비 교란 물질을 옮길 거라고는 아무도 생각하지 못했어요…….」 프랑스 샤랑트 지역 앙굴렘Angoulême 병원의 내장외과 의사인 장 캉셀Jean Cancel 박사는 지난 50년간 재사용이 가능한 장비들이 점차 대부분 플라스틱 소재로 된 일회용으로 바뀌는 것을 목격했다. 코로나바이러스의 세계적 유행은 의료 보호 장비들의 수요 증가와 함께 이런 추세를 더욱 강화시켰다. 분석가들은 2021년에 전 세계적으로 의료용 플라스틱 시장이 17퍼센트 증가할 것으로 내다보았는데,[2] 폴리머 생산량의 2퍼센트가 이 분야에 쓰인다. 인공호흡기 혹은 비접촉 체온계, 무엇보다 장갑, 마스크, 주사기 같은 일회용품 수요가 증가하여 이 분야의 수익은 2020년 250억 달러에서 1년 만에 300억 달러 가까이로 늘어날 예정이다. 세계 인구 노령화, 인구의 도시 집중화, 인공 보철물 개발의 득을 보며, 이 시장은 10년 안에 쉽게 두 배가 될 것이다. 전례가 없는 환대를 받는 이 성장의 수혜자들은 다우, 사빅, 바스프, 에보닉,* 코베스트로, 솔베이, 생고뱅,** 셀라니스***다.

열 소독기에서 현대식 고압 멸균기까지

플라스틱은 제2차 세계 대전 동안 병원에 들어와 차츰 자리를 잡는다. 1970년대 초에는 주사기와 바늘을 포함한 거의 모든 의료 기기를 소독해 사용했다. 시간이 지나면서, 프랑스 병원 곳곳에서는 의료 기기 소독을 위해 사용하던 건식 열소독용 미니 오븐인 푸피넬Poupinel이 더 크고 성능이 좋은 기계에 그 자리를 내주

---

* Evonik. 정식 명칭은 Evonik Industries AG. 독일 노르트라인베스트팔렌주 에센에 본사를 둔 특수 화학 분야의 상장 회사다.

** Saint-Gobain. 프랑스 건자재 제조 회사.

*** Celanese. 이전에 Hoechst Celanese로 알려졌던, 미국 텍사스주 어빙에 본사를 둔 특수 재료 회사.

었는데, 주로 증기를 사용하는 멸균 방식의 고압 멸균기였다. 수술실과 병실, 직원 식당에서 재사용 가능한 장비들이 일회용으로 본격 대체된 것은 최근 30년간의 일이다. 가볍고, 다용도인 데다 매우 저렴하고, 질 높은 관리를 보장할 수 있으며, 또 사용하거나 버리기도 쉬우니, 플라스틱은 온갖 끌리는 장점을 다 가지고 있다. 영국 국민 보건 서비스National Health Service, NHS의 한 외과 의사가 발표한 연구[3]에는 수술실에서 사용하는 기기들을 나열한 긴 목록이 제시됐는데, 〈이 기기들은 30년 전만 해도 모두 재사용 가능했으며, 환경에도 피해를 주지 않았다. 하지만 지금은 플라스틱 또는 그와 유사한 재질로 만들어져 한 번 쓰고 버리기 때문에 환경에 심각한 위협이 되고 있다〉.

1980년대와 1990년대에 일어난 여러 차례의 보건 위기가 — 에이즈, 크로이츠펠트·야코프병과 그 변종, 광우병 — 일회용품으로의 전환을 가속화시킨다. 보건과의 관련성이 있건 없건 간에, 이러한 병리들은 극도의 공포를 유발하고, 보건 서비스 종사자들이 소독해서 재사용하던 물품들을 버리고 일회용 제품들을 선호하도록 몰아간다. 프랑스에서는 또 다른 사건 하나가 결정적 역할을 한다. 1988년에서 1993년 사이, 파리에서 스포츠 클리닉의 환자 60명이 병원 내에서 감염된 일이 발생했는데, 특히나 수술 도구들을 충분하게 살균하지 않은 것이 원인이었다. 이 사건은 1997년에서야 명명백백히 원인이 규명되고, 보건부는 이를 계기로 살균에 대한 명령을 강화하게 된다. 도구를 제대로 소독하지 못할 지도 모른다고 우려한 현장의 의료진들은 일제히 일회용으로 돌아서고, 많은 병원이 소독실을 폐쇄하기에 이른다.

기업들은 이 틈을 파고들어, 감탄해 마지않는 의료인들에게 새로운 일회용 기구들을 줄줄이 선보인다. 폴리에스터나 폴리프로필렌 성분의 합성 섬유 의복들, 혹은 수술용 바늘 홀더, 금속 가위, 압박 붕대가 든 멸균 봉합 세트까지 등장한다. 이런 키트는 의료진이 그중에서 단 하나의 기구만 사용하더라도 결국 키트 전체를 폐기한다. 앙굴렘 병원의 캉셀 박사는 처음에는 이런 플라스틱 혁명에 매료되었으나, 사용 낭비와 넘쳐 나는 쓰레기통, 특히나 오염된 폐기물이 가장 많이 나오는 수술실의 쓰레기를 보며 점점 더 불편해졌다. 해협 건너 영국에서, 같은 고민에 빠진 그의 동료 첸텔 리잔Chantelle Rizan은 시간을 내어, 편도와 아데노이드를 일반적으로 절제할 때 사용하는 일회용 플라스틱 장치들을 하나씩 세어 보았다.[4] 조사 결과는 101조각이다. 기구 자체의 플라스틱 외에도, 기구를 보호하는 포장재까지도 계산에 넣어야 하는데 포장재는 때로는 기구보다 두세 배까지 많으며, 무게도 더 많이 나가는 경우가 다반사다. 현재, 의료기 포장재의 시장 규모는 의료용 플라스틱 시장을 넘어서고 있다. 리잔 박사는 수술실에서 서혜부 탈장을 처치할 때 플러그 하나를 사용한다. 폴리프로필렌으로 된 1.5그램 무게의 이 작은 마개가 〈100그램이나 되는 플라스틱 포장재에 싸여 있어요. 정말 어이없는 일 아닌가요!〉 라며 그는 놀라워한다.

PVC, 병원의 스타

세계적으로 병상 하나당 하루 쓰레기 양은 5킬로그램 정도로 추정하는데, 플라스틱이 쓰레기의 대부분을 차지한다. 환경 피해가 없는 보건 의료Health Care Without Harm, HCWH의 브뤼셀 책임자인 도로타 나피어스카Dorota Napierska는 이를 매우 걱정하며 이렇게 말한다.「병원들이 재활용할 수 있는 것과 아닌 것을 분류하기는 어렵습니다. 왜냐하면 플라스틱 종류가 너무 많아서, 판별하기가 불가능하기 때문이죠.」나피어스카는 의료 분야에서 생태 발자국*을 줄이기 위해 일하고 있다. 나피어스카에 의하면, 의료용 플라스틱 중 30~50퍼센트는 성분 표시가 되어 있지 않다. 유럽 당국들이 제조 업체에 암암리에 승인해 주기 때문이다. 결국 이 폴리머 혼합물들에 무엇이 들어 있는지 알 수 없으며, 이는 재활용을 불가능하게 만든다. 게다가 환경을 오염시킬 우려도 있기 때문에, 폐기물 처리업자들은 어쨌든 의료 폐기물 재활용을 포기하게 되는 경우가 허다하다. 영국 국민 보건 서비스는 의료 폐기물에 포함된 플라스틱 가운데 실제로 재활용되는 부분은 5퍼센트 미만이라고 계산했다.

병원에 일회용 플라스틱이 만연해 있는 상황은 쓰레기 급증과 독성이라는 두 가지 측면에서 문제가 된다. 다수 의료진이 이런 위협을 소홀히 여기는데, 대부분 무지에서 비롯된다. 병원에

---

* Ecological Footprint. 인간이 사용하는 자원을 생성하고 인간이 남긴 폐기물을 흡수하는 데 필요한 비용을 생물학적인 생산성이 있는 육지나 해역의 면적으로 환산한 지수. 인간이 생태계에 얼마나 영향을 끼치는지 추정할 수 있다.

서 플라스틱을 말할 때 보통 일회용을 가리키지만, 플라스틱은 전기 설비, 가구 충전재, 식기류나 바닥재에도 포함되어 있다. 이 모든 것이 첨가물로 가득 차 있다. 병원에서도 명실상부한 스타는 의심의 여지없이 폴리염화비닐 또는 PVC다. 그 다목적성 때문에 없는 곳이 없으며, 플라스틱 의료 장비의 40퍼센트에서 발견된다. PVC는 세계적으로 세 번째로 많이 소비되는 플라스틱이며, 병원에서는 1위에 올라 있다. 뛰어난 실용성 때문에, 비록 그 위험성이 알려져 있기는 해도 거의 잊힌 채 소비되고 있다. 적어도 이것이 미국 플라스틱 가공업자들의 로비 단체인 플라스틱 산업 협회가 원하는 바일 것이다. 플라스틱 산업 협회는 〈PVC는 생명을 구한다〉[5]고 주장하는데, 특히 플라스틱에 세균이 침투할 수 없고, 세척이 용이하며, 처치 중 감염 위험을 낮추는 일회용이기 때문이라고 장담한다. 또한 산업계는 PVC가 10년에서 20년씩 유지되어야 하는 바닥재처럼, 수십 년 동안 버틸 수 있는 성분에 들어가기 때문에 내구성이 요구되는 곳에 사용할 수 있다는 점을 강하게 주장한다. 그러나 세계 보건 기구는 프탈레이트를 함유하고, 소각 시 높은 독성 물질을 대기 중으로 방출하는 이 폴리머를 위험하다고 판단해, 의료 기관들에 〈PVC가 없는 기구들을 구입할 것〉을 분명히 권장하고 있다.[6]

프탈레이트, 남성 불임의 가장 유력한 용의자

프탈레이트에 대해서 좀 찬찬히 살펴볼까 한다. 그럴 만한 가치가 있다. 비스페놀처럼, 이 물질도 거대한 그룹을 형성하고 있다.

프탈레이트는 일부 약품과 화장품에 쓰이며, 예를 들면, 매니큐어가 벗겨지는 걸 막아 주거나, 향수가 좀 더 오래 지속되도록 해 준다. 하지만 무엇보다 이 물질은 PVC에 사용된다. 제1차 세계대전 직전에 발명된 이 폴리머, PVC는 특히 건설, 포장, 전기 장비 분야에서 지속적인 성장세를 보였다. 생산량은 2018년에 4400만 톤이고, 2025년에는 6000만 톤에 도달할 것으로 보인다. 이는 연간 4퍼센트 증가율이다.[7] 알아 두어야 할 게 있는데, 가공하지 않은 PVC는 단단해서, 이를 유연하게 만들기 위해서는 가소제라고 하는 화학 첨가물을 넣어야 한다. 가장 널리 쓰이는 가소제는 프탈레이트다. 한 자밤 정도로는 어림도 없으며 상당량이 필요하다. 유연한 PVC는 자기 무게의 80퍼센트까지 프탈레이트를 함유하고 있을 정도도! 세계적으로 사용되는 가소제 1000만 톤 중의 거의 전부가 프탈레이트다. 그중 첫 번째는 DEHP라는 코드명을 가진 디(2-에틸헥실)프탈레이트이다.

　프탈레이트는 플라스틱과 화학적으로 묶여 있지 않아서 쉽게 스며 나와, 환경과 인체에 침투할 수 있다. 이 분자들은 빠져나오면서, 일부 플라스틱에서 나는 *새 제품 냄새*에 일조한다. 소변, 혈액, 모유, 어디에서나 발견된다. 이 합성물은 엄청난 단점을 지니고 있는데, 그 일부가 내분비 교란 물질이라는 점이다. 내분비 교란 물질은 남성뿐 아니라 여성의 성장에도 필수적 호르몬인 테스토스테론 생산을 방해한다. 남성 생식력이 이례적으로 감소한 현상의 주요 원인일 수 있다. 전염병학자 샤나 스완Shanna Swan이 2017년 발표한 연구는 많은 독자를 오싹하게 만들었다.[8] 그녀는 서양 남성들의 정액 속 정자 수가 불과 40년 만에 60퍼센트가 줄었다는 사실을 발견했다. 세계적으로 인정받는 이 연구자는 2021년 2월에 이 민감한 주제와 인류를 짓누르는 위협을 다룬, 『정자 0 카운트다운 *Count Down*』이라는 매우 기대되는 책으로 돌아올 예정이었다.[9] 이 흥을 깨지 않으려는 건지, 프탈레이트는 암 (특히 간암과 고환암), 비만, 당뇨, 천식의 발병에도 영향을 주는 것으로 의심된다. 유럽연합은 1999년부터 DEHP와 그 동종 일부의 사용을 제한하고 있고, 미국과 캐나다는 2008년 이후로, 특히 장난감과 유아들이 입으로 가져가기 쉬운 물건들에 사용을 제한하고 있다. 전 세계적으로 〈발암 가능 물질〉로 간주되는 DEHP는 2008년 유럽에서는 〈생식에 유해한 물질〉로도 분류되었다.

하지만 이런 제한 조치는 전면적이지 못하다. 예를 들면, 2020년 7월부터 유럽에서, DEHP를 포함한 네 가지 프탈레이트는 그 농도가 중량의 0.1퍼센트를 초과하면 금지되었는데, 이 제한 조치도 장난감과 대량 소비재에만 적용된다. 유럽 화학물질청은 이 조치로 인해 〈매년 약 2,000명의 소년들이 살아가면서 생식 능력이 저하되는 피해를 피할 수 있을 것〉이라고 추정한다. 그러나 다른 분야에서는 여전히 허가되고 있는데, 가장 큰 문제는 다른 규제 시스템의 적용을 받는 식품 포장재와 재활용 제품이다. 재활용 제품은 DEHP를 아무 제한 없이 함유할 수 있다. 환경법 자선 단체 클라이언트 어스는 2019년 이 점에 대해 유럽연합 집행위원회를 공격했다. 클라이언트 어스는 1심에서 패했고, 상소가 진행 중이다. 현재 감독 당국이 정해 놓은 기준 수치는, 비스페놀 A와 마찬가지로, 전문가들이 보기에는 여전히 너무나 높은 수준이다. 게다가, 프탈레이트 생산이 PVC와 같은 비율로 연간 4퍼센트씩 계속해서 증가하고 있는 상황에서, 어떻게 프탈레이트 노출이 줄어들기를 바랄 수 있겠는가? 이는 이 물질이 유럽과 전 세계에서, 일상생활을 하는 수많은 곳에서, 특히 PVC가 어느 곳보다도 많이 쓰이는 병원에 여전히 존재한다는 것을 의미한다.

최전선에 있는 미숙아들

프탈레이트는 확실히 의료 기구가 더 유연해지도록 해준다. 이는 단단한 기구에 비해 상처 위험을 훨씬 낮추기 때문에, 의료인들은 더 쉽게 다룰 수 있고, 동시에 환자들을 좀 더 편안하게 해준다. 하지만 이런 치료상의 이점은 큰 대가를 치르게 하는데, 특히나 가장 취약한 이들에게 그렇다. 1960년대에 비닐로 된 혈액 주머니가 보편화되면서 PVC는 미국, 그리고 이후 유럽에서 혈액을 모으는 방식에 큰 변화를 가져왔다. PVC의 강점 중 하나는 이 물질이 부여받은 화학적 안정성이다. 이러한 플라스틱은 안정적이어서 꿈쩍도 하지 않는다. 따라서 불활성이고 무독성이라고 단정했다. 하지만 1970년대부터 점차 이게 잘못된 생각이라는 걸 깨닫게 되었다. 하지만 이미 병원은 플라스틱으로 뒤덮여 가고, 특히 환자들에게 혈액, 약물, 음식을 공급하던 유리병이 점차 유연한 PVC 팩으로 대체되는 것에 제동을 걸지 못했다. 희생자들 중 최전선에는 마이어스 박사의 손녀와 같은 미숙아들이 있다. 이 부류의 환자들이 점점 심각하게 프탈레이트에 노출되고 있다는 사실을 의사들이 인지한 것은 2004년부터였다. 10년 뒤, 영국 신생아 치료 서비스에서 진행한 연구에 따르면, 호흡기를 단 미숙아들은 건강한 아기들보다 4000~16만 배나 더 높은 비율로 노출될 수 있다고 한다. 신생아 치료 서비스에서는 예정보다 일찍 태어나거나, 너무 작거나 또는 만삭 출산이지만 병을 가지고 태어난 신생아들을 받고 있다. 몇 주 동안, 이런 아기들은 PVC로 된 튜브와 PVC로 된 링거 주머니에 연결되어 있어야 하는데, 이 과정에서 신체 기관이 보통보다 훨씬 연약한 아기들은 엄청난 양의 DEHP를 흡수하게 된다. 〈이런 환자들의 임상 과정에서 이 합성 물질이 어떤 역할을 하는지는 전적으로 미지의 상태다. PVC는 신생아 소생 치료 과정에 가장 많이 쓰이는 유연한 플라스틱이기 때문에, 집중 치료 시 프탈레이트에 심각하게 노출된다고 해석할 수 있다〉라고 연구의 주요 저자인 에릭 맬로Eric Mallow 박사는 우려를 표한다.[10]

이러한 사실을 깨닫고도 미국 화학 협회는 물러서지 않는다. 〈DEHP를 함유한 의료 장치는 50년도 넘게 사용되어 왔지만, 인간에 대한 유해성이 확인된 증거는 없었다.〉 플라스틱스유럽은 카테터와 혈액 제제용 팩에 대해 〈DEHP와 동등한 수준의 안전성을 제공하는 대체 물질이 현재까지는 없다〉는 입장이다.[11] 이러한 주장을 믿지 않는 프랑스는 2015년에 산부인과, 신생아실, 소아과에서 프탈레이트를 함유한 제품을 금지한 첫 번째 국가가 되었다. 그러나 세 명의 시카고 대학교 의료진이 주도한 연구에서는 〈프랑스가 의료용품에 프탈레이트 사용을 대폭 제한한 후에도, 병원 내 노출은 계속되고 있다〉라고 지적한다.[12] 프랑스에서 입원 중인 임산부들을 대상으로 실시한 한 조사에 따르면, 임산부들 가운데 4분의 3이 프탈레이트를 함유한 의료 장치에 적어도 한 번 이상 노출된 적이 있다고 한다.

프리뭄 논 노체레Primum non nocere. 〈첫째, 해가 되는 것은 하지 않는다.〉 이는 의과대 학생들이 배우는 첫 번째 원칙 중 하나다. 그렇다면 프탈레이트나 다른 비스페놀 물질들을 옮길 수 있는 기구로 환자를 치료하는 것은 어떻게 받아들여야 하는가? 〈개개인이 내분비 교란 물질에 노출되는 것을 관리하는 보건 의료 부분이 매우 과소평가되어 있다〉며 시카고의 세 의료인은 유감스러워한다. 자신들도 모르는 사이에, 의료진들은 〈질병을 더 키울 뿐 아니라 치료 효과를 방해할 수도 있는 화학 물질〉에 환자들을 노출시키고 있다. 이는 의료 환경에서 생기는 위험을 환자들에게 밝히지 않는 의료진들에게는 〈윤리적으로 의미하는 바가 지대하다〉. 이런 〈과소평가된 윤리적 도전〉과 싸우려면, 의료인들은 〈내분비 교란 물질에 적극적으로 관심을 가져야〉 하고, 이런 화합물들이 들어 있다는 사실을 의료 기구와 약물에 명확히 표시하는 것이 시급하다고 연구는 결론 짓는다.

〈링거에 사용되는 의료용 팩에 대해서는 뭐라고 할 겁니까?〉 플라스틱스유럽의 답변은 확고하다. 의료용 팩은 대부분이 PVC로 되어 있는데, 이는 〈불활성으로 화학적 반응이 없는 안정된 소재이며, 내용물이 새지도 않고 접합도 매우 간단합니다〉.[13] 〈불활성, 안정성.〉 세계적인 네트워크를 가진 보건 단체인 건강 환경 연합은, 이런 이야기를 차마 들어 줄 수가 없다. 건강 환경 연합은 유럽 화학물질청에 보낸 서신에, DEHP는 현재 인간과 환경 모두에 영향을 주는 내분비 교란 물질로 간주되므로, 〈머지않아 혈액 팩에서 PVC/DEHP 성분을 제외시켜야 한다는 점은 매우 명백하다〉라고 썼다. 더군다나 적어도 10년 전부터, 대체 물질을 〈충분히 사용할 수 있으며, 수많은 병원이 이미 채택하고 있다〉.

옮겨 가는가, 옮겨 가지 않는가

혈액 팩에 대한 이 파란만장한 이야기 속에서 눈길을 끄는 것은, 플라스틱스유럽이 PVC를 계속해서 사용하고자 내세우는 논거 가운데 하나다. DEHP는 〈혈구들을 안정시키는〉 성질을 가지고 있기 때문에, 그 보존 기간을 연장할 수 있다는 것이다.[14] 이 내용에 대한 산업계 주장이 틀리지 않지만, 건강 환경 연합이 설명하듯이 이 〈환대받는 효과〉는 겨우 1985년에야 발견되었으며, 〈혈액 팩에 필요하지 않은 DEHP의 우발적 작용〉일 뿐이다. 생식에 유해하다고 알려진 물질, DEHP 같은 내분비 교란 물질에 환자들을 노출시키지 않으면서도 안전하게 혈액을 공급할 수 있는 다른 안정제들도 존재한다. 그런데 프탈레이트를 옹호하기 위한 업계의 주요 논거 중 하나를 다시 읽어 보면 상당히 흥미롭다. 그 예로 미국 화학 협회의 말을 들어 보자. 〈프탈레이트는 첨가되는 물질과 결합되어 있기 때문에, 쉽게 제품 밖으로 빠져나오거나 증발되지 않는다.〉 몇 년 전부터 산업계는 첨가제들이 용기에서 내용물로 옮겨 가지 않거나, 옮겨 간다 해도 아주 적은 양이라고 거듭 주장하고 있다. 그런데 필요에 따라서는 이와 반대 주장을 하기도 한다. DEHP가 PVC로부터 혈액 속으로 잘 옮겨 가기 때문에 적혈구를 안정화시키는 효과가 있다는 것이다……. 플라스틱 제조업자들에게는, 논거도 바람이 부는 대로, 재정적 수익이 나는 대로 마구 옮겨 다닌다.

프탈레이트에 점점 더 비난이 거세지자, 〈불필요한 걱정과 혼란〉을 쓸어 버리기 위해, 미국 화학 협회는 웹사이트에 〈식품 용기 속 프탈레이트에 관한 허구와 진실〉[15]이라는 제목의 페이지를 하나 열기로 결정했다. 나 자신도 과학자가 아니므로, 포장재에 의한 식품 오염 전문가인 제인 묑케에게 이 페이지 내용과 서술된 모든 논거들에 대한 생각을 물어 보았다. 그녀는 웃었다. 그저 웃었다. 「이 사람들, 매우 과학적인 것처럼 보이죠. 일반 대중들이 깊은 인상을 받을 수도 있어요. 전문가가 아닌 사람들이 읽었을 때 꽤나 그럴듯해 보이지만, 이건 전형적인 헛소리입니다.」 예를 들어, 프탈레이트는 〈12시간에서 24시간 내에 배설〉되기 때문에 안전하다는 주장만 봐도 그렇다고 한다. 문제는 아무리 소량이라도 신체 기관에 문제를 일으킬 수 있는데, 우리는 그걸 매일 섭취하고 계속해서 노출되고 있다고 제인 묑케는 강조한다.

그리고 코로나19 팬데믹의 등장

천천히, 그리고 점차적으로 의료계의 의식이 깨어나기 시작하고 있었다. 그런데 코로나19 팬데믹이 등장했다. 수십만 명의 환자들이 중환자실로 몰려들었고 영안실이 매일같이 가득 차는 가운데, 플라스틱에 관한 예방 원칙은 잊혀 갔다. 위생적인 면보다 독성이 더 강할 수 있는 이 물질이 일으키던 의구심은 저편으로 내던져졌다. 한쪽에서 걱정이 잦아들자, 다른 편은 반대로 활기를 되찾았다. 코로나바이러스로 인해, 몇 분 사용 후 버리는 간편하고 저렴한 플라스틱으로 인한 오염, 눈에 보이는 오염으로 무게가 다시 쏠렸다. 2020년, 전 세계적으로 매달 쓰고 버려지는 1290억 개 마스크와 650억 개 장갑들[16]로 인해 피해를 입은 건 생태계다. 대기 질 또한 악화되었는데, 이런 개인 보호 장비들을 모조리 처리하기 위해 전력을 다해 가동 중인 소각로들 때문이다.

그런데 어떻게 폴리에틸렌으로 만든 일회용 마스크가 팬데믹의 상징으로 자리매김하게 되었을까? 제네바 대학교의 과학사학자 두 명이 던지는 질문이다.[17] 마스크 품귀 현상 속에서, 브루노 슈트라서Bruno Strasser와 토마스 슐리히Thomas Schlich는 세계 교역의 실패보다는, 사회 다른 분야처럼 1950년대부터 소비 문화에 사로잡힌 〈현대 의학의 취약점〉을 읽는다. 의료진들이 세균에서 자신을 보호하고자 마스크를 착용한 것은 19세기 말로 거슬러 올라간다. 그 이후 1918년에, 스페인 독감이 유행할 당시 미국 샌프란시스코에서 대중이 마스크를 사용했다. 1930년대까지 모든 마스크는 천으로 만들어져서 재사용이 가능했다. 이후 일회용 종이 마스크로 대체됐으며, 1960년대에 들어서 합성 섬유로 된 마스크가 등장했는데, 살균 과정에서 천이 손상되기 때문에 일회용으로 제작됐다. 슈트라서와 슐리히는 이렇게 분석한다. 일회용 마스크로 옮겨 간 것은 위생을 고려한 것이라기보다는 〈인건비를 절약하고, 공급 관리가 쉬우며, 너무나 편리한 일회용 마스크에 매료된 의료 종사자들을 향한 공격적 마케팅이 빚어낸 일회용품의 수요 증가와 그에 부응하기 위한 업계의 열망〉 때문이라고 설명된다.

두 역사학자는 합성 섬유로 된 마스크가 전통적인 면 마스크보다 우수하다는 걸 증명하는 당시의 연구들은 〈업계의 후원을 받고 있었다〉고 폭로한다. 그리고 공교롭게도, 재사용 가능 마스크는 〈비교 연구에서 가장 많이 누락〉되었다. 1975년, 산업적으로 생산된 면 마스크가 포함된 마지막 테스트 중 하나에서, 실험자는 구조만 잘 설계된다면, 〈4겹의 면 모슬린으로 된 재사용 가능 마스크가 일회용 종이 마스크나 합성 섬유로 만든 새로운 마스크보다 우수하다〉고 결론 지었다. 일부 연구는 재활용 가능 마스크를 세척하면 섬유를 수축시켜서 세균을 거르는 효과를 높일 수도 있다고 제안하기까지 한다. 안타깝게도, 〈한때 의료 장비의 핵심 부분이었던〉, 신중하게 제작되고 테스트를 거친 재사용 가능 마스크는 1970년대 이후 사라졌다. 하지만 누가 알겠는가? 〈어쩌면 마스크에 대하여 1918년에 의료 연구원들이 써놓은 것, 《마스크는 여러 번 세탁해도 되고 영구히 사용할 수 있다》를 언젠가 다시 말하게 될지도 모른다〉라고 두 학자는 말을 맺는다.

습관을 바꾸게 하다

왜 안 되겠는가? 코로나바이러스 확산과 이로 인한 보호 장비 부족이 어떤 변화를 촉진하면 안 될 이유라도 있는가? 효과를 유지하려면 몇 시간만 사용해야 한다는 수술용 마스크와 FFP2 마스크를 예로 들어 보자. 세계 곳곳에서, FFP2를 재사용하기 위해 새로운 방법들을 실험하기 시작했다. 결론은 제조사의 지침과는 달리, 마스크를 여러 번 빨아도 되고, 또는 간혹 존재할 수 있는 바이러스가 비활성화되는 기간인 며칠 동안 그대로 놔두기만 해도 된다는 것이었다. 보건 위기는 벌써부터 〈습관을 바꾸고 있다〉고, 환경 피해가 없는 보건 의료의 나피어스카는 인정한다. 「엄청난 품귀 현상에 직면해, 병원들은 재사용으로 돌아오기 시작했습니다. 심지어 일회용 기구들을 내부에서 승인한 소독 절차를 거쳐 다시 사용하고 있어요. 예를 들면 벨기에가 그런 경우예요.」〈지금은 어쩔 수 없기 때문에 재사용하고 있지만〉, 괜찮다는 걸 알게 되면 아마도 계속 이렇게 할 거라는 의견이다.

위기가 지속되는 동안, 일회용 마스크는 점수를 좀 잃었다. 2020년 봄, 환경 피해가 없는 보건 의료는 다수의 일회용 마스크가 아마도 과불화 화합물로 처리되었을 것이라고 경고했다.[18] 프라이팬에 쓰이는 이 물질을 여러분도 기억할 것이다. 근데 왜 〈아마도〉인가? 확실한 것이 아무것도 없기 때문이다. 과불화 화합물은 고유의 불침투성 성질, 즉 수분과 유분에 탁월한 내성을 갖고 있는 까닭에 환경 단체가 마스크에 쓰일 것이라 의심하고 있는 것이지, 증거는 없다. 규정에 의하면, 식용 제품이 아니면 제조업자가 성분을 밝혀야 할 의무가 없기 때문에, 포장재에 아무것도 명시되어 있지 않아 이를 증명할 수가 없다. 인도네시아인 유윤 이스마와티Yuyun Ismawati는 환경 운동가들에게 수여되는 세계적으로 인정받는 상인 골드먼 환경상Goldman Environmental Prize 수상자다. 그녀가 속한 환경 단체인 넥서스3Nexus3는 독성 없는 미래를 위해 활동하고 있다. 격리 기간 동안, 이스마와티는 런던의 자택에서 여러 개의 수술용 마스크를 물속에 담그거나 태워 보는 간단한 실험을 했다. 그 결과, 〈물에 완전히 젖기까지 26시간이 걸렸는데〉, 이는 마스크에 방수성을 부여하기 위해 계면활성제를 사용한 것으로 보이며, 또 마스크가 결코 완전 연소되지 않았다는 점에서 난연제도 사용한 것으로 추정된다. 그런데 대중은 이런 것을 알 권리가 없다. 그 대신 하루 종일 독성이 있을지 모르는 이런 물질들을 들이마실 권리만 있는 것이다.

소각, 위험한 배출원

세계적 팬데믹은 또 다른 문제의 베일을 벗겼는데, 2020년 3월부터 폭발적으로 증가한 의료 폐기물, 특히 일회용 쓰레기 처리 문제가 그것이다. 이 중에는 과불화 화합물이 첨가된 마스크뿐 아니라, 비용적으로 가장 저렴한 선택지인 부드러운 PVC로 된 — 프탈레이트를 함유한 — 수많은 일회용 장갑이 있다. 전 세계에서 얼마 안 되는 예외적인 경우를 제외하고는, 전염성 있는 이 폐기물들은 소각된다. 그렇지만 섭씨 1,000도에 연소시키는 것만이 코로나바이러스를 제거하는 유일한 방법은 아니다. 전염력이 강하기는 하지만, 코로나바이러스는 비누로 세척하면 살아남지 못하고, 섭씨 70도에서 5분 정도 놔두어도 파괴된다. 더구나 세계 보건 기구도 팬데믹 초기부터, 감염된 폐기물도 통상적인 방법으로 처리해야 한다고 반복해서 이야기하고 있다. 세계 보건 기구는 소각을 만류하며, 유해 폐기물에 관한 바젤협약*에 따라, 〈화학 물질 또는 유해 배출물의 형성과 발산을 최소화하는 폐기물 처리 방식에 우선순위를 둘 것〉을 권장하고 있다. 염소 성분으로 이루어진 PVC는 소각할 때 **다이옥신**, 퓨란 같은 극도로 유독한 화학 물질을 생성한다는 사실이 이미 오래전부터 알려져 있기 때문이다. 〈생체 내 축적되며, 독성이 강한 이 합성물들은 생식 및 발달 장애를 일으키고, 면역 체계를 손상시키며, 호르몬을 방해하고, 암을 유발할 수 있다.〉[19]

프랑스에서는 감염된 폐기물의 80퍼센트는 소각되고, 나머지 20퍼센트는 통상적으로 처리된다. 즉 오염 제거 후 파쇄되는 것이다. 리모주Limoges 병원과 같은 몇몇 병원들은 최근 몇 년 동안 소각을 중단하기로 결정했다. 대학 병원 센터는 이렇게 말한다. 「일회용품의 증가로 점점 더 많은 플라스틱을 태워 버리게 되자, 소각로 오염 기준치를 맞추기가 점점 더 어려워졌습니다.」 일부 개발 도상국들에서 적용하는 것보다 훨씬 최신 기준치인데도 그렇다. 최신형 소각로보다 야외에서 폐기물을 태워 버리는 경우가 더 많은 동남아시아에서는, 대기 질이 엄청난 타격을 받고 있으며 국민 건강도 마찬가지다. 산업계가 한 번 쓰고 버리면 섭씨 1,000도에서 소각되어야 하는 일회용품만이 환자의 생존을 보장한다고 시사하며, 재빠르게 유리한 점을 이용했기 때문이다. 환

---

* 유해 폐기물의 국가 간 이동 및 처분에 관한 협약으로, 1989년 스위스 바젤에서 채택되었다.

경 피해가 없는 보건 의료의 나피어스카처럼 이런 태도를 규탄하는 목소리들이 높아졌다. 「환자들을 감염시킬 수 있으므로 재사용은 위험한 데 반해 일회용품은 깨끗하고 안전하다고 산업계는 주장하지만, 이에 대한 증거는 아무것도 없습니다. 플라스틱 기구를 팔기 위해 공포를 이용하는 거지요. 이건 명백한 로비입니다.」 그녀는 이렇게 강하게 비난한다.

호응이 부족한 의료인들

〈유럽에서는 일반 대중이 점점 더 플라스틱의 유해한 작용을 의식하고 있는 반면, 의료인들은 플라스틱 소비 범위와 이를 줄이려는 방법에 대체로 무지하다고 의료 전문 단체는 지적한다. 최근 연구는 감염 예방과 관리에서 일회용 플라스틱 사용의 기존 견해에 문제를 제기하며, 훨씬 더 큰 규모로 줄이고, 재사용 및 재활용할 수 있는 가능성을 보여 주었다.〉[20] 프랑스 〈건강에 관한 지속 가능한 발전 위원회C2DS〉의 간사 필리프 카랑코Philippe Carenco 박사는 일회용이 수년간 그렇게 큰 성공을 거둘 수 있었던 건 두 가지 명분 덕분이라고 해석한다. 위생과 구입 비용이 그것이다. 이에르Hyères 병원(프랑스 바르 지역) 위생학 전문의 카랑코 박사는 이렇게 주장한다. 「보통 일회용이 재사용보다 당연히 깨끗하다는 원칙에 근거를 두고 있지만 이는 잘못된 것입니다. 일회용이라고 반드시 깨끗하지는 않습니다. 왜냐하면 대체로 거리가 멀리 떨어진 나라들에서 제조되는 이 제품들의 운송과 품질을 우리가 관리하지는 않기 때문이죠.」 그는 자신이 겪었던 일을 한 예로 들었는데, 위생 규정이 없는 곳에서 생산되고 운송된 물품 가운데 벼룩이 들끓는 수술복이나 〈포도상 구균으로 뒤덮인〉 충격 흡수제를 본 적이 있다고 말했다.

　가격에 관해서도 일회용이 최고의 선택이라고 믿는 것은 착각이다. 장기적으로는 재사용이 더 경제적인 것으로 확인된다. 의료 폐기물 관리는 특히나 비용이 매우 많이 들기 때문이다. 예를 들면 프랑스에서는 유해 폐기물 처리 비용이 톤당 800유로에 근접하고 있는데, 이는 생활 쓰레기보다 7~8배나 비싼 수준이다. 문제는 병원 구매 부서가 처리 방법을 결정하는 데 있다고 카랑코 박사는 말한다. 「문제는 우선적으로 보이는 비용입니다. 즉 돈이 얼마나 드느냐는 거지요. 이에 대한 방침도 오직 하나죠. 〈더 저렴하게 하라.〉 폐기물과 환경 비용에 대해서는 생각하지 않아요. 여기서 벗어나야 합니다. 그리고 우리 의료 산업, 우리 독립성, 우리 환경에 대한 보호 비용을 계산에 함께 넣어야 합니다.」 그곳에서 700킬로미터 떨어진 앙굴렘에 있는 캉셀 박사는 〈신중히 접근해, 받아들일 수 있는 것과 그렇지 않은 것을 검토해야 한다〉는 생각을 하고 있다. 따라서 그는 〈유리 주사기로 다시 돌아간다는 것은 나에게는 비현실적이고 불가능하게 보인다〉라고 인정한다. 그 대신에 많은 사람에게 가능해 보이는 것은, 적어도 유리로 된 젖병과 빨아 쓰는 기저귀로 바꾸는 것이다. 아기 한 명이 생후 몇 년간 소비하는 일회용 기저귀는 약 1톤에 달한다.

8장

재활용,
기적에서 신기루로

〈재활용이 효과 있다고 생각하면,
대중은 환경에 대해 그리 걱정하지 않을 것입니다.〉
플라스틱 산업 협회 전 책임자, 다큐멘터리 「플라스틱 전쟁Plastics Wars」(2020)에서

약속은 그것을 믿는 이들에게만 유효한 것이다. 이는 1980년대부터 플라스틱 산업계가 그들이 숭배하는 물질의 재활용을 장려하기로 결정하며 만들어 낸 계략이다. 언뜻 보기에는 마음을 끌며, 심지어 탁월하기까지 한 아이디어다. 누가 재활용을 믿고 싶지 않겠는가? 이 고결한 아이디어는 우리가 배출하는 플라스틱 쓰레기들을 없애는 것을 목표로 하는데, 플라스틱 쓰레기로 새로운 플라스틱 포장재나 고무 오리 인형을 만든다는 거다. 해양의 플라스틱 쓰레기를 없애고, 더 이상 새 플라스틱을 생산하지 않는 무한한 순환이라는 솔깃한 약속을 한다. 잠깐…… 더 이상 새 플라스틱을 생산하지 않는다고? 자살행위가 아니라면, 어떻게 플라스틱 산업계가 그들의 죽음을 약속하는 과정을 지원할 수 있을까?

그 해답은 걸작 다큐멘터리 「플라스틱 전쟁Plastic Wars」[1] 속에 있다. 저널리스트 로라 설리번Laura Sullivan이 진행한 조사에서, 미국 산업계의 전직 책임자 세 명은 재활용 장려는 소비자들에게 플라스틱의 이미지를 친환경적으로 만들고, 구매 시 이들에게 죄의식을 덜어 주려는 전략이었을 뿐이라고 처음으로 솔직하게 인정한다. 근래 플라스틱 오염에 대해 이야기를 너무 많이 하다 보니, 플라스틱이 달갑지 않은 존재로 여겨진 게 이미 30년이 넘었다는 사실을 잊곤 한다. 미국 연방 의회 조사에 따르면 1989년부터, 적어도 16개 주에서 플라스틱 쓰레기가 쌓이는 것을 줄이기 위해 플라스틱을 금지하는 법률안이 만들어졌다.[2] 일부 주에서는 식품 용기와 주방 용기에 PVC 사용 금지를 제안했고, 또 다른 곳에서는 패스트푸드 포장 기구에 발포 폴리스티렌 사용을 금지하려고 했는데, 당시에는 이 물질이 프레온으로 만들어졌고 프레온은 유감스럽게도 오존층을 파괴한다고 알려진 CFC 가스이기 때문이었다. 이는 이후에 다른 가스로 대체되었다. 몇몇 주에서는 심지어 일회용 기저귀와 생리용 탐폰의 사용 금지안을 검토하기까지 했다. 요즘에는 상상도 할 수 없는 일이다.

재활용, 완벽한 명분

내부 문건에 의하면, 미국 산업계는 플라스틱에 대한 〈점점 더 부정적인 대중들의 인식〉과 〈우려할 만한 속도로 악화되고 있는〉 이미지에 불안해한다. 플라스틱 산업회The Society of Plastics Industry, SPI — 로비 단체인 플라스틱 산업 협회의 전신 — 는 지체 없이 대응한다. 1988년에, 플라스틱 산업회는 특별 위원회인 고형 폐기물 처리 위원회를 창설한다. 그 멤버는 엑손, 셰브론, 다우, 듀폰 등과 같은 버진 플라스틱*을 만드는 거대 기업들이고, 임무는

---

* 한 번도 사용되지 않은 새 플라스틱.

소비자들의 총애를 다시 얻기 위해 플라스틱 폐기물의 출구를 찾는 것이다. 「플라스틱 업계는 비판 여론의 포화 속에 있었고, 그런 압력을 낮추기 위해 대응을 해야 했습니다. 우린 계속해서 플라스틱 제품들을 생산하고자 했기 때문이지요.」 오랜 기간 플라스틱 산업회를 이끌었던 래리 토머스Larry Thomas는 이렇게 말한다. 하지만 어떻게 대응할 것인가? 다큐멘터리 「플라스틱 전쟁」에서 전 책임자(래리 토머스)는 대답한다. 「아, 대중은 재활용이 효과 있다고 생각하면, 환경을 그리 걱정하지 않을 것입니다.」 이로써 논쟁 끝.

대중을 끌어들이기 위해, 1988년 플라스틱 산업회는 기발한 착상을 해낸다. 플라스틱으로 된 모든 제품에 세 개의 화살로 이루어진 삼각형을 붙이기로 결정한 것이다. 이는 1970년에 열린 디자인 공모전에서 23세의 학생이 고안한 재활용 공식 마크를 활용한 것인데, 동명의 독일 수학자를 기리기 위해 디자인된 뫼비우스의 띠와 매우 흡사하다. 유일한 차이점은 로비 단체가 삼각

뫼비우스의 띠(1970년)

수지 식별 코드(1988년)

형 내부에 해당 합성수지를 식별할 수 있는 1에서 7까지의 코드를 표시했다는 점이다. 1은 PET, 2는 고밀도 폴리에틸렌 등등……. 분류가 가능하지 않아 대부분 재활용이 불가한 것들을 모아 놓은 7까지 있다. 기업에서 훌륭하게 잘 관리하고 있는 그 외양과는 달리, 다양한 숫자로 구색을 맞춘 화살표 삼각형이 표시된 제품이 반드시 재활용되는 건 아니다. 하지만 오늘날 여전히 많은 사람이 이 표시를 믿고 있다.

1980년대 후반에 시작된 재활용 장려 캠페인은 쓰레기 반대 단체 〈미국을 아름답게 유지하자〉*에서 20년 전 시작했던 캠페인의 메아리가 확실하다. 1971년, 미국인들은 기억에 남을 만한 TV 광고를 하나 접하게 된다. 바로 「울고 있는 인디언Crying Indian」이다. 광고에서 미국 인디언 복장을 한 배우가 노를 저으며 카누를 타고 간다. 여정 중, 처음에는 깨끗하던 물이 점점 오염되어 간다. 그는 자신의 쪽배를 땅에 끌어 붙이고 고속도로로 다가간다. 어느 지나가던 사람이 차창 밖으로 종이 봉지를 던진다. 땅에 떨어져 터져 버린 패스트푸드 포장지와 음식물이 인디언의 모카신 위에 흩뿌려진다. 교화적인 어조로 내레이터는 이렇게 말한다. 「어떤 사람들은 자연적 아름다움, 한때 이 나라가 그랬던 그 아름다움을 깊이 변함없이 존중하지만, 또 다른 사람들은 그렇지 않습니다.」 그런 후 카메라는 인디언의 얼굴을 클로즈업한다. 그의 볼 위로 눈물이 흐른다. 그리고 목소리가 다시 등장한다. 「오염의 원

* Keep America Beautiful, KAB. 미국 전역에 1만 4,000개의 지부를 두고 환경 보호 사업을 펼치는 비영리기구.

인은 사람들입니다. 따라서 이를 멈출 수 있는 것도 사람들입니다.」 무책임한 시민들에게 손가락질하는 〈미국을 아름답게 유지하자〉 단체 뒤에는 실제로 코카콜라, 펩시코 같은 미국 최대 음료 제조 및 포장 기업들이 숨어 있다. 미국 환경 운동가들이 점점 더 거세게 항의하는 동안, 쓰레기 위기와 자원 고갈의 책임 주체인 기업은 대응책을 찾았다. 바로 무례한 소비자에게 책임을 전가하여, 자신들을 향한 관심을 다른 곳으로 돌리는 것이다.

91퍼센트는 재활용되지 않는다

「울고 있는 인디언」 광고 후 20년이 지나, 산업계는 그들의 주장을 약간 수정한다. 소비자는 포장재를 쓰레기통에 버리는 것뿐 아니라, 재활용에 할당된 적절한 곳에 버려야 한다는 것이다. 이 임무는 당시 고형 폐기물 처리 위원회를 이끌었던 로널드 리즈머 Ronald Liesemer에게 맡겨진다. 리즈머는 1980년대 후반에 기업들이 이 프로젝트에 수백만 달러를 쏟아부었던 것을 기억한다. 「재활용은 기업들이 시장에서 자신의 제품을 지켜 낼 수 있는 방법이었습니다」라고 그는 확신한다. 이는 플라스틱의 이미지를 개선하여, 기업들이 계속해서 제품을 판매할 수 있게 해주었다. 그렇지만 미국 연방대법원에 제출한 내부 문건에서 입증되듯이, 1970년대부터 산업계는 재활용이 〈비용이 많이 들고〉 〈어려울〉 것이라는 점을 알고 있었다. 이들 중 한 곳은 과연 앞으로 플라스틱 재활용을 대규모로 시행할 수 있을지, 〈경제적으로 실행이 가능할지〉에 대해 〈진지한 의구심〉을 드러낸다. 50년이 지난 지금은, 상황이 바뀌었을 수도 있으니 우리는 희망을 가져도 될까? 리즈머는 부정적이라고 찬물을 끼얹는다. 그 당시 쓰였던 내용은 이러하다. 「여전히 현재 상황이고 내일도 그럴 것입니다.」

통계도 다르지 않다. 1950년부터 전 세계적으로 배출된 플라스틱 폐기물 약 70억 톤 가운데 오직 9퍼센트만이 재활용되었다. 나머지는 소각되거나(12퍼센트), 대부분 매립 또는 자연에 버려진다(79퍼센트).[3] 미국에서 1990년대에 플라스틱의 5퍼센트가 재활용되었던 것에 비해, 수억 달러가 투자되고 30년이 지난 지금, 이 숫자는 여전히 9퍼센트를 넘지 못하고 있다.[4] 대중은 이 수치를 거의 알지 못한 채, 재활용이 효과가 있다고 계속해서 믿고 있다. 「사람들이 너무나 세뇌를 당해서 쓰레기를 제대로 분류해 재활용 쓰레기통에 넣으면 지구를 위해 최선을 다한다고 생각하지만, 그건 그렇지 않아요.」 잰 델Jan Dell은 못 박는다. 화학 공학을 전공한 그는 2019년 〈라스트 비치 클린업The Last Beach Cleanup〉이라는 이름의 플라스틱 오염 방지 투쟁 단체를 창설했다. 델은 곧 미국에서 쓰레기 문제의 전문가가 되었다. 델에 따르면, 플라스틱 산업계는 재활용이 해결책이라고 자신하면서 시간을 벌기 위한 새로운 전략을 찾은 것이다. 「항상 같은 식이에요. 업계는 돼지가 날 수 있다고 주장합니다. 그럼 우리는 돼지가 어떻게 날 수 있을까를 알아내려고 몇 년을 소비합니다. 업계가 거짓 주장을 하고 나면, 우리는 그 주장이 잘못되었음을 밝히기 위해 온갖 노력을 해야 하는 거죠.」 전직 미국 환경 보호청Environmental Protection Agency, EPA 공무원이었고 플라스틱 오염 방지 투쟁 단체의 리더이자 델의 동료인 주디스 엔크Judith Enck는 여전히 〈업계의 논리적 근거에 기가 막힙니다〉라고 한다. 엔크는 한 공청회에서 미국 화학 협회의 회원이 폴리스티렌은 완전히 재활용이 될 수 있다고 주장하던 것을 기억한다. 「제가 일어나서 그들에게 폴리스티렌의 1퍼센트 미만만이 재활용된다고 발언했어요.」 정치인들의 문제는, 플라스틱도 물이나 콩처럼 너무 많이 먹으면 죽는다와 같은 〈왜곡된 주장에 쉽게 넘어간다〉는 것이다.

산업계에서는, 늑장을 부리는 전략은 옛날 이야기라고 장담한다. 맹세하건대 이제는 진짜고, 말에는 결국 행동이 뒤따를 것이라 한다. 이번에는 그들을 믿을 수 있을까? 매년 재활용이 (조금씩) 증가하고 있는 것은 사실이지만, 아직 100퍼센트 재활용과는 (엄청) 거리가 멀다. 마스Mars, 네슬레, 다논, 로레알L'Oréal의 예를 들어 보자. 이 다국적 기업들은 2025년까지 상품 포장에 재활용 플라스틱을 섞어 쓰기로 했는데, 마스와 네슬레는 30퍼센트, 다논과 로레알은 50퍼센트를 사용하기로 엘런 맥아더 재단 Ellen MacArthur Foundation과 약속했다. 최근 보고에 의하면, 이 기업들의 재활용은 각각 겨우 0퍼센트, 2퍼센트, 7퍼센트, 11퍼센트에 불과할 것으로 보인다.[5] 영국 요트 조종사였던 엘런 맥아더 Ellen MacArthur는 플라스틱 오염에 반대하는 싸움을 하고 있다. 10년 전에 출범한 그녀의 재단은 〈순환 경제로의 전환을 가속화하기 위해〉 〈선구자적 주도성〉을 가지고, 이 문제에 관해 시민, 기업, 정부의 경각심을 일깨우는 데 기여하고 있다. 재단은 2025년까지 모든 플라스틱 포장재를 재사용, 재활용 또는 퇴비화할 수 있도록 다국적 기업들과 정기적으로 협력을 체결하고 있다.

아무것도 약속하지 않는 약속

2018년 10월에 프로그램이 시작된 이후로, 플라스틱 포장재 시장의 20퍼센트를 차지하는 250개가 넘는 기업들은 언론의 이런 발표로 인해 큰 수혜를 누리며 동참했다. 하지만 많은 비정부기구가 뒤에서 엘런 맥아더의 주도적인 역할을 점차 비판한다. 익명을 요구한 벨기에의 한 전문가는 〈이는 플라스틱 기업들에게 건네는 무화과 잎(치부를 가리기 위한 것)과 같은 것〉이라며 반기를 든다. 게다가 결과 그 자체가 말해 주고 있다. 2020년 11월에 발표된 첫 번째 약속 이행 보고서를 참조해 보면 되는데, 이행 보고서에는 참여했던 100여 개 기업에서 재활용된 플라스틱을 상품 포장에 사용하는 비율이 2018년과 2019년 사이에 22퍼센트가 증가했다. 그러나 플라스틱 포장재 양이 전년 대비 0.6퍼센트 증가하는 것을 막지 못했고, 새 플라스틱 생산은 겨우 0.1퍼센트를 줄이는 데 그쳤을 뿐이다.

약속은 너무나도 칭찬받을 만하지만, 기업에게 다짐을 지키도록 어떠한 것도 강요하지 못한다. 기일이 도래하여 목표에 도달하지 못했다면, 새로운 기한과 새로운 약속을 정하기만 하면 된다. 소비자들이 금방 잊어버릴 거라고 기대를 하면서 말이다. 이런 얄팍한 게임에서, 커피점 체인 스타벅스Starbucks와 빨간색의 제왕 코카콜라는 여지없이 선두 자리를 차지하고 있다. 코카콜라는 분당 20만 병을 판매하면서 단연코 전 세계 기업 가운데 가장 많은 플라스틱을 유통한다. 이는 쓰레기도 가장 많이 만든다는 이야기다. 따라서 회사는 2025년까지 그 플라스틱 용기에 재활용 소재를 최소 25퍼센트까지 사용할 것을 약속했다. 하지만 2020년 말 기준으로 10퍼센트에 머물고 있으니, 예정된 목표와는 여전히 거리가 멀다. 기업들의 무책임한 행태를 지적하는 것을 임무로 하는 네덜란드 재단 체인징 마켓Changing Markets은 기업들이 만일 실패한다 하더라도, 이게 처음은 아닐 것이라고 말한다.[6] 이 재단에 의하면, 코카콜라는 지금까지 30년간 재활용 플라스틱과 관련해 〈줄곧 약속을 어기는 행로를 보이고 있다〉. 25퍼센트라는 수치는 회사가 2008년부터 내세운 것으로, 당시 2015년까지 달성하기로 약속했다. 스타벅스도 마찬가지다. 2008년에, 재활용 가능한 컵을 2015년까지 만들기로 약속했다. 연구는 2020년에서야 막 개시되었고, 2030년에 완성될 것으로 보인다. 이것도 아무 문제 없이 모든 게 잘 진행되리라는 가정 아래서의 예측이다.

　잰 델에게 엘런 맥아더 재단과 기업들의 자발적 약속에 대해 묻자, 그녀는 아무런 효과도 없을 거라는 반응을 보인다. 그리고 플라스틱 기업들과의 친분으로 유명한 매킨지McKinsey 컨설팅에 대해 말을 꺼냈을 때는 정말로 짜증을 냈다. 이 미국 컨설턴트들은 보고서를 통해, 재활용 플라스틱 사업이 〈2030년까지 전 세계적으로 연간 550억 달러에 이르는 수익을 창출할 수 있을 것〉으로 추산했다. 델은 이렇게 본다. 「이 숫자는 완전히 허구입니다. 왜냐하면 플라스틱을 모으고 가공하는 데 5000억 달러가 필요할 거라는 이야기는 하지 않기 때문입니다.」고발자(잰 델)는 산업계가 소비자들에게 재활용의 환상을 갖게 하는 동안, 현실에서는 코로나바이러스 대유행, 새 플라스틱 가격의 하락, 서구에서 오는 플라스틱 쓰레기를 차단하기 위한 중국의 국경 봉쇄로 인해 재활용 플라스틱 양은 세계 어디서나 감소하고 있다고 경고한다.

재활용, 여전히 유해하다

「재활용을 옹호하는 기업가들의 이런 메시지는 매우 악의적인 것입니다.」보건과 환경 문제를 다루는 단체 건강 환경 연합의 나타샤 생고티는 이렇게 대응한다. 「본질적인 문제는 그 물질이 무엇이건 간에, 유독성 플라스틱이 시장에 출고된다는 데 있기 때문입니다. 기업가들의 메시지는 이 점을 잊게 만들려고 합니다. 재활용할 거라 약속하며 사용을 부채질하는 사이, 모두가 한눈을 팔게 되죠.」160개 유럽 환경 단체들의 연맹인 유럽 환경국European Environmental Bureau, EEB의 화학 물질 책임자인 타티아나 산토스Tatiana Santos도 이에 동의한다. 「플라스틱 대부분은 재활용되어서는 안 되고, 독성 폐기물로 분류되어야 합니다.」브뤼셀에 기반을 둔 유럽 환경국의 관점에서는, 〈진정한 순환 경제를 원한다면, 플라스틱은 포함시키지 말아야 한다〉. 유리나 강철 같은 금속은 더할 나위 없는 대상이지만 플라스틱은 아니다. 왜냐하면 〈설계부터가 유해한 물질이기 때문이다. 석유로부터 추출되고, 불안정하며, 수천 가지의 첨가제를 함유하고 있다〉.

재활용된 플라스틱은 특히 이것과 접촉한 식품을 섭취하거나 아이들이 흔히 장난감을 입에 넣어 오물거리며 씹을 때 위험하다. 이는 국제오염물질제거네트워크IPEN가 연구에서 내렸던 결론이다.[7] 연구원들은 전자 장비를 재활용해 만든 장난감에 높은 수치의 다이옥신과 브롬화 난연제가 함유된 걸 확인했다. 전화기와 컴퓨터의 인화성을 낮추기 위해 사용하는 난연제는 〈잔류성 유기 오염 물질〉 혹은 〈POP〉라고 부르는 물질에 속한다. 가장 널리 퍼져 있으며 가장 독성이 강한 물질인 **POP**는 2004년 스톡홀름협약Stockholm Convention on Persistent Organic Pollutants에 등재되었다. 협약 채택 당시, 목록에 기재된 초기 12가지 물질에 〈12개 악당들Dirty Dozen〉이라는 별명이 붙었다. 그 이후로, 5개 물질이 목록에 추가되었다. 이 목록에 올라가기 위해 물질이 갖춰야 할 조건으로는, 인간이나 환경에 유해하고, 오랜 시간 잔류해야 하며, 쉽게 옮겨 가고 먹이 사슬을 따라 살아 있는 유기체 안에 축적되어야 한다. 이 혼합물들은 암을 유발할 뿐 아니라 신경계와 호르몬에 연관한 문제도 일으키는 것으로 의심된다. 좀처럼 목소리를 내지 않던 프랑스 정부도 〈POP의 잔류성과 독성은 그 배출원에서 멀리 떨어진 곳까지 확산되기 때문에, 이를 사용하지 않는 지역까지 포함해 전 세계적 차원에서 보건과 환경에 위협이 된다〉라고 인정한다.[8]

대다수 플라스틱은 재활용하기에 적절하지 않지만, 무슨 상관이겠는가. 이는 플라스틱 산업계가 계속해서 플라스틱을 팔려고 한다면 스스로 방어할 수 있는 유일한 대책이다. 게다가, 제재를 피하려면 선택의 여지가 없다는 것을 기업들은 잘 알고 있다.

예를 들면, 영국은 2022년부터 재활용 플라스틱이 30퍼센트 이상 포함되지 않은 일회용 포장재에 세금을 부과할 계획이다. 유럽은 2018년 1월에 채택된 〈플라스틱 소재에 관한 전략〉에서 2030년까지 모든 플라스틱 포장재를 재활용 또는 재사용하는 것을 목표로 설정했다. 그런데 유럽이 세계 평균인 32.5퍼센트보다 훨씬 우수한 수치를 보여 주는 것은 사실이지만, 이 유럽의 수치는 〈재활용을 목적으로 수거되어 있는〉 플라스틱에 해당되는 것이다. 인도네시아인 유윤 이스마와티가 영국으로 이주한 후, 던지는 농담처럼 이렇게 말했다. 〈유럽에서는 분류는 하지만 재활용하지는 않는다!〉 사실 유럽에서 실제로 재활용되는 플라스틱은 3분의 1도 채 안 된다. 나머지 3분의 2 이상은 결국 소각되거나 매립된다. PVC가 엄청나게 소비되는 건설 분야에서 사용된 플라스틱은 거의 재활용되지 않는다. 자동차에 사용되는 플라스틱은 훨씬 더하다. 범퍼, 시트, 배터리, 에어백······. 현재 중형차 한 대는 약 300킬로그램의 플라스틱 덩어리다. 자동차를 좀 더 가볍게 만들어 연료를 덜 소비하게 만드는 이 재료는 전체 부피의 30~50퍼센트를 차지한다. 2000년 유럽 지침은 자동차 중량의 최소 95퍼센트를 재사용하거나 회수해야 하며, 그중 적어도 85퍼센트는 재활용해야 한다고 규정하고 있다. 환경 단체들에 의하면, 문제는 자동차에 사용되었던 플라스틱 상당 부분이 더 저렴한 제품(저렴한 장난감이나 주방 기구와 같은)으로 재활용되는 것인데, 그리하여 일상용품들은 자동차 산업에서 많이 사용되는 브롬화 난연제 같은 독성 첨가제에 오염되어 간다.

스페인 산업계의 어두운 음모

재활용 수치는 업계에서 중요한 부분이다. 재활용이 효과가 있다고 믿도록 속임수를 쓰는 데 반드시 필요하기 때문이다. 바로 스페인에서 일어나고 있는 일이다. 체인징 마켓 재단은 에코엠베스 Ecoembes — 플라스틱 포장재 재활용 관리를 위해, 스페인 플라스틱 업계가 지원하고 운영하는 친환경 단체 — 가 엄청나게 다양한 조작과 술책을 써가며, 〈스페인에서 플라스틱 재활용 위기의 실제 규모를 은폐했을 뿐 아니라〉, 〈그 문제를 효율적으로 해결할 수 있는 방안의 도입〉을 막았던 방법에 대해 상세히 설명한다. 1만 2,000개가 넘는 기업들이 에코엠베스의 회원이다. 그중에는 스페인의 주요 소비 브랜드(빔보Bimbo, 파스쿠알Pascual, 캄포프리오Campofrio 코카콜라, 콜게이트Colgate, 다논, 헨켈Henkel, 로레알, 네슬레, 펩시코……)뿐 아니라, 메르카도나Mercadona, 오샹Auchan, 카르푸와 같은 유통 체인들도 있다. 에코엠베스와 같은 대리인은 기업이 〈로비 활동을 하느라 직접 손을 더럽히는 일이 없도록 해준다〉고 체인징 마켓은 해석한다. 또한 〈비영리 단체인데도 불구하고 에코엠베스의 고위 경영진들은 스페인 대통령보다 두 배나 많은 급여를 받는다〉고도 언급한다. 2019년 그린피스가 겪은 놀라운 일을 보면 아주 명확해진다. 그린피스는 감히, 에코엠베스에서 매년 발표하는, 유럽 주변국들을 모두 앞지르고 있는 경이로운 재활용 수치에 대해 참견을 했다. 놀랍게도, 에코엠베스가 스페인은 플라스틱 포장재의 70퍼센트를 재활용한다고 자랑하던 것과는 달리 실제로는 오직 25퍼센트, 즉 3분의 1에 불과한 수치라는 게 밝혀진다! 자신에게 유리하게 자료를 조작한 혐의를 받게 되자, 에코엠베스는 바로 거짓이라고 항의했지만 반대 증거를 제시하지는 못했다. 체인징 마켓 조사원들의 주장에 의하면, 에코엠베스의 비장의 카드는 그들이 〈엄청나게 많은 돈을 가지고 있어서〉, 〈거의 모든 언론을 사들였기 때문에, 스페인 언론에 지대한 영향을 미치고 있어 그들에게 대항하기가 너무나도 어렵다는 것〉이다. 또한 에코엠베스는 명문 사립 및 공립 대학교에서 진행하는 과학 연구를 후원하는 관례를 만들었던 것으로 보인다. 〈이런 후원을 통해, 플라스틱 폐기물에 관한 대학 연구 보고서의 학문적 엄정성에 부당한 영향력을 행사하는 것으로 보인다〉고 체인징 마켓은 쓰고 있다.

이 단체는 너무나도 막강해서, 보증금 제도를 옹호하던 발렌시아주의 책임자를 파면하도록 선동하는 데 성공했을 정도다. 보증금 제도는 병 제품을 구매하는 사람에게 소액의 추가 금액을 받고, 빈 병을 다시 가져오면 환불해 주는 제도다. 1960년대까지 유리병을 반납할 때 보증금을 환불 받는 것은 어느 곳에서나 규칙이었고, 이로써 빈 병을 50번까지 재활용할 수 있었다. 하지만 플라스틱 맛을 본 후, 코카콜라를 필두로 한 산업계는 플라스틱을 단념하고 싶지 않았다. 쓰레기의 책임을 소비자와 지역 사회에 떠넘기기 위해서는 병의 수거와 세척에서 벗어나는 편이 훨씬 간편했으며, 매우 저렴한 플라스틱 가격을 볼 때 수익성 또한 훨씬 더 좋았다. 최근 몇 년 전부터 다른 유형의 보증금, 즉 플라스틱 병에 대한 보증금이 생겨났다. 환경주의자들은 종종 이 방식이 쓸데없다고 비판한다. PET 병은 가장 잘 분류되고 있는 쓰레기 중 하나이므로, 다시 돌려받지 못한 병에 지불된 보증금을 수익으로 취하게 될 기업들에게는 하나의 선물인 셈이다. 독일과 덴마크에서 시행되고 있는 이 보증금은 그래도 효과를 발휘했다. 소비자들이 빈 병을 소매상에게 돌려주도록 장려하면서, 회수율이 90퍼센트 이상으로 올라가는 경우가 빈번하다. 그런데 재활용에서 가장 핵심은 수거하는 것이다. 즉 재활용업자들에게는 깨끗하고 잘 분류된 쓰레기 출처를 입수하는 것이 필수다.

보증금 제도를 반대하는 목소리

보증금 제도로 새 포장에서 재활용에 사용할 수 있는 특정한 PET를 충분히 수거할 수 있는데도 불구하고, 산업계는 오랫동안 이 제도에 강력히 반대해 왔다. 미국에서는 1971년 오리건주가 처음으로 공병 보증금에 관한 법안을 채택하는 데 성공했고, 이후 1980년대에는 다른 주들도 그 뒤를 따랐다. 하지만 1987년 이후로는 오직 하와이만이 그러한 법안을 통과시키는 데 성공했다. 〈음료 회사와 식료품 제조업체 그리고 이들이 관리하는 수많은 비영리단체의 강력한 반대 때문이었다.〉 체인징 마켓에 따르면, 이 반대 세력들은 〈지난 20년 동안 표결권을 좌초시키기 위해〉 막대한 금액을 지출했는데, 보증금 제도를 〈찬성하는 지지자들에 비해 30배까지 많은 돈〉을 썼을 것으로 보인다. 2019년에 법안은 최소 8개 주에서 발의되었지만 거의 모든 곳에서 거부되었다.

스페인의 에코엠베스도 같은 생각을 하고 있다. 2016년, 발렌시아주 정부가 플라스틱을 포함한 모든 음료(물, 맥주, 탄산음료, 주스) 용기에 10센트의 의무 보증금을 시행하려는 계획을 발표했을 때, 에코엠베스는 이런 식의 개혁은 기업들에게 영향을 줄 것이라 강조하며 목소리를 높였다. 체인징 마켓에 의하면, 〈에코엠베스가 법안 발의를 철회하는 조건으로 (……) 1년에 1700만 유로를 제시하기까지 했다는 사실이 정부에 보낸 로비 편지들에서 드러났다〉. 싸움에서 확실히 이기기 위해서, 에코엠베스가 이끄는 주요 음료 회사와 슈퍼마켓 체인들은 더 나아가, 발렌시아주에서 프로젝트를 이끌던 환경부 장관 줄리아 알바로Julià Álvaro를 언론을 이용해 〈조직적으로 공격하고 명예를 훼손하며〉, 그를 쫓아내기 위한 압력을 행사했다. 정답! 발렌시아주 정부는 결국 그를 직무에서 해임하고,[9] 프로젝트를 포기했다.

재활용에 대해 이야기할 때, 주요 문제는 대체로 플라스틱 생산량의 약 40퍼센트를 소비하는 포장재로 향하게 된다. 전 세계적으로, 포장재 중 14퍼센트만이 재활용을 위해 수거된다고 추정한다.[10] 하지만 그 고결한 여정의 도중에 많은 부분이 사라지게 되는데, 재활용 불가로 판명되거나 차단재나 표지판같이 질이 떨어지는 용도로 재활용되기 때문이다. 따라서 사슬의 끝에서는, 시장에 나왔던 플라스틱 포장재 중 2퍼센트도 안 되는 양만이 진짜로 동등한 제품이나 유사한 품질로 가공된다. 하지만 포장재에 〈재활용 가능〉이라고 사방에 쓰여 있으니, 이게 어찌 된 것일까? 그렇게 쓰여 있다고 재활용되는 것이 아니다. 모든 게 폴리머와,

약간은 편향된 관행의 문제다.

모든 폴리머가 재활용되지는 않는다

재활용의 허점 가운데 하나는 전체 플라스틱에 대해 논의가 되어야 하는데도 불구하고, 특정 플라스틱에 대해서만 이야기를 한다는 것이다. 만일 폴리머들이 동급생들이라면, PET는 가장 모범생일 것이다. 병에 사용되는 이 물질은 실제로 다른 것들보다 높은 재활용률을 보인다. 〈하지만 이런 모범생조차도 한계가 있다. PET의 절반 가까이는 수거되지 않으며, 오직 7퍼센트만이 새 PET 병 제조를 위해 재활용되고 있다〉라고, 엘런 맥아더 재단은 보고서 「새로운 플라스틱 경제를 위하여」에서 추측하고 있다. 예를 들어 미국에서는, PET 병 3개 중에서 1개가 재활용을 위해 수거되는데, 이 중에서 6퍼센트만이 다시 병으로 제조되고, 48퍼센트가 카펫이나 직물 제조에 사용된다.[11] 사실 재활용이 거듭되면 폴리머의 질은 떨어진다. 병 하나는 고작 2번, 어쩌면 5번, 최대 8번까지만 재활용될 수 있다. 어떤 이들은 〈무한정〉이라며 안심시키려고 하지만 당치도 않은 말이다. 그리고 종종 빼먹고 명확히 밝히지 않는 게 있는데, 새로운 병 하나를 제조하기 위해서는 사용 후 배출된 병이 여러 개 필요하다는 거다. 유럽 최대 PET 재활용 업체인 벨만Wellman에 따르면, 약 25퍼센트의 손실이 발생한다고 한다. 다시 말해, 100킬로그램의 PET 병에서 재활용 PET 75킬로그램을 얻을 수 있다. 재활용 플라스틱은 일반적으로 순도가 낮기 때문에, 새로운 포장재를 생산하기 위해서는 거기에 새 플라스틱을 첨가한다. 따라서 재활용된 플라스틱을 사용한다는 것이 결코 새 플라스틱을 더 이상 생산하지 않는다는 의미는 아니다. 너무나도 자주 간과되는 부분이다.

그린피스 미국 지사는, 2020년 초에 발표한 보고서에서, 미국에서는 실제로 두 가지 종류의 플라스틱만이 재활용되고 있다는 사실을 알려줬다.[12] 바로, 포장재에 표시된 삼각형 화살표 모양 안에 식별 코드 1과 2로 분류되는 PET와 고밀도 폴리에틸렌 PEHD이다. 1번은 물병처럼 투명한 PET로 된 병을 가리키고, 2번은 샴푸나 세제 등에 쓰이는 PEHD로 된 불투명한 통을 나타낸다. 결국, 미국인들이 재활용 분류함에 버리는 다른 모든 종류의 포장재들은 현실적으로······ 다시 쓰일 기회가 전혀 없다는 뜻이다. 대부분의 플라스틱 포장재는 〈현재도 경제적으로 재활용이 가능하지 않고, 가까운 미래에도 여전히 그럴 것〉이라고 그린피스는 안타까워하며, 실제로 3부터 7까지 표시된 플라스틱들은 〈별 가치가 없거나 오히려 마이너스〉라고 설명한다. 어떤 분류 센터에서는 받고 난 후 폐기해 버리는 반면, 다른 곳들은 아예 대놓고 거부하여 업무를 간소화한다. 플로리다나 오리곤 등의 여러 주에서는, 당국이 시간 절약을 위해 시민들에게 1번과 2번 플라스틱만을 분류하고, 나머지는 생활 쓰레기와 함께 버리라고 요청할 정도다. 펜실베이니아주의 이리시(市)에서는 오해의 소지를 없애기 위해 부득이하게 시민들에게 다음과 같은 간략한 설명을 붙이기까지 했다. 〈해당 물건은 이를 구매하거나 재활용하고자 하는 궁극적 사용자가 있는 경우에만 수거할 수 있습니다. 과거에는 중국이 3에서 7까지의 플라스틱 대부분을 받아들였으나, 이 플라스틱 중 거의 전부가 재활용되지 않은 것으로 보입니다. 대부분 태워서 연료로 썼습니다.〉

〈재활용〉, 자주 남용되는 문구

그린피스 자료에 따르면, 미국에서 운영 중인 367개 재활용 센터 중에서 단 1퍼센트만이 플라스틱 식기나 접시를 받고 있고, 뚜껑과 병마개는 3퍼센트, 그리고 톱니바퀴에 끼어 들어가 분류 기계의 작동을 멈추게 하는 것으로 악명 높은 비닐봉지는 4퍼센트만이 받아 주고 있다. 스타벅스 같은 거대 기업이 발표하는 통계는 상대적으로 비중이 더 커 보인다. 스타벅스는 빨대를 〈재활용 가능한〉 뚜껑으로 대체한 것을 소비자들에게 뽐내며 발표했다. 하지만 이 뚜껑은 실제 재활용 현장에서 분류 과정을 절대로 통과할 수 없다. 성능이 뛰어난 광학 선별기 개발에 투자를 이끌어 내기에는, 3에서 7까지로 표시되는 플라스틱들의 양이 충분히 많지 않다는 것을 업계 자체도 인정하고 있다. 그린피스는 이런 상황에 비추어 볼 때, 〈기업들은 이런 플라스틱들에 《재활용 가능》 또는 《해당 지역의 분류 지침을 확인할 것》 같은 표시를 합법적으로 붙일 수 없도록 해야 한다〉고 분개한다. 그린피스 미국 지사에서 서류를 담당하고 있는 존 호시바John Hocevar도 이런 분류 표시는 〈대중들을 오도하고, 재활용 시스템을 방해한다〉고 덧붙인다. 기업들은 적절한 절차가 없다는 것을 알고 있으면서도, 일회용 플라스틱에서 정말로 벗어나기보다는, 자신들의 일회용 포장재가 재활용 가능하다는 제안 뒤로 숨는다. 그린피스는 네슬레, 다논, 월마트, 프록터앤드갬블Procter & Gamble, 알디Aldi, 유니레버에 기소 유예 조건으로 분류 표시를 수정할 것을 요구했다. 2020년 12월에, 그린피스는 부분적으로 그 위협을 실행에 옮겼다. 월마트가 미적거리는 데 지친 그린피스는, 해당 슈퍼마켓 체인은 포장재들이 〈소각이나 매립될 예정임에도 불구하고〉 재활용 가능하다고 거짓으로 주장함으로써 〈불법적이고 불공정하며 기만적인 영업 관행을 동원〉했다고 주장하며 캘리포니아주 고등법원에 소송을 제기했다.[13] 월마트는 제품에 붙인 표시 라벨이 〈법을 준수하고 있음〉[14]을 자신하면서, 그린피스의 주장을 부인하고 있다. 유죄 판결은 플라스틱 업계에는 위험한 선례가 될 수 있을 것이다.

2018년부터 기업에 재활용의 책임을 묻기 위해 처음으로 법적 절차를 취한 사람은 캘리포니아주의 한 여성 시민이다. 환경보호에 관심이 많던 캐슬린 스미스Kathleen Smith는 미국 커피 로스팅 업체인 큐리그 그린 마운틴Keurig Green Mountain의 K-Cup 커피 캡슐을 구매하곤 했는데, 이 캡슐은 〈재활용 가능〉이라고 판매되었기 때문에 다른 제품에 비해 가격이 약간 더 비쌌다. 그녀가 그 캡슐들, 제대로 분류되기에 너무나 작고, 폴리프로필렌 — 삼각형 화살표 안에 5번으로 표시되는 플라스틱 — 으로 만든 캡슐들이 그 지역뿐 아니라 미국 어디에서도 재활용되지 않고 있다는 사실을 알게 된 것이다. 그녀는 기만적인 영업 행태에 분노해 판매업체를 고발했다.[15] 큐리그 그린 마운틴은 K-Cups 캡슐이 이 표시를 달고 있다고 해서 통상적인 방법으로 재활용될 필요는 없다고 주장했다. 담당 판사는 논거를 반박하고 재판의 차기 개정을 수락했는데, 그 재판 결과는 판례가 될 수도 있을 것이다.

미국이든 세계 다른 곳이든, 궁극적인 약속은 이 단어 속에 있다. **화학적 재활용**. 이는 완전한 순환을 이루는, 다시 말해 플라스틱을 무한히 재활용하는 마법의 힘을 갖게 되는 방법이다. 문제는 우리가 이에 대해 이야기한 지 70년이나 되었다는 것이다. 그리고 70년째 신화로 남아 있다⋯⋯.

9장

화학적 재활용,
의문스러운 해결책

「마치 화성에 가는 것과 같습니다. 아직 갈 길이 멀어요.」[1]

2018년, 셰브론 필립스 지속 가능성 정책 책임자, 릭 바그너Rick Wagner

플라스틱의 화학적 재활용은 아직 실제하지도 않는데도, 이미 전쟁에 돌입할 준비를 하고 있다. 좌측에는 산업계가, 우측에는 비정부기구가 진을 치고 있으며, 이 전쟁은 오래 지속될 것으로 보인다. 양 진영에서는 저마다 주장에 날을 세운다. 무기를 들기 전에 논쟁의 여지가 없는 사실은 명확히 확인하고 시작해 보자. 재활용을 떠올릴 때, 우리는 직관적으로 **기계적 재활용**, 예를 들면 하나의 병을 다른 하나의 병으로 재활용하는 것을 생각한다. 그렇지만 현재, 업계는 완전히 다른 방식인 화학적 재활용에 대해 떠벌린다. 플라스틱 구조를 건드리지 않고 포장재들을 분류, 세척, 분쇄, 용해한 뒤 재사용하는 기계적 재활용과 달리, 화학적 재활용은 폴리머를 분해하는데, 좀 더 짧은 분자 상태로 변형시켜 모노머로 되돌리는 것이다. 열과 화학 용매를 이용하는 이 방식은 더 많은 종류의 플라스틱, 심지어 오염되거나 혼합된 것까지도 재활용할 수 있고 새 플라스틱만큼이나 질이 좋은 폴리머를 생산할 수 있게 해준다. 이 기술은 폴리에틸렌테레프탈레이트, 즉 PET(오래전부터 기계적 재활용 방법을 사용하고 있는)에 적용이 가능하게 보인다. 왜냐하면 PET 내부의 모노머들을 연결하는 화학적 결합이 대체로 깔끔하게 분해될 수 있기 때문이다. 하지만 이건 예외적 경우이고, 〈PVC, 폴리스티렌, 폴리프로필렌과 같이 그 구조가 훨씬《가단성》이 적은 다른 폴리머들의 경우는 훨씬 위험할 수 있다〉. 환경 단체 네트워크 유럽 환경국의 화학자 장뤼크 비토르Jean-Luc Wietor는 이렇게 경고한다. 그럼에도 불구하고, 2017년 이후로 이 프로젝트는 속도를 내고 있는 것 같다. 세계 곳곳에서, 특히 유럽에서는 새로운 연구 프로그램과 시범 공장 시설의 건설이 발표되고 있다.

아무리 잘해도 5년에서 10년 내에는 어렵다

한 가지 점에 대해서는 두 진영이 뜻이 맞는다. 플라스틱의 화학적 재활용은 아직 공상 과학 소설에 불과하며, 잘해야 5년에서 10년 후에나 실현이 가능할 것이다. 최대 플라스틱 생산 업체 중 하나인 셰브론 필립스 케미컬Chevron Philips Checmical의 지속 가능성 정책 책임자는 2018년 2월 사설란에 다음과 같이 썼다. 〈다음 목표는 플라스틱을 화학적으로 재활용하는 것이다. (……) 산업적 규모에서의 이 기술은 우리 사회가 이 물질들을 계속해서 사용할 수 있도록 해줄 것이다.〉 그는 계속해서 〈하지만 이는 마치 화성에 가는 것과 같다. 아직 갈 길이 멀고도 멀다. 이 순환이라는 비전을 실현하기 위해서는 뛰어넘어야 할 단계들이 있다. 더 정확히 말하면, 플라스틱을 연료나 산업 제품으로 변형시키기 위해, 아직 초기 단계에 있는 우리 능력을 강화해야 한다. 플라스틱을 연료로 변환시키는 아이디어의 실현 가능성은 업계가 플라스틱의 화학적 재활용에 다가갈 수 있는 (······) 디딤돌을 의미한다〉고 강조했다. 셰브론 필립스 케미컬의 고위 관리자는 계속해서 언급했다. 〈이 아이디어는 수십 년 전부터 계획 중이었다. 하지만 단 한 번도 그런 공장 시설이 경제적 또는 환경적 측면에서 실현 가능하다고 밝혀진 적은 없다.〉[2] 유럽 대륙에서도 상황은 비슷하다. 진행 중인 다양한 프로젝트는 아직 실험 단계에 머무르고 있다. 〈현재 유럽에서 재활용되는 양의 99퍼센트 이상을 차지하는 기계적 재활용은 사실상 유일한 형태의 재활용이다〉라고 플라스틱스유럽도 인정한다.[3]

유럽 플라스틱 로비 단체에 따르면, 현재로서는 유럽에서 화학적 재활용의 가장 흔한 사례는 플라스틱 쓰레기를 용광로에서 연료로 사용하는 것이다. 바로 여기서 싸움이 시작된다. 환경이나 건강에 끼치는 영향을 논의하기도 전에, 두 진영은 일반적 정의를 가지고 맞서고 있다. 일반 대중은 〈재활용〉이라 읽을 때, 재활용된 플라스틱이 어떤 유사한 물건을 만드는 데 사용되어 새 플라스틱 생산과 지구 자원 착취를 줄일 것이라고 생각한다. 하지만 산업계는 일반 대중과 다르다. 업계는 재활용이라는 명칭 뒤에 훨씬 많은 것을 감추고 있다. 사실 거의 전부가 그렇다. 하나의 플라스틱 조각이 매립되거나 자연 속에 버려지지 않는 시점부터, 업계는 플라스틱이 재활용되었다고 추정한다. 업계 기준에 따르면, 에너지를 생산하기 위해 플라스틱 쓰레기를 수거해 태우는 것은 완벽히 재활용이다. 화학적 재활용인 건데, 특정 기계에 사용 가능한 연료를 만들기 위해 플라스틱을 사전에 처리했기 때문이라는 것이다. 당연히 새로운 온실가스 배출이 함께 따른다.

비정부기구들도 일반 대중과 대체로 같은 생각을 하는데, 이 단체들은 업계의 의견에 전혀 동의하지 않는다. 「그들은 우리에게는 화학적 재활용이 플라스틱을 다시 플라스틱으로 만드는 것이라는 양 선전하면서, 실제로는 대부분 에너지를 생산하는 데 사용할 계획인 것입니다.」 세계 소각로 대안 연합Global Alliance for Incinerator Alternatives, GAIA 과학 자문 이사인 닐 탠그리Neil Tangri는 언성을 높인다. 세계 소각로 대안 연합은 20년째 쓰레기 소각을 반대하는 투쟁을 벌여 오고 있는 국제 조직이다. 세계 소각로 대안 연합은 그린워싱*에 대해 큰 목소리로 비난한다. 산업계가 〈재활용(플라스틱을 다시 플라스틱으로 폴리머화)과 소각(플라스틱을 연료화) 사이의 구분을 의도적으로 섞어 버리기 위해〉 화학적 재활용이라는 용어를 사용한다고 규탄하는 것이다. 더 나아가 산업계는 더 친환경적으로 보이기 위해 명칭을 바꾸어 버렸다. 이들은 더 이상 화학적 재활용이라 말하지 않고, 덜 불안하고 더 현대적인 〈선진적 재활용〉이라고 한다. 열분해, 가용매 분해, 가스화, 해중합(중합체를 간단한 분자로 분해하는 것), 각기 다른 기술들을 일컫는 복잡한 용어들이다. 하지만 〈그 공정의 이름이 무엇이건 간에, 최종 생산물이 태워진다면 이것은 플라스틱이 연료로 전환된 것입니다〉라고 세계 소각로 대안 연합은 간단하게 정리한다. 더군다나 이 싸움에서, 유럽 당국도 폐기물에 관한 기

---

* Greenwashing. 기업이 환경에 악영향을 끼치는 제품을 생산하면서도 광고 등을 통해 친환경적인 이미지를 내세우는 행위.

본 지침에 이렇게 명확하게 밝혔다. 플라스틱으로 연료를 생산하는 것은 재활용이 아니다.

50억 달러의 투자, 미국만 유일하다

화학적 재활용의 실효성에 대해 거의 모든 곳에서 보류하는 입장을 취하는데도 불구하고, 2020년에 미국 화학 협회는 이 기술로 인해 〈재활용되지 않은 많은 양의 다양한 플라스틱이 유용한 연료나 화학 물질로 이미 변환되어 왔고, 새 플라스틱이나 새로운 제품을 만드는 데 쓰인다〉고 자신한다. 셰일가스 이후로, 화학적 재활용은 마치 새로운 노다지인 듯 기세가 등등해, 미국 플라스틱 로비 업계는 2017년 여름에서 2020년 여름 사이 미국에서만 60여 개의 프로젝트에 50억 달러가 넘는 민간 투자들을 발표한다.[4] 이 투자 발표들이 의아했던 그린피스는 프로젝트들에 대해 하나씩 검토해 보기로 결정했다. 몇 달에 걸쳐 이 엄청난 작업을 완성한 사람은 아이비 슐레겔이었다. 그녀는 이에 대해 어떻게 생각할까? 「이건 마치 석탄이 아주 깨끗하다는 이야기 같은 거예요. 이룰 수 없는 희망, 거대한 환상이죠.」 슐레겔은 보고서[5]에서 이렇게 언급한다. 〈투자의 상당 부분이 쓰레기를 연료로 전환하는 (이는 재활용이 아니다) 프로젝트에 할당되었고, 전체 프로젝트와 사업 가운데 3분의 1은 실현 가능성이 없을 위험이 크며, 목록에 나와 있는《플라스틱을 플라스틱으로》변환하는 프로젝트 중에서 어떤 것도 실현 가능할 것으로 보이지 않는다. 이는 프로젝트 투자들이 플라스틱 생산과 오염을 거의 줄일 수 없다는 걸 의미한다.〉 또한 슐레겔은 작은 규모의 기업들 가운데 몇몇 곳은 《친환경 재활용》또는《청정 기술》기업으로 자리매김을 하고 있지만, 실제로는 BP, 이네오스, 셸 같은 기업들에 판매하는 연료와 석유 화학 제품을 생산한다〉고 밝힌다. 유일하게 폴리스티렌을 진짜로 재활용하려고 시도하는 기업은 아질릭스Agilyx 한 곳뿐이다. 하지만 세계 소각로 대안 연합은 안타까워한다. 그린피스와 나란히 실시한 이 연합의 조사에 의하면, 사실상 지금 단계에서는 〈회사 생산량의 대부분이 시멘트 가마 속으로 보내져 연소된다고 한다〉.[6]

2019년부터 두 진영은 연구를 동원해 맞서고 있다. 산업계 연구를 보면 화학적 재활용은 오로지 이점만 있는 것 같다. 유럽에서 가장 강력한 로비 단체로 알려진 유럽 화학 산업 협회Conseil européen de l'industrie chimique, Cefic가 2020년 10월에 발표한 보고서를 살펴보자.[7] 미국 화학 협회의 유럽판인 유럽 화학 산업 협회는 플라스틱에 관련된 문제들을 〈동맹〉인 플라스틱스유럽에 좀 더 위임하는 추세다. 온통 녹색으로 보기도 좋고 아주 세련되게 만들어진 이 보고서는 환경 영향 평가 기관 콴티스Quantis 연구실에서 작성했는데, 사실 독일의 거대 화학 회사 바스프의 연구를 포함해 화학적 재활용에 호의적인 연구 네 개를 요약한 것에 불과하다. 그 주요 메시지는 다음과 같다. 이런 기술들은 새 플라스틱 생산과 플라스틱 폐기물 소각 〈둘 모두에서 발생하는 온실가스 배출을 낮출 수 있는 가능성을 제공한다〉. 연구는 새 플라스틱 생산과 비교해 가스 배출이 10분의 1까지 낮아진다고 한다. 이 주장에 대한 뒷받침으로, 생산에서 폐기물 관리까지의 전 과정에 대한 플라스틱 수명 주기 평가를 여러 개 제시하는데, 여기에는 공정을 가동시키기 위해 필요한 에너지는 의도적으로 포함시키지 않았다. 〈기술적 준비 수준이 다르기 때문에, 화학적 재활용이 환경 전체에 미치는 영향과 온실가스 배출 감소 가능성을 예견하는 것은 현실적으로 어렵다〉는 점을 인정하면서, 보고서 말미에 무해하다는 짧은 문장으로 모든 것을 끝맺는다.

편향된 연구들

이와 같은 연구들을 읽을 때, 비정부기구들은 숨이 탁 막혀 버린다. 당연하다. 그들은 정반대로 말하고 있다. 세계 소각로 대안 연합도 마찬가지로 화학적 재활용이 환경 전체에 미치는 영향은 예견하기 힘들다고 생각한다. 그리하여 이 주제[8]를 검토하기 위해 두 명의 과학자를 위촉했다. 불확실한 부분이 남아 있을지라도 결론에는 논란의 여지가 없다. 즉 이 방법들은 분명하게 배제되어야 한다는 것이다. 우선 이 방법들은 극도로 많은 양의 에너지가 소비되기 때문이다. 대부분은 고압과 초고온을 이용하는데, 이는 많은 양의 에너지가 들며 엄청난 양의 이산화탄소를 배출한다. 비록 가동 공장이 일부 플라스틱을 태워서 자체 에너지를 생성한다 하더라도 그렇다. 또 다른 이유는, 모든 석유 화학 공장들이 그러하듯이 유독 물질들을 내뿜기 때문이다. 과학자들이 특히나 우려하는 것은 〈유해한 금속을 포함해 플라스틱 속의 오염 물질과 첨가제가 어떻게 변화할지, 그리고 처리 후 이를 관리하는 것〉이다. 과학자들이 보기에는, 〈현재도 아니지만, 화학적 재활용이 향후 10년 안에 플라스틱 폐기물 관리에서 효과적인 방법이 될 가능성은 희박하다〉. 결론적으로, 과학자들은 〈화학적 재활용이 그 역량 이상으로 묘사되었다는 점〉을 유감스럽게 생각하며, 아직 미성숙한 이 기술에 대해 이루어진 연구들이 업계로부터의 독립성이 부족하다는 점을 지적한다.

　폐기물 감소를 위해 브뤼셀에서 활동하고 있는 제로 웨이스트 유럽Zero Waste Europe은 유럽 화학 산업 협회가 내세우는 수명 주기 평가와 관련된 논거를 분석하기 위해 노력했다. 단체는 특히 〈공개되지 않은 데이터, 잘못된 가설, 의심스러운 회계 방식〉을 이유로 들며, 〈기후 및 환경 영향에 관한 기만적인〉 평가를 비꼰다. 예를 들어, 바스프가 실시한 연구에서 〈열분해로 플라스틱을 생산할 때 발생하는 온실가스는 석유에서 플라스틱을 생산할 때보다 77퍼센트가량 더 높다〉는 것을 보여 주지만, 〈연구 결과를 정리하는 시점에서는 열분해의 (……) 온실가스 방출량은 마이너스 값〉이라고 주장한다.[9] 독성 문제를 전문으로 다루는 영국 조직 켐 트러스트는 인류 건강을 위해 이 공정들의 위험성을 경고한다. 유럽 화학 산업 협회는 화학적 재활용이 〈(이전 구조에서) 소위 《물려받은》 화학 물질과 수명이 다했을 때 플라스틱 안에 존재할 수 있는 매우 우려되는 물질들을 분리하고 포착할 수 있는 가능성을 가지고 있다〉고 확신한다. 그러나 켐 트러스트가 유노미아 컨설팅에 의뢰한 연구에 따르면, 〈상황은 이보다 훨씬 복잡하다〉. 즉 대다수 기술이 원래의 플라스틱에 포함된 위험한 화학 물질들을 완벽하게 처리할 수 없으며, 유해 화학 물질이 포함되어 있을 수 있는 폐기물을 생성한다. 또한 화학적 재활용 과정 중에 유해 물질이 어느 정도까지 사용(혹은 생성)되는지를 측정하기가 어려운 경우가 빈번하다.[10]

산업계의 단호한 주장은 접어 두고라도, 정말로 기후와 환경을 모두 파괴하지 않으면서 플라스틱을 무한정 재활용한다는 것이 가능하기는 할까? 독립 엔지니어 대다수가 이를 의문시하고 있는데, 한편으로 어떤 이들은 연구의 기회는 주어져야 한다고 진심으로 믿고 있다. 바로 카비오스Carbios 창업자들인데, 이 프랑스 스타트업 회사는 2020년에 PET 재활용으로, 권위 있는 과학 저널 『네이처Nature』 표지에 등장해 전 세계를 떠들썩하게 했다. 프랑스 퓌드돔에 자리 잡은 이 회사는 경쟁업체들이 폐기물 분해를 위해 용해제를 이용하는 동안, 생물학적 촉매제를 사용했다. 이 촉매제는 플라스틱을 먹는 효소들인데, 회사는 효율을 높이기 위해 효소들에 변형을 가했다. 카비오스의 설명에 따르면, 이 거대 분자들은 현재 유색이든 불투명이든 **다층 구조**든 상관없이, PET 폐기물을 10시간 안에 90퍼센트까지 분해할 수 있다고 한다. 폐기물을 파쇄하고 섭씨 70도까지 가열하고 나면, 효소가 PET 구조를 분해하고 두 개의 성분, 100퍼센트에 가까운 순도를 가진 테레프탈산과 에틸렌글리콜로 분리한다. 공정은 모든 불순물을 제거하는 데 성공한 것으로 보인다. 이 공정을 첨가제가 더 많은 다른 폴리머에까지 적용한다는 궁극의 목표를 가지고, 카비오스는 곧 다가올 2025년 대규모 공장을 건설하기에 앞서,

2021년에 20미터 정육면체 변환기에서 시범 공정을 테스트해야 한다. 시험이 상당히 솔깃해 보이지만 — 펩시코, 로레알, 네슬레도 이 프로젝트를 지원하고 있다 — 카비오스 그들 자체도 지금 단계에서는 이 공정의 탄소 발자국이 얼마나 될지 알지 못한다고 인정한다. 스트라스부르에서 바이오 플라스틱에 관한 연구팀을 이끌고 있는 뤼크 아브루Luc Averous 교수는 이렇게 해석한다.「생명공학에서 문제는 스케일을 바꾸는 것입니다. 화학에서보다 훨씬 더 복잡하지요. 왜냐하면 미생물의 환경을 바꾸면, 모든 것이 바뀌기 때문입니다. 즉 미생물들이 1리터일 때와 1,000리터일 때 반응하는 방식이 같지 않다는 겁니다.」

　화학적 재활용은 최근 몇 년 전부터 플라스틱 폐기물을 겨냥하며 그 방향으로 새로운 기술을 개발하고 있지만, 대부분의 화학적 재활용 기술은 1950년대로 거슬러 올라갈 정도로 오래되었다. 또한 세계 소각로 대안 연합이 환기하고 있듯이 〈수십 년 동안, 가스화나 열분해에 의해 혼합 폐기물을 에너지로 전환하려는 시도는 전 세계적으로, 특히 화재, 폭발 같은 사고와 더불어 재정적 손실이라는 크나큰 실패를 초래했다.〉[11] 세계 소각로 대안 연합에 따르면, 2017년 프로젝트들이 실패하거나 취소되면서, 이 기술들로 인해 적어도 20억 달러에 이르는 투자금의 손실이 발생했다. 이런 실패는 증가한 개발 비용과 낮은 생산량 때문인데, 이로 인해 화학적 재활용은 새 플라스틱 생산에 비해 경쟁력을 잃어버리고 말았다.

수익성이라는 문제

그런데 수익성이라는 문제는 매우 중요하다. 토탈 그룹도 이를 인정한다. 「재활용은 경제적 타산이 맞을 때나 가동될 수 있다는 건 너무도 분명합니다. 여러 테스트에 많은 돈을 투자했지만, 이를 계속해서 끌고 갈 수 있는 뭔가를 찾아야 합니다.」 토탈 그룹 재활용 책임자 티에리 소드몽Thierry Saudemont은 단언한다. 프랑스 동부 모젤의 칼링주(洲)에 위치한, 토탈 그룹의 기대를 받고 있는 폴리스티렌 재활용 사업 부문을 예로 들어 보자. 2018년에 이 석유 그룹(토탈)은 요구르트병의 폴리스티렌 재활용을 목표로 하는 프로젝트에 시테오Citeo, 생고뱅, 생디프레Syndifrais와 협력을 맺었다. 여기서 알아야 할 것은, 우선 재활용된 폴리스티렌은 반드시 새 폴리스티렌과 혼합되어야 한다는 것, 또 하나는 재활용으로 얻은 물질을 식품과 접촉하는 용도로 쓰거나 새로운 요구르트병으로 만들기에는 품질이 떨어진다는 것이다. 프로젝트는 기술적으로 성공했지만, 여전히 공장에서는 새 폴리스티렌 75퍼센트 대비 재활용 폴리스티렌 25퍼센트라는 비율을 넘어서지 못한다. 그렇다면 첫 번째 질문, 이는 정말로 유용한 건가? 두 번째, 실현 가능한 것인가?

이런 낮은 수익성은 재활용된 물질을 유통하기 위해 시장을 찾으려 애쓰는 기계적 재활용 업체들을 불리하게 만든다. 믿기 어렵겠지만, 다국적 농산물 가공업체들이 공개적으로 포장재에 재활용 플라스틱을 더 많이 포함하겠다는 약속을 늘리고 있는데도, 재활용 업체들은 제품들을 팔지 못하고 있다. 새 플라스틱 알갱이에 비해 너무 비싸기 때문이다. 코로나 팬데믹 때문에 상황은 더욱 악화되었다. 유럽의 많은 재활용 업체가 2020년 수개월 동안 문을 닫을 수밖에 없었다. 첫째로, 2020년 5월, 500개 유럽 재활용 업체 1만 8,000명의 근로자들을 대표하며 30억 유로의 매출을 올리는 유럽 플라스틱 재활용 협회Plastics Recyclers Europe, PRE는 5억 유로에 이르는 손실을 추산했는데, 이것도 상황이 좋은 경우이고 만일 봉쇄가 더 연장된다면 손실은 더욱 늘어날 수밖에 없을 것이다.

보건과 경제 위기의 영향으로, 석유는 만성적 과잉 생산으로 피해를 보는 미국 셰일가스처럼 2020년에 역사적으로 낮은 가격을 기록한다. 재활용 플라스틱이 두 배까지 더 비싸게 비용이 드는데, 어떻게 수익성을 유지하며 새 플라스틱과 경쟁을 하겠는가? 이런 난관에 더해, 팬데믹의 영향으로 수요가 엄청나게 하락했다. 앞에서 일회용 플라스틱의 대거 귀환을 이야기했지만, 그런 횡재는 마스크, 장갑, 의료 장비, 식품용 비닐, 투명 아크릴 보호대 제조 업체 같은 일부 가공업체들에만 해당된다. 반대로, 훨씬 더 많은 다른 분야들 — 자동차, 건설, 섬유 — 은 생산을 줄여야만 했고, 따라서 이들의 재활용 재료에 대한 구매도 감소했다. 재활용업자들에게 큰 짐이 되었던 마지막 요인은, 팬데믹으로 인해 수거에 혼란이 생기고 재활용 대상이 되는 재료가 감소한 것이다. 인력의 부족과 안전한 거리 두기 조치로, 리스본이나 카디프처럼 수많은 지역 사회가 쓰레기 분리수거를 줄이거나 아예 완전히 없애 버렸다. 체코의 브르노 같은 지역에서는, 코로나바이러스로 인한 공포가 너무 심해서 단체장들이 전염 우려로 모든 쓰레기를, 재활용이 가능한 것까지도 의무적으로 소각할 것을 선포했다.

프로모션 캠페인 중인 다국적 기업들

재활용업자들의 위기는 유럽에만 국한된 것은 아니다. 미국의 동종 업계도 같은 파장을 겪고 있다. 2020년 4월에, 플라스틱과 화석 연료 산업의 강력한 두 로비 단체인 미국 화학 협회와 플라스틱 산업 협회는 다국적 거대 농산물 가공업체들과 협력해, 재활용 분야를 대상으로 검토 중인 5억 달러 지원금을 두 배로 늘려 줄 것을 의회에 요구했다. 어떻게 생각하는가? 바로 여기서 재활용 세계의 이중성을 직면해, 저자로서 나는 양쪽 모두를 살펴봐야 한다는 점을 인정해야만 한다. 어떻게 쭉정이에서 낟알을 골라낼 것인가? 궁극적으로 플라스틱 생산을 줄이기 원하는 소위 진정한 재활용업자와 또 다른 쪽, 새 플라스틱 생산이나 저렴한 가격으로 포장된 제품 판매를 유지하고자 하는 *기회주의적* 재활용 업자들을 구별할 것인가?

화학적 재활용 기술이야말로 플라스틱 오염에서 우리를 구하게 될 것이라 확신하면서, 화학적 재활용이라는 작은 부문을 지원하는 이들은 실제로 누구일까? 바로 대형 석유 및 가스 회사, 거대 석유 화학 기업, 일류 소각업체 들이다. 그리고 이 거대한 프로모션 캠페인의 최전선에는, 플라스틱 제조업자들을 보호하는 유럽 화학 산업 협회와 미국 화학 협회가 있다. 다른 위장 단체들도 나서서 화학적 재활용을 장려하는데, 이런 단체들 가운데 하나가 〈플라스틱 쓰레기와의 결별〉을 목표로 하는 플라스틱 쓰레기 종결 동맹Alliance to End Plastic Waste, AEPW이다. 이들은 활동 개시 영상에서 이런 분위기를 조성한다.[12] 영상은 플라스틱 쓰레기로 뒤덮인 해안과 바다가 나오는 화면을 어린아이 목소리로 해설하고, 다 같이 〈세상을 바꿀 것〉이라는 약속으로 끝난다. 공개 석상에서는 호감이 흘러넘치는 이 〈동맹〉—스스로 이렇게 칭하는—회원사는 주로 화석 연료와 농산물 가공업체인 50여 개의 다국적 기업들인데, 그중에는 다우, 셰브론 필립스, 엑손모빌, 사빅, 토탈, 바스프, 펩시코, 프록터앤드갬블, 허니웰Honeywell, 수에즈Suez, 베올리아*가 있다. 이들은 지구상에서 플라스틱 오염을 줄이기 위해 5년에 걸쳐 15억 달러를 투자하기로 다 같이 약속했다. 이는 엄청나 보이지만, 양심을 회수하기에는 새 발의 피에 지나지 않는다. 2019년 관련 업계가 쓸어 담은 2조 5000억 달러에 비하면, 이 금액은 진정 새 발의 피다.[13] 이 동맹의 진정성을 의심하고 있던 로이터Reuters 통신의 한 기자는 이들의 주요 프로젝트 가운데 하나인, 갠지스강에서 수백 톤의 플라스틱 쓰레기를 치우기로 약속했던 사업에 대해 조사했다. 2019년 1월에, 대대적인 홍보와 함께 발표된 이 프로그램은 실패했다. 심지어 2020년 10월에 조용히 중단되었다. 그런데 활동이 중단된 후 4개월 동안, 셰브론 필립스는 자신들의 환경 보호 약속을 홍보하기 위해 이

* Veolia. 서비스 및 유틸리티 분야인 물 관리, 폐기물 관리, 에너지 서비스에서 활동하는 프랑스의 다국적 기업.

프로젝트 영상을 계속해서 사용했다.[14] 이것을 볼 때, 이 동맹은 그저 순전히 홍보 활동만을 위한 것이 아닐까 생각하게 된다.

화학적 재활용에 대한 마즈의 환상

나는 — 당연히 — 그들에게 인터뷰를 요청했다. 처음에는 내게 따뜻하고 호의적으로 답을 해주었는데, 그러던 어느 날, 인터뷰 날짜를 기다리던 중에 더 이상 인터뷰 진행이 불가능하게 되었다. 그 이유가 무엇인지 물어보았지만, 내 이메일에 대한 답장은 더 이상 오지 않았다. 그 사이에, 동맹은 플라스틱스유럽과 협의를 했다. 그들은 절대로 응대하지 말자는 결정을 공동으로 내린 것이다. 유감이지만 별 상관없다. 왜냐하면 동맹의 최신 연간 보고서, 화학적 재활용의 미래라는 약속에 매우 열성적인 이 보고서를 참조해 보면 되기 때문이다. 〈플라스틱을 전적으로 무한정 재활용하기 위해, 우리 회원 중 일부는 이 도전에 지속 가능한 해결책을 찾는 데 이미 적극적인 역할을 하고 있다. 이들은 값진 플라스틱 쓰레기를 경제로 환원시키기 위한 수단으로, 선진적 재활용의 실현 가능성을 증명하기 위해, 열분해와 같은 기술을 발전시킬 것을 약속했다〉며 연맹은 기뻐한다.[15] 그리고는 이 행로에 헌신하는 몇몇 흡족한 회원을 언급하는데, 바로 사우디아라비아의 거대 석유 화학 기업 사빅, 영국-네덜란드계 다국적 기업 셀, 그리고 또 일본 기업 스미토모다.

　　많은 농산물 가공업체들로서는 화학적 재활용을 지원하는 것이 최우선 과제가 되었다. 실제로, 다국적 기업들의 공약을 살펴보면 그 대부분이 — 예를 들면 유니레버, 프록터앤드갬블, 다논, 네슬레, 로레알, 코카콜라, 펩시코 — 재활용 플라스틱 목표를 2025년까지 실현하기 위해 화학적 재활용에 기대를 걸고 있다. 설사 화학적 재활용이 5년에서 10년 내에 실현되지 않는다 해도, 언젠가 된다는 기대를 걸고 말이다. 그린피스는 보고서에서 업계가 제시하는 〈거짓된 해결책〉에 대해 이렇게 규탄한다.[16] 〈대량 소비재 제조업체와 소매업체들은 이론적이기만 한 해결책에 기대를 걸고 있는데, 이는 재사용이나 재활용이 불가능한 플라스틱이 재활용된 재료로 만들어졌고, 《재활용 가능》하다는 것을 주장하기 위해서다.〉 자신들의 포장재가 너무 작거나 복잡해서 기계적으로 재활용이 되지 않는다는 걸 아는 마즈Mars 측은 재활용 플라스틱을 늘리겠다는 약속을 지키기 위해 열분해에 의지하고 있다. 이 미국 기업은 엘런 맥아더 재단에 자세하게 설명한다. 〈2020년, 우리는 그 행보의 첫 단계로, 화학적 재활용으로 재활용된 재료를 소량 구매할 예정이며, 이후 2025년 목표에 도달하기 위해 여러 기반을 확장해 나가며 규모를 늘릴 계획이다.〉 참고로, 마즈가 2020년 포장재에 재활용된 재료를 혼합한 비율은 0퍼센트였는데, 2025년에는 30퍼센트를 달성할 계획이다. 진심 어린 착각인가, 아니면 허술한 약속인가?

개별 포장이라는 놀라운 세계

재활용이라는 우승마에 돈을 걸지 않을 거라면, 기업들은 아마도 제품 구상의 순간부터 미리 대처해야 하지 않을까 하는 생각을 할 수 있다. 실제로, 플라스틱 오염을 줄이기 위해 가장 널리 권장되는 사항 중 하나는 포장을 더욱 잘 구상하는 것이다. 즉 재활용이 쉽게, 현실에서 가능하도록, 포장을 한 종류의 무독성 폴리머만을 사용해 단순화하는 것이다. 이게 가능하기만 하다면 말이다. 재활용하기 가장 나쁜 대상 중 하나는 다층 구조로 된 플라스틱으로, 과자나 초콜릿 바 포장과 같이 각기 다른 물질 — 보통 플라스틱과 알루미늄 — 의 여러 층으로 구성된 얇고 부드러운 연성 플라스틱들이다. 이런 복합적인 포장재는 방수성과 습기, 빛, 열 차단성, 충격과 비틀림에 대한 내구성 등…… 각기 다른 재료들의 장점을 결합시킬 수 있게 해준다. 이 포장재는 식품 보존을 용이하게 하지만 재활용이 문제가 되는데, 진정한 기술적 경제적 도전을 요구한다. 그런데도, 이 비재활용 플라스틱은 사라지기는 커녕 점점 더 인기가 많아지고 있다. 연성 플라스틱으로 만든 포장재 시장은 매년 증가해 포장 재료의 20퍼센트 가까이를 차지한다. 연 6퍼센트의 성장률을 보이며 가장 많이 사용되는 포장재로는, 아기들을 위한 과일 조림이나 퓌레 포장에 사용되는 스파우트 파우치(일회용 음료팩)가 있다.

기업들의 나쁜 의도가 가장 두드러지게 드러나는 곳은 바로 동남아시아인데, 개별 포장이라는 얼굴을 하고 있다. 상업적으로 판매가 되면서, 개별 포장은 분말로 된 음료(커피, 우유, 주스)뿐 아니라 비누나 샴푸의 1회분 포장을 가능하게 만든다. 서유럽에서는 이런 개별 포장품은 보통 화장품 가게에서 샘플로 증정되거나 패스트푸드점에서 겨자나 케첩을 위해 제공된다. 2018년에 전 세계적으로 8550억 개가 판매되었고,[17] 현재 증가율이면, 2027년에는 1조 3000억 개가 될 것이다. 동남아시아에서는 그 판매량이 셀 수 없을 정도인데, 이 지역이 전 세계 시장의 절반을 차지한다. 아무튼, 이 소포장들은 너무나도 작아 수거하기도 힘든 까닭에, 대체로 강이나 바다로 흘러 들어가게 된다.

유니레버와 체취 제거제 싸움

담배 한 개비, 마늘 반 통, 1회분 연고를 사는 것이 드문 일이 아닌 필리핀에서는 이런 소포장 제품이 매일 1억 6000만 개 이상 팔린다.[18] 편하며 저렴해서 인기가 매우 좋다. 유니레버는 몇 년 전 아시아에서 이런 형태의 포장을 처음으로 출시했다. 대량 소비재 시장의 세계적 선두 주자인 이 영국-네덜란드계 다국적 기업은 200여 개의 국가에서 400개 브랜드를 판매하고 있다. 이 저렴한 가격의 소포장으로, 유니레버는 생필품을 일상적으로 자주 구매하는 저소득층 소비자들에게 자사의 제품을 누구나 쉽게 구입할 수 있도록 만들었다. 『하버드 비즈니스 리뷰*Harvard Business Review*』에서 언급하듯이, 유니레버는 이 개별 소포장 덕분에, 체취 제거제 싸움에서 승리를 쟁취했다.[19] 그동안 너무 높은 가격 때문에 필리핀 인구의 절반 정도만이 정기적으로 이 유형의 화장품을 구매해 오던 차에, 그룹은 자사의 렉소나Rexona 체취 제거제의 플라스틱 포장을 변경해, 35센트 가격에 좀 더 작은 크기의 스틱형을 판매하기로 결정했다. 하지만 이 제품도 여전히 농촌 소비자들에게는 너무 비쌌다. 그러자 유니레버는 이번에는 10센트짜리 일회용 포장의 크림 버전을 개발했다. 〈이는 승리를 불러오는 전략이었다. 생활용품을 파는 아주 작은 가게들까지도 이 제품을 입고하기 시작했고, 렉소나 크림은 스틱형을 제치고 가장 잘 팔리는 제품이 되었다.〉 오랜 기간 동남아시아에서 그린피스 이사로 있었던 폰 헤르난데스Von Hernandez는 이렇게 회상한다. 「1980년대에 제가 어렸을 때는 정말 좋은 시스템을 가지고 있었는데, 바로 사람들이 필요한 것만을 구입하는 것이었어요. 하지만 기업들이 일부 계층을 공략하기 위해 이 문화를 앗아 갔습니다. 이런 소포장 덕분에 기업들은 사방에 브랜드를 표시할 수 있게 되었고, 이는 탁월한 영업 전략이지만 그 결과에 대해서는 전혀 생각하지 않는 것이지요.」

유니레버뿐 아니라 네슬레도, 재사용 가능하며 좀 더 수수한 포장 시스템을 개발하기보다는, 이 일회용 낱개 포장을 계속해서 판매하기로 결정한 것 같다.[20] 유니레버는 비난에 직면하자 해결책을 찾겠다고 약속했다. 바로…… 화학적 재활용이라고 하는 것이다. 「이들 목표는 단 한 가지 폴리머로 개별 포장지를 만드는 것입니다. 그러고 나면 그것을 무한정 재활용할 수 있을 거라 생각하겠지요. 하지만 지금으로서는 헛된 생각입니다.」 비정부기구 플라스틱 추방 연대Break Free From Plastic의 현 공동 글로벌 코디네이터인 폰 헤르난데스는 이렇게 진술한다. 2012년에 유니레버는 필리핀에서 개별 포장지 회수를 위한 프로그램을 하나 개발하기 시작했는데, 개별 포장지 전부를 재활용하기 위해, 이런 유형으로는 세계에서 유일한 1,000톤 규모의 시범 공장을 인도네시아에 설립했다. 8년이 흐른 후에 보면 결과가 그리 훌륭해 보이지 않는다. 그룹은 사이트에 〈우리는 계속해서 이 재활용 기법의 기술적·상업적 실현 가능성을 테스트하고 있다〉고 주장한다.[21] 인도네시아 활동가 유윤 이스마와티에 따르면, 공장은 이미 한 번 폭발했고, 그 기법은 독일에서 왔는데 실제로 테스트도 하지 않고 환경에 대한 영향을 평가하지도 않은 상태로 설치했다고 한다. 또 다른 난관은 이 기법을 작동시키기 위해서는 엄청난 양의 개별 포장지가 필요하다는 것이다. 트럭 한 대 분량, 즉 3톤가량의 개별 포장지를 수거하기 위해 필요한 시간이 얼마가 될지 상상해 보라. 공장은 하루에 트럭 30대 분량이 필요한데 말이다! 이스마와는 2017년 인도네시아에서 유니레버 책임자를 만났던 것을 기억한다. 「그 책임자는 수거하는 일이 믿을 수 없을 만큼 어려웠고, 비용이 너무나 많이 들었기 때문에 그럴 가치가 없었다는 걸 인정했어요.」그 이후로 개별 포장지 수거는 조용히 중단되었다. 인터뷰 당시, 이스마와티는 유니레버 책임자에게 물었다. 「왜 당신들은 개별 포장지를 바꾸거나 없애지 않는 겁니까?」책임자는 이렇게 대답했을 것이다. 「불가능합니다. 그건 우리 수익의 주요 원천이니까요.」

10장

아시아의 유혹

〈그들 중국인들은 전 세계적 환경에 신경 쓰는 건가,

아니면 자신들 환경만 걱정하는 건가?

그들이 취한 조치로 인해 매우 좋은 재료들이 버려지고 있다.〉[1]

서구에서 오는 플라스틱 폐기물에 대해 국경을 폐쇄하기로 한 중국의 결정에 대한 입장.
미국 재활용 업체들의 로비 단체, 폐기물 재활용 산업 연구소Institute of Scrap Recycling
Industries, ISRI 책임자, 아디나 르네 아들러Adina Renee Adler

●

〈말레이시아 서해안에 인접한 지방 도시인 젠자롬 주민들에게 2017년의 마지막 몇 달은 희망찬 미래가 보이는 듯한 시간이었다. 돈이 넘치는 중국 사업가들이 이 도시로 모여들어, 멀리 떨어진 들판에 있는 불모지를 현지 땅 주인들에게 시장 가격보다 세 배나 더 주고 사들였다. 밤이 되면, 사업가들은 쿠알라 랑갓Kuala Langat의 노천 식당으로 달려가 흔들거리는 플라스틱 의자에 앉아 밤늦게까지 음식을 주문하고 맥주를 마셨다.《다들 너무나 즐거웠어요》라고, 젠자롬 시장이었던 탄 칭 힌Tan Ching Hin은 회상한다. 그는 작은 도시에 경제 투자가 들어오는 걸 보면서 흥분에 겨워했다. 그가 중국 사업가들에게 무엇을 하는지 물어보자, 그들은 환경 분야에서 일한다고 대충 얼버무려 대답했다. 젠자롬 주민들이 그게 뭘 의미하는지 이해하는 데는 그리 오래 걸리지 않았다. 2018년 2월, 지평선 너머로 연기가 뭉게뭉게 피어올랐다. 플라스틱을 태우는 그 특유의 냄새가 바람에 실려 왔다. 불은 매일 밤 계속해서 타올랐다. 사람들은 맵고 숨 막히는 공기 속에서 기침을 하거나 숨을 쌕쌕거리며 잠에서 깨기 시작했다. 아이들과 노약자들은 붉은 피부 발진과 가려움증을 호소했다. 라비올리 장사를 하는 찬Chan 부인은 도시 전체에 오염이 주요 화젯거리가 되었다고 말한다. 그녀는 어느 양식장의 새우가 모두 죽었고, 들판의 작물들이 말라 죽었다는 이야기도 들었다. 그녀와 친구들은 이 새로운 《환경 사업》이 유독하다고 걱정하고 있다. 그들은 죽음의 두려움에 떨고 있다.〉[2]

이 이야기는 등골을 서늘하게 한다. 하지만 세계 소각로 대안 연합이 묘사한 이 장면들은 그저 매일같이 파리나 브뤼셀 혹은 몬트리올의 쓰레기 분리배출 통에서 시작되는 일상적인 이야기의 결말에 지나지 않는다. 즉 산업 국가들의 플라스틱 폐기물을 동남아시아의 거무스름한 하늘로 연결하는 복잡하고도 기나긴 사슬의 마지막 고리일 뿐이다.

마틴 버크Martin Bourque가 되짚어 보고 싶었던 것이 바로 이 사슬이다. 버크는 20년 전부터 캘리포니아주에서 버클리 친환경 센터를 이끌고 있는데, 이 센터는 1970년대 초에 미국에서 처음으로 쓰레기 수거와 재활용을 다루는 지역 프로그램을 시작했다. 1990년대 말부터, 재활용품 대부분이 서부 해안에서 중국으로 수출되었는데, 미국에서 큰 항구 가운데 하나인 오클랜드 항구가 가까이 있어서 수출이 용이했다고 그는 말한다. 재활용이 시작된 이래로, 진정한 스타는 플라스틱이 아니라 값어치를 제대로 쳐주는 두꺼운 판지와 종이다. 나머지 — 중량은 작지만 부피가 엄청나게 큰 — 음료수 캔과 플라스틱 병은 별 값어치가 없다. 버크에 의하면, 〈재활용 업자들이 제일 관심 없는 것은 플라스틱〉이라고 한다. 1990년대에 미국 화학 협회가 재활용을 장려하기 시작하자 일대 변화가 일어났는데, 바로 분리배출용 파란색 쓰레기통이 넘쳐 나기 시작한 거라고 그는 기억한다. 미국 기업들도 폴리에 틸렌으로 된 불투명한 샴푸 통이나 세제 용품 통을 합성 목재로 만들기 위해 보관했다. 그런데 중국은 나머지 모두를 사들이기 시작했다. 당연히 PET 병은 가장 선호하는 종류였다. 품질이 낮은 제품으로 재활용하기 위해서다. 플라스틱 종류와 색깔이 폭증했고, 셀 수 없을 정도의 첨가제가 등장했다. 플라스틱으로 뒤덮인 미국 분류 센터는 태평양 저편에서 이 모든 것, 심지어 가장 유해한 폴리머까지도 톤당 30달러에 사 간다는 사실을 기회로 삼아 이용했다. 「우리는 수출하고, 그저 모두 잘되길 기도했어요.」 캘리포니아 책임자 버크는 이 한마디로 정리한다.

「걱정하지 마세요, 다 잘될 거예요」

1996년부터 2013년까지, 버클리 친환경 센터는 뒤죽박죽 섞인 플라스틱 더미를 킹 퐁King Fong이라는 재활용 업체에 전매할 수 있었다. 이 업체는 〈제대로 된 작업〉을 하고 있다는 걸 센터가 확인할 수 있는 믿을 만한 곳이었다. 그런데 2013년에, 베이징은 〈녹색 담장Green Fence〉 정책을 펼친다. 수입되는 플라스틱들이 오염은 덜하고 재활용 가치가 더 있어야 한다고 요구하며, 외국에서 오는 폐기물들의 국경 통과를 제한하기 시작한다. 폐기물 가격은 곤두박질쳐서 톤당 5달러에 이르게 된다. 동시에 폐기물 경로는 점점 더 모호해지고 따라가기가 어려워진다. 그러자 킹 퐁은 버클리 고객들 가운데 일부와 거래를 끊게 되고, 이들은 어찌

할 바를 모르며 새로운 구매자를 찾게 된다. 버크는 이렇게 회상한다. 「2014년과 2015년 사이에는 심지어 가격이 마이너스가 되어서, 쓰레기를 버리려면 돈을 지불해야만 했습니다.」 「우리 브로커가 홍콩의 브로커를 하나 찾아냈는데, 그는 우리 쓰레기를 누구인지도 모르는 이에게 팔아넘겼어요. 그들은 우리에게 〈걱정하지 마세요. 다 잘될 거예요.〉 이렇게만 말했어요.」 그저 기도만 하고 있을 수 없었다. 버클리 친환경 센터는 문제에 직접 관여하기로 결정하고, 2017년에 세계 소각로 대안 연합의 도움으로 몇개 쓰레기 더미 속에 GPS 추적 장치를 설치한다. 그렇게 미행이 시작된다. 오클랜드 항구에서 컨테이너 운반선에 실린 후, 추적 장치는 운송 기간인 3주 동안 신호가 사라졌다. 얼마 후에 쓰레기 무역의 아시아 플랫폼인 홍콩에서 다시 나타났다. 그런 다음이 중국이다. 쓰레기 더미는 항구에서 트럭에 실려 가고, 보세 보관 창고에 머무르다 최종 목적지인 중국 남동쪽 광둥성의 농촌 마을로 갔다. 「우리가 우려했던 최악의 상황을 확인할 수 있었습니다. 충격에 소름이 끼쳤지요. 플라스틱 쓰레기가 결국 야외 매립장에 버려졌던 것입니다. 사람들이 식용 작물을 경작하는 땅에 플라스틱이 섞여 있는 것을 보게 된 것이죠. 재활용되지 않은 플라스틱은 곳곳에서 소각되었고, 대기 오염이 너무나도 심해 두통을 일으킬 정도였어요.」 재활용 작업장에 대해 말하자면, 그 수가 너무나도 많고 작업 공정도 완전히 변칙적이었다. 「사람들이 심지어 땅바닥에서 맨손으로 쓰레기를 분류하고 있었어요. 그다음에 그것들을 조각내고, 자신들이 씻을 때 사용할 물로 세척했어요. 그러고 나서, 그 반짝거리는 조각들을 말려서, 그것들을 녹이고 분쇄할 다른 가공업자에게 팔았습니다.」

　버클리 친환경 센터는 연간 200~300톤의 플라스틱을 수출했다. 「큰 규모는 아니었지만 큰 문제인 건 확실했어요.」 센터 이사 버크는 설명한다. GPS 추적 장치로 사실이 폭로된 이후, 센터는 플라스틱 폐기물 관리를 완전히 바꾸었다. 현재는 쓰레기를 버리는 데 톤당 75달러를 지불하며, 그 절반에 해당하는, 대부분 PET 병인 쓰레기는 캘리포니아주에서 분류 및 처리하고 있다. 나머지들 — 이론상 재활용이 가능하지만 현실적으로는 그렇지 못한 — 은 현재 하치장에 입고시키고 있다. 「물론 쓰레기가 아예 없으면 더 좋겠지만, 자연에 버려지는 것보다는 안전 막으로 토양에서 분리된 하치장에 보내는 편이 더 낫지요. 우리는 오염을 방지하기 위해 여기 있는 겁니다. 오염의 원천이 되는 건 막아야죠.」 버크는 이렇게 실토한다.

칼을 휘두르는 중국

이후, 베이징은 그만이라고 선언했다. 자신들의 책임이 아닌 오염 물질을 자기 영토에 받아들이는 것에 지친 중국은 2018년에, 마침내 더럽고 오염된 플라스틱 쓰레기 홍수를 거절했다. 특히 2016년에 나온 다큐멘터리 영화 「플라스틱 차이나Plastic China」[3]는 중국인들의 심기를 건드렸고, 당국에 행동하도록 압력을 가했다. 이 다큐멘터리는 이지에Yi-Jie라는 11세의 어린 소녀, 간절히 학교에 다니고 싶어 하는 이 소녀의 생활에 몇 달간 동행한다. 안타깝게도 생계비를 벌기 위해 소녀는 부모와 함께 플라스틱 재활용 작업장에서 일해야만 하는데, 그곳에는 서구에서 온 부서진 포장재, 찢어진 튜브, 헌 장난감 등이 바닥에 잔뜩 뒹굴고 있다. 이들은 독성이 가득한 끔찍한 공간에 갇혀 지낸다. 그 피해는 돌이킬 수 없이 평생 그들을 따라다닐 것이다. 중국은 이런 이미지를 지우고 수천 개의 수공업 형태의 작업장을 없애기 위해 강력한 조치가 필요했다. 2018년 1월, 〈거국적 칼〉 조치가 효력을 발생하게 되는데, 대부분의 플라스틱, 특히 유독성이며 재활용이 불가능한 혼합 폴리머들의 수입을 금지하는 조치였다. 구체적으로 베이징은 재활용이 되지 않는 폐기물이 0.5퍼센트 이상 〈섞여 있는〉 플라스틱 더미를 거부하는데, 이는 수출 컨테이너에 아무거나 마구 집어넣는 경향이 있는 대부분의 수출업자가 이행할 수 없는 〈순도〉다. 재활용된 물질의 수입조차도 제한을 하니, 더 이상 저질 플라스틱 알갱이들을 중국 내로 들여오는 것을 용납하지 않겠다는 것이다.

단칼에, 중국은 대격변을 일으킨 것이다. 과거 30년 동안이나 중국은, 현재 사용 중인 기만적 단어로 표현하면 〈재활용을 목적으로〉, 전 세계에서 수거된 플라스틱 쓰레기의 절반 가까이를 흡수해 왔기 때문이다.[4] 수십 년 동안, 쓰레기 더미는 통째로 오클랜드나 로테르담 항구에서 출항해 중국에서 다시 분류가 되었다. 약 30퍼센트 정도는 그곳에서 실제로 용해되어 작은 알갱이로 변형된 후에 가치가 덜한 물건에 다시 투입되는 반면, 나머지 70퍼센트는 결국 소각되거나 야외 매립지나 바다를 떠돌았다. 경제협력개발기구에는 37개의 세계 경제 대국이 모여 있는데, 2016년 기준으로 이들 국가에서 배출되는 플라스틱 쓰레기의 70퍼센트가 동남아시아의 소득이 낮은 국가들에 수출되었다. 이 문제에 관해 나무랄 데 없기를 바라는 유럽도, 자칭 재활용이 가능하다는 플라스틱 쓰레기의 3분의 1에 해당하는 300만 톤을 수출해 왔다. 일회용품과 포장재의 비약적인 증가로 인해, 이 무역은 1993년에서 2016년 사이 10배가량 증가했으며, 미국, 일본, 독일, 영국에서 가장 활동이 두드러지고 있다.

미국에 이어 1인당 플라스틱 소비량이 두 번째로 많은 일본의 예를 들어 보자. 이 섬나라는 연간 약 900만 톤의 플라스틱 쓰레기를 배출하는데, 그중에서 40퍼센트 이상이 일회용 식품 용기와 포장재다. 80퍼센트에 근접하는 높은 재활용률로, 좋은 사례로 자주 인용되는 일본은 훌륭한 재활용 수거 시스템과 국민의 철저한 준수 정신으로 평판이 높다. 그러나 소각되는 플라스틱을 제외하면, 재활용률은 실제로 23퍼센트에 지나지 않는다.[5] 네덜란드의 체인징 마켓 재단은 조사 보고서에 이렇게 서술한다. 〈그런데 이 수치도 문제의 여지가 있다. 왜냐하면 이는 중국, 말레이시아, 태국과 같은 국가로 수출되는 플라스틱 폐기물 14퍼센트가 ─ 매립하거나 소각하거나 자연에 버려지는 게 아닌 ─ 재활용이 된다는 것을 전제로 하고 있기 때문이다.〉일본의 예는 〈플라스틱의 진정한 운명을 밝히기 위해서는 공개된 통계 수치 너머의 현실을 살펴보는 것이 얼마나 중요한지를 보여 준다. 효과적으로 재활용이나 재사용할 수 있는 방법도 전혀 없이 포장재를 대량 수거해, 결국은 소각, 가스화, 쓰레기 수출과 같은 해결책을 쓰면서 문제를 소비자들에게 숨기면, 이후 소비자는 기업과 공권력의 변화에 대한 요구를 덜할 수밖에 없다).[6]

미국인들은 이를 믿지 않았다

2017년에 중국이 자체 폐기물 관리를 개선하기 위해 가장 오염이 심한 플라스틱들을 보이콧하겠다는 의지를 공표하자, 서구 국가들은 회의적인 반응을 보였다. 이 분야의 미국 전문가인 잰 델은 이렇게 말한다. 「미국 재활용 업자들은 뒤에서는 중국의 공표를 믿지 않았어요. 그저 공언일 뿐이라고. 중국은 절대로 그런 결정을 실행할 수 없을 것이라고 했죠.」 그들은 틀렸다. 그날 밤, 국경이 폐쇄되었고 플라스틱은 *기피 대상* 쓰레기가 되었다. 미국 항구에서는, 심지어 중국 검사관들이 규정 준수 여부를 확인하기 위해 출항을 앞둔 컨테이너를 열어 보는 것까지도 목격할 수 있었다. 그 결과는 2018년부터 중국행 발송은 99퍼센트가 줄었고, 중국 세관에 거부당한 오염된 플라스틱 가격은 마이너스로 떨어졌다. 2020년에 베이징이 재활용 쓰레기 순도에 대한 기준을 더욱 높일 것이라고 엄포를 놓자, 선주들은 무거운 벌금을 피하기 위해 자신들의 선박에 이런 화물의 적재를 완전히 금지할 계획이라고 거래처에 알렸다.

　당황한 대형 플라스틱 폐기물 수출업자들은 중국의 이웃 국가들로 덤벼들었다. 하룻밤 사이에 말레이시아, 베트남, 인도네시아, 필리핀, 인도 그리고 태국까지도 그 국민들은 자신들의 마을이 쓰레기 하치장으로 변하는 것을 목격했다. 2018년 초, 태국의 수입량은 열 배가 늘었다![7] 외국에서 오는 폐기물에 대한 국경 폐쇄를 예상했던 중국 재활용업자들은 2017년부터 활동 영역을 어디로 옮길지 걱정하고 있었다. 따라서 이들은 이웃 국가들, 심지어 튀르키예까지 답사를 했고, 그곳에 새로운 재활용 공장들을 짓기 위해 현지 건축업자들과 손을 잡았다. 〈그들 다수는 중국을 떠나 말레이시아, 베트남, 태국, 홍콩, 인도네시아로 갔습니다〉라고, 후쿠토미 재활용 회사 이사이자 중국 플라스틱 폐기물 협회 의장인 스티브 웡Steve Wong이 확인해 준다. 그 이후로 사업은 계속 하락세다. 대부분이 소규모 기업들이다. 그 과정에서 「재활용된 플라스틱 가격이 너무 낮아서 많은 이들이 손실을 보거나 파산하기까지 합니다」라며, 반세기 동안 이 분야에서 활동을 해온 웡은 한탄한다.

진짜 〈블랙박스〉는 브로커들이다. 이 폐기물 중개업자들은 플라스틱의 경로를 책임지고 있다. 변호사 팀 그래비엘Tim Grabiel은 환경 조사국Environmental Investigation Agency, EIA에서 10년째 일하고 있다. 환경 문제 관련 범죄에 맞서 캠페인을 벌이고 있는 이 기관은, 잘 알려지지 않은 만큼 돈벌이도 잘되는 이 무역의 이면을 조사했다. 「쓰레기를 없애는 일로 돈을 아주 많이 벌 수 있어요.」 그래비엘은 말한다. 이 특별한 분야의 중개인들은 쓰레기가 분류 센터에서 나오면서부터 수거한다. 극도로 경계심이 많은 이들은 잠재적인 분쟁을 피하려고, 자신들의 네트워크를 절대 노출하지 않고, 종종 유령 회사를 설립한다. 이런 업자들은 그 수가 얼마나 될까? 변호사인 그래비엘이 답을 준다. 「셀 수 없을 정도로 많아요. 문제는 실제로 A지점에서 B지점 사이에 정확히 몇 명의 중개인이 있는지를 알아내는 거지요. 왜냐하면 어떤 이들은 폐기물 구매 전문이고, 또 다른 이들은 국경 통과 등을 맡기 때문입니다.」 그래비엘은 〈이미 알려진 바와 같이 이 분야 전체가 불투명하고, 그만큼 상당 부분이 조직 범죄와 연관이 되어 있다〉라고 말한다. 리옹에 기반을 둔 국제형사경찰기구(인터폴)는 200여 개국 범죄 수사 조직과 협력 관계에 있다. 2020년 8월에 인터폴은 보고서를 발표했는데, 보고서에서 폐기물 중개 범죄의 증가와 더불어 흔적을 교란하고자 경유 국가를 거치는 방법이 늘고 있다고 경고했다.[8] 실제로, 말레이시아나 인도네시아 같은 새로운 목적지로 보내진 플라스틱 폐기물들은 2018년 이전 중국으로 운송되었던 거대한 물량에 전혀 미치지 못한다. 이는 우선, 잉여 폐기물이 수출국에 쌓이고 있는 것을 의미하는데, 이곳에서 불법 매립의 현저한 증가와 우발적이든 고의적이든, 쓰레기 소각이 늘어나는 게 목격되고 있다. 또한 이 불법 거래를 새로운 돈벌이로 이용해 누군가 이득을 취하고 있다는 의미이기도 하다.

재활용 폐지 속에 감춰진 플라스틱 쓰레기

인터폴은 〈수출입 국가에서 과잉 플라스틱 폐기물의 취급과 관리가 어려워지면서, 불법 무역과 폐기물의 불법 처리라는 측면에서 기회주의적 범죄에 길을 열어 주었다〉라고 지적한다. 또한 인터폴은 불법 운송 경로가 동남아시아 국가들에 비해 정도는 덜하지만 동유럽을 향해 계속 변경되고 있는 것에 주목한다. 그럼 아프리카와 라틴 아메리카의 상황은 어떨 거라고 생각하는가? 이들 또한 폐기물 사기꾼들의 표적이지 않을까? 전적으로 가능한 이야기라고 인터폴은 인정한다. 단지 그걸 확인할 만한 충분한 자료가 부족하다는 것이다. 〈아프리카에서는 전자 폐기물을 불법으로 거래하던 기존 경로가 플라스틱 폐기물 운송에 이용될 가능성이 있으며, 일부 아프리카 국가들은 이미 불법으로 수입되는 전자 폐기물 속에 숨겨진 (……) 상당량의 플라스틱 재료들을 받고 있다〉고 인터폴은 의심한다. 국경에서 반입 금지를 회피하기 위해 범죄 조직은 종종 위조된 서류를 세관에 제출한다. 실제로 불법 폐기물을 허위 화물표로 신고하거나, 선적 서류에 명시된 〈적합한〉 플라스틱 폐기물 뒤에 숨겨 놓는다고 인터폴은 설명한다.

인도네시아의 경우는, 사기꾼들이 비밀 화물을 숨기기 위해 재활용 폐지 수입을 이용한다. 「일부 운송된 종이에는 이런 달갑지 않은 플라스틱들이 40퍼센트까지 섞여 있습니다.」 인도네시아의 활동가 유윤 이스마와티는 이렇게 진술한다. 그중에서 4분의 3이 식품 포장재이며, 대부분이 독일, 네덜란드, 미국에서 온다. 인터폴에 의하면, 2019년에 세관이 검수한 컨테이너 두 개 중의 하나에는 플라스틱 쓰레기가 섞여 있었다. 2017년부터, 인도네시아 들판과 해안에는 플라스틱 산들이 쌓이기 시작했다고 넥서스3 환경 재단 이사인 이스마와티는 떠올린다. 이는 이후에 엄청난 피해를 가져올 해일이었다. 2018년에는 세 배로 증가해서,

전년도에 매월 200~300개였던 컨테이너가 800~900개로 늘어 난다. 인도네시아는 주요 재생지 생산국인데, 현지에서 충분한 양의 펄프를 생산하지 못해서 최고 품질의 원재료를 50퍼센트까 지 수입하고 있다. 이스마와티는 컨테이너 하나를 열자 갈색의 균질한 재활용 폐지 뒤에 거대한 뭉치의 재활용이 안 되는 플라 스틱 포장재들이 숨겨져 있는 것을 보고는 기겁했다. 「제지업자 들은 이 쓰레기 덩어리들을 분쇄해 회전식 선별기에 넣어 펄프만 을 걸러 냈습니다. 나머지는 별도의 파이프로 향하는데, 결국 이 플라스틱들이 전부 강으로 흘러들어 갔습니다. 미친 짓이죠!」 이 열정적인 활동가는 이렇게 회상한다.

그런데 종이 재활용업자들도 운송 물량에 플라스틱 쓰레기 들이 섞여 있다는 사실을 알고 있다면, 무슨 이유로 계속해서 받 는 걸까? 이스마와티는 〈정상적인 세계에서는 업자들이 이런 쓰 레기들을 거절했겠지요〉라고 단언한다. 하지만 폐기물 세계는 정상적인 곳이 아니다. 북유럽의 국가들은 어떻게 해서든 쓰레기 를 처리해야 하므로 어디서나 부정부패가 생기기 마련이다. 그 결과로 서구 국가들은 플라스틱 쓰레기를 처리하기 위해 수입업 자들에게 돈을 지불한다. 이스마와티는 이렇게 풀이한다. 예를 들어, 완벽히 합법적으로 신고된 재활용 폐지 100톤을 보내면서, 돈을 지불하고 플라스틱이 섞인 종이 200톤을 같이 보낸다. 「수 입업자는 만족해하며 전부 다 받아 주죠.」 그다음 제지사는 뒤섞 여 있는 플라스틱을 지역 사회에 다시 팔거나 때로는 그냥 넘기 는데, 지역 사회는 이를 하나의 수입원으로 여긴다. 최빈곤층은 거기서 보물을 찾아내려고 애쓰지만, 70~90퍼센트는 소각되거나 매립된다. 「인도네시아 제지업자들은 공개적으로는 불만을 표시하지만, 실제로는 몹시 좋아하며 거래를 통해 돈을 벌고 있습니다.」

캐나다와 필리핀의 외교적 위기

2018년 이후로, 플라스틱 폐기물을 실은 불법 컨테이너를 본국으로 송환하려는 동남아시아 국가들의 요구가 증가했지만, 인터폴도 인정하듯이 이는 〈길고도 어려운 과정〉으로 남아 있다. 그이유는 우선 이런 컨테이너들은 원산지가 위조되었으므로 어디서 왔는지 알아낼 수가 없다. 그다음은 발송인들이 이 낡은 쓰레기들을 다시 받을 생각이 전혀 없기 때문이다. 마지막으로 경로 변경은 비용이 들기 때문이다. 그런데 아무도 이 금액을 지불할 용의가 없다. 발송 회사나 발송 국가, 수취 국가 그 누구도 그럴 생각이 없고, 불법 거래의 원천인 범죄 조직은 더더욱 아닐 것이다. 〈결과적으로, 컨테이너들은 동남아시아의 항구에 쌓이게 되고, 때때로 그 일대 인접국에 불법적으로 재수출되기도 하는데, 이는 불법 폐기물 처리라는 부담을 떠넘기는 결과가 되는 것이다.〉

　유해 폐기물 수출에 반대해 싸우고 있는 미국 환경 단체 바젤 행동 네트워크Basel Action Network의 도움으로, 이스마와티는 이런 불법 화물의 종적을 되짚어가는 데 성공하는데, 화물들이 본국으로 송환되는 대신 종종 인접국들로 재수출되는 것을 발견했다. 두 환경 단체는 자카르타가 미국으로 되돌려 보내기로 약속했던 58개 컨테이너를 추적했는데, 이 중에서 12개만이 원래 목적지에 도달했다. 38개는 인도, 3개는 한국, 그리고 5개는 각각 태국, 베트남, 멕시코, 네덜란드, 캐나다로 행선지를 바꾸었다.[9] 목적지가 정해지지 않은 이런 컨테이너들은 캐나다와 필리핀 간의 외교적 위기를 불러오기까지 했다. 이 분쟁은 2019년에 해결되기까지 장장 7년이라는 기간 동안 지속되었다. 분쟁은 2013년에 캐나다 회사가 보낸 수십 개의 컨테이너에서 시작됐다. 컨테이너에는 기저귀와 의료 폐기물이 담겨 있었는데, 마치 재활용이 가능한 폐기물이 들어 있는 것처럼 허위로 화물표를 붙여 놓은 것이다. 캐나다가 상황을 질질 끌자, 다혈질인 필리핀 대통령 로드리고 두테르테Rodrigo Duterte는 결국 2019년 봄에 캐나다에 〈전쟁을 선포하겠다〉고 공식적으로 으름장을 놓았다. 2019년 5월 31일, 두테르테 대통령은 69개 컨테이너를 화물선에 싣고, 즉시 마닐라 항구에서 떠나라는 명령을 내리면서 사건을 종결지었다. 필리핀 외무부 장관은 트위터에 출항하는 화물선 사진과 함께 〈우리가 말한 대로, 안녕이다 자~알 가라〉라고 쓰며 즐거워했다.[10] 폐기물을 불법으로 거래하는 사례가 계속 폭로되자, 일부 수출 국가들은 관리와 제재를 강화하기 시작했다. 예를 들면, 2019년 11월에 프랑스는 13개 폐기물 컨테이너를 불법적으로 말레이시아로 수출했던 중개 회사에 19만 2,000유로라는 기록적인 벌금을 부과했는데, 컨테이너에는 PVC와 플라스틱 혼합 쓰레기가 들어 있었고, 쿠알라룸푸르는 이를 프랑스로 되돌려 보낸 상태였다.

서유럽 국가들에서 재활용이 퇴보하다

재활용 실패를 가려 줄 새로운 가림막인 초보 용병들조차도 결국 오염으로 가득한 배송을 거부하고 만다. 우선 태국, 그리고 말레이시아, 그 뒤로 베트남, 인도네시아 그리고 인도까지 거부하면서, 서유럽 국가들은 매우 골치 아픈 상황으로 내몰린다. 지역적으로 장비가 부족한 서유럽 국가들은 2017년에서 2018년 사이 수출 물량을 반으로 줄이고, 재활용 가능으로 표시되어 있지만 실제로는 거의 회수가 불가능한 플라스틱들은 소각하거나 매립하기로 결정할 수밖에 없었다. 재활용이 마치 만병통치약처럼 팔리고 있는 때에, 재활용이 퇴보하고 있다. 그동안 쓸모없는 플라스틱들을 중국으로 수출하곤 했던 미국과 대부분의 서유럽 국가에서 말이다. 아시아가 플라스틱 폐기물의 주요 수입국이었다면, 유럽이 주요 수출국이었기 때문이다. 아시아로 향하는 수출 물량은 2016년 310만 톤에서 2019년 180만 톤으로 줄었다. 그렇다면 더 이상 중국으로 향하지 않는 130만 톤은 어떻게 된 것일까? 유럽연합의 확실치 않은 답변은 이러하다. 〈많은 부분이 아마도 에너지로 재활용되기 위해, 유럽에 남아 있을 것입니다.〉 달리 말하면 소각된 것이다.

유럽 내에서 불법 거래도 증가했다. 영국은 막대한 양의 플라스틱 폐기물을 폴란드의 야외 매립지로 보냈다가 현장에서 발각되었고, 이탈리아 마피아는 루마니아에 있는 시멘트 제조 공장으로 수출을 확대했는데, 이 시멘트 공장들은 폐기물들을 태워 효율만큼이나 독성도 높은 연료를 만드는 것으로 알려져 있다.

2019년 5월, 이탈리아 무장 병력은 녹색 토스카네 작전 중에 대규모 범죄 조직을 해체시켰다.[11] 이 범죄 조직은 이탈리아의 수백만 유로 상당의 폐기물을 슬로베니아를 경유해 중국으로 수출하는 데 성공했다. 슬로베니아 업체는, 실제로는 그렇지 않지만 물품들이 재활용되었다는 걸 증명하는 위조 서류를 이탈리아 기업에 제공해, 이후 물품들을 중국으로 이동시킬 수 있게 했다. 이탈리아인과 중국인들 100여 명이 체포되어 입건되었다. 그중에는 나폴리 마피아 조직인 카모라Camorra의 우두머리 두 명도 있었다. 〈각각 멤버들이 그 과정에서 특정 단계를 책임지고 있었는데, 어떤 범인들은 트럭으로 플라스틱 폐기물을 수거하는 일을 맡았고, 또 다른 이들은 배로 슬로베니아까지 운송하는 일을 담당하고 있었다……〉고 수사에서 밝혀졌다. 2014년, 이탈리아 수사관들은 이번에는 시칠리아에서 활동 중인 마피아 조직을 밝혀냈다. 이 조직은 비료와 살충제로 오염된 농업용 덮개를 재활용해 왔는데, 이를 중국으로 선적하면 거기서 신발 한 켤레로 가공되었다. 독성 물질로 가득한 신발은 이후 이탈리아에서 다시 판매되었다. 순환 경제라는 이 작은 기적의 장본인은 다름 아닌 클라우디오 카르보나로Claudio Carbonaro로, 1980년대와 1990년대에 60건 이상의 살인에 책임이 있는 마피아 두목이다.[12]

튀르키예, 수명을 다한 플라스틱의 새로운 낙원

튀르키예는 유럽연합에서 엎어지면 코 닿을 거리에 있다. 순식간에, 튀르키예는 수명을 다한 플라스틱의 새로운 낙원이 되었다.

2004년에서 2019년 사이에, 튀르키예의 유럽 플라스틱 폐기물 수입은 173배가 증가했다.[13] 중국이 국경을 폐쇄할 것이라고 선언하자 중국 재활용업자들이 튀르키예에 들어오기 시작했고, 현지 업자들과 사업에 착수했다. 「2년 동안, 10~20배가 많은 플라스틱 쓰레기들이 도착하는 것을 볼 수 있었어요.」 튀르키예 아다나 대학교 생물학자인 세다트 귄도두Sedat Gündoğdu는 증언한다. 2014년 이 젊은 연구원이 지중해에서 시료를 채취했는데, 그는 물고기보다 플라스틱을 더 많이 건져 올렸다. 그는 이렇게 설명한다. 튀르키예는 자체 쓰레기를 관리하는 데도 엄청난 어려움을 겪고 있는데, 쓰레기 수입은 상황을 더욱 암울하게 할 뿐이다. 도처에 플라스틱이 쌓이고, 여기저기에서 검은 연기가 솟아오르며, 플라스틱이 타는 불쾌한 냄새가 난다. 플라스틱 수입으로 인한 부수적인 피해자인 수십만 명의 쓰레기 수거업자들은 일자리를 빼앗겼다. 가정에서 나오는 플라스틱은 대체로 품질이 떨어지기 때문에 재활용업자들은 이를 버리고 외국에서 온 폐기물을 선호하며, 매우 낮은 비율임에도 불구하고 재활용하기 때문이다. 2019년에 수입된 폐기물 60만 톤 중에서 대부분은 영국, 이탈리아, 벨기에, 독일, 프랑스에서 왔으며 일부는 일본과 뉴질랜드에서 운송이 되었다. 이 국가들의 수출업자들은 골칫거리인 쓰레기 처리를 수락하는 이들에게 주저 없이 돈을 지불한다. 「튀르키예에서는 대부분의 세관 업무를 민간 업체에서 하므로 부패, 불법, 관리 소홀의 문제가 있습니다. 이런 상황들 때문에 많은 것들이, 심지어 유독성의 유해한 폐기물까지도 세관을 통과하게 되지

요.」권도두는 안타까워하며 말한다. 상황이 도저히 통제할 수 없
는 지경에 이르자, 앙카라는 결국 이에 대응해 수입을 허가해 주
는 외국산 폐기물 양을 50퍼센트로 제한했다. 하지만 여전히 법
적 적용이 필요하다.

　이미 어려워진 상태에서, 2020년 1월 이후로 수출국들에게
는 상황이 더욱 악화되었다. 플라스틱 폐기물을 겨냥하는 바젤협
약의 새로운 수정안이 발효된 것이었다. 1992년부터 시행 중인
바젤협약은 유해한 폐기물의 이동을 관리, 감독하고 있다. 이 국
제 협약은 유독성 폐기물이 선진국에서 개발 도상국으로 이전되
는 것을 막기 위해 고안되었다. 2019년 5월에, 국제 사회는 이 협
약을 끝내 승인하지 않은 미국을 제외한 채로, 혼합된 플라스틱
혹은 재활용 불가 플라스틱과 같은 일부 플라스틱들을 규제 대상
폐기물 목록에 포함시키는 데 동의했다. 이 발표에 유럽의 재활
용업체들은 《《눈에서 멀어지면 마음도 멀어진다》는 접근〉이 끝
나가는 걸 반기며 두 손 모아 박수를 쳤다. 유럽 플라스틱 재활용
협회에 따르면, 이 제한 조치는 고품질의 제품을 제조하기 위해
서는 〈고품질의 폐기물이 재활용에 필요하다는 사실을 강조
한다〉.

블랙리스트 또는 화이트리스트?

2021년 1월 1일부터 이 수정안에 근거해, 수출업자들은 폐기물
을 수입국에 보내기 전에 해당 국가의 사전 승인을 취득해야 한
다. 서류상으로는 취지가 너무도 완벽하다. 하지만 이러한 의무

조치는 수입국이 실제로 그것을 시행하는 경우에만 작동한다. 예를 들어, 멕시코가 이웃인 강대국 미국에서 오는 쓰레기를 거절하는 것을 상상할 수 있겠는가? 그런데 회담 당시, 아프리카 국가 다수가 더 방어적인 전면적 금지령에 투표했다. 이 작은 혁명에 크게 난처해진 미국 산업계는 이미 케냐와 진행 중인 무역 협상을 계기로 분위기를 조성하기 시작했다. 2020년 8월에 그린피스에서 공개한, 미국 화학 협회가 미국 정부에 보낸 서신에는 이렇게 쓰여 있다. 〈장차 케냐는 미국에서 생산된 화학 제품과 플라스틱을 다른 아프리카 시장에 배포하는 요충지 역할을 할 수 있을 것이다.〉[14] 미국 재활용업체들의 가장 강력한 로비 단체인 스크랩 재활용 산업 연구소Institute of Scrap Recycling Industires, ISRI는 바젤협약 수정안에 맞서, 플라스틱 제조업자들과 연합해 〈폐기물 거래에 대한 제한 조치의 철회〉를 요구했다. 만일 이들이 성공한다면, 이 플라스틱 거래는 새 제품과 폐기물을 모두 포함할 것이며, 미국산 플라스틱으로 아프리카가 뒤덮이게 만들 것이다. 케냐 정부는 그러한 조약에 절대로 서명하지 않을 거라고 단언했으나, 다른 한쪽에서는 이에 대해 확신이 덜하다. 미국이 사하라 사막 이남 아프리카 국가와 최초로 맺는 양자 간 무역 협정이 예상되는 마당에, 케냐 의사결정권자들이 과연 워싱턴을 거스를 의지와 힘이 있을까?

환경 단체들이 지적하는 또 다른 허점은 바로 바젤협약 수정안이 일부 혼합물이나 특정 유형 플라스틱에 줄줄이 면제를 해줄 예정이라는 것이다. 문제는 국제법에서 〈면제를 만들기 시작하면, 이는 바로 남용의 문을 열어 주는 것〉이라고 변호사 그래비엘은 밝힌다. 그리고 무엇보다 수정안은 어떤 폴리머이든 폴리머는 폴리머로만 구별한다. 하지만 유해한 플라스틱이 정확히 무엇인가? 위험성은 폴리머에 혼합되는 수많은 첨가제로 인해 발생하는 것이지, 폴리머 단독으로 생기는 게 아니다. 〈우리가 필요로 하는 것은 화이트 리스트, 즉 정식으로 승인받은 폴리머와 첨가제 목록인데, 수정안은 수출을 금지하는 플라스틱의 블랙리스트를 만든다〉고 그래비엘은 설명한다. 첨가제 또한 관련이 있다는 것을 확인해 주었다면, 플라스틱에 관한 이 혁신적인 바젤협약 수정안은 정말로 역사적인 협약이 될 수 있었을 것이다. 바젤 행동 네트워크 이사인 짐 퍼킷Jim Puckett은 현재 기업가들은 타격을 호소한다고 한다. 「그들은 그저 지켜보고만 있지요. 바젤협약에 명시적으로 첨가제를 반영시키려 할 즈음, 우린 한바탕 전쟁을 치르게 될 것입니다. 왜냐하면 우리가 무독성이라고 규정하는 플라스틱들에 실제로는 독성이 있으므로, 중개인들이 분류하기가 어려워질 것이기 때문입니다. 너무나도 많은 첨가제가 있는데, 그들이 폐기물의 꾸러미들에서 납 성분이나 난연제가 들어 있는지를 어떻게 분류할 수 있겠습니까?」

아시아의 잘못이다?

아마도 그때쯤이면, 동남아시아 국가들은 플라스틱 지평선이 드러나는 것을 목격할 수 있을까? 그리고 서유럽은 플라스틱 위기가 어떤 아시아 나라만의 위기가 아니라는 것을 깨닫게 될까?

2015년에 발표된 한 보고서[15]가 메시지를 어지럽혔다. 해양 보호 단체 오션 컨서번시Ocean Conservancy가 매킨지 연구소와 공동으로 발표한 이 보고서는〈육지에서 유출되는 플라스틱 폐기물의 절반 이상은 오로지 5개국, 즉 중국, 인도네시아, 필리핀, 태국, 베트남에서 나온다〉고 주장한다. 더 나아가 보고서는 에너지를 생산하기 위해 폐기물 소각을 대대적으로 전개해야 한다고 권고한다. 이에 대한 해답은 그 보고서 서문에서 시작된다. 거기에는 이렇게 쓰여 있다. 〈이 작업은 코카콜라, 다우케미칼 그리고 미국 화학 협회의 지원 덕분에 가능했다.〉세계 소각로 대안 연합은 한 가지를 추가하여, 자문을 위촉받은 전문가들 가운데 상당수는 플라스틱 산업이나 소각 산업의 확장으로 재정 이익을 얻을 것이라고 설명한다.[16] 사실 산업계는 이런 내용이 널리 퍼져서 공공연해지기를 바라고 있다. 바로, 이건 다 자신들의 쓰레기를 관리할 줄 모르는 아시아의 잘못이니, 우리 서구인들은 신경 쓰지 말고 계속해서 소비하면 된다는 것이다.

「이 보고서가 나왔을 때, 모두가 해양 오염에 대해 필리핀을 비난했고, 우리는 무책임한 시민이 되었습니다.」환경 단체 플라스틱 추방 연대의 필리핀 코디네이터 헤르난데스는 이야기한다. 「이 때문에, 우리는 해안 청소와 함께 브랜드 감사를 시작했습니다.」이 작업은 자연에 가장 많이 버려진 플라스틱 쓰레기의 브랜드를 조사하는 것인데, 〈이야기의 관점을 바꿔, 문제가 진짜로 어디에서 오는지를 사람들이 알 수 있도록 하기 위한〉취지다. 전세계 수천 명의 자원봉사자들이 이끄는 브랜드 감사는 매년 같은 결과에 도달한다. 마닐라에서건 자카르타에서건, 지구상에서 가장 많은 플라스틱 쓰레기를 만들어 내는 곳은 코카콜라, 펩시코, 네슬레다. 그리고 포장재는 대부분이 유럽, 오스트레일리아, 일본과 미국에서 온다. 미국인 한 명이 연간 100킬로그램가량, 유럽인은 70킬로그램의 플라스틱을 소비하는 데 비해, 인도인들은 그 10분의 1, 아프리카인은 그 20분의 1만을 소비한다.[17] 육지와 해양에서 플라스틱 쓰레기를 제일 많이 배출하는 곳은 중국이나 인도라고 산업계는 무던히도 시사하지만, 그 국가들이 아니라 바로 미국이다. 미국은 전 세계 인구의 4퍼센트를 차지하지만, 지구상 쓰레기의 17퍼센트를 배출한다.[18] 이게 바로 플라스틱의 진짜 내막이다.

11장

유럽, 개척자이지만
완벽하지는 않은

⟨수거와 재활용 목표가 증가하는 건 막아야 한다.
유럽의 위탁 시스템에 맞서야 한다.⟩[1]

2016년 3월, 코카콜라 유럽Coca-Cola Europe 커뮤니케이션 부서의 전략 문서

플라스틱에 대한 담론을 바꾸고 70년 동안 업계가 공들여 수놓은 역사를 다시 쓰는 것. 그것이 2016년에 필리핀에서 탄생하고 폰 헤르난데스가 국제 코디네이터가 된 플라스틱 추방 연대 운동의 핵심이다. 헤르난데스는 서유럽에는 이름이 알려지지 않았지만, 필리핀을 세계 최초로 소각 금지 국가로 만든 〈환경 영웅〉[2]으로 인정받는다. 인도네시아의 유윤 이스마와티처럼 그는 골드먼 환경상을 수상했다. 2016년 7월, 전 세계의 시민과 비정부기구로 구성된 100여 명이 플라스틱 오염에서 벗어나자는 공동의 열망을 갖고 필리핀 탈 호수 기슭의 타가이타이Tagaytay에 모였다. 같은 기치 아래 모인 조직이 5년 후에는 2,500개 이상으로 늘었다. 전 세계의 환경 운동 조직은 더 이상 바다의 폐기물만을 겨냥하고 있지 않다. 유정(油井)부터 소각로의 유독 가스까지 플라스틱 수명 주기 전 과정을 문제로 삼고 있다. 플라스틱은 어디에나 있다. 플라스틱 추방 연대는 자신들이 앞장서겠다고 약속했다. 특히 유럽에서는 세계적으로 발판이 될 수 있도록 법을 개혁하는 데 앞장서겠다고 약속했다.

제로 웨이스트 유럽의 회장인 조안 마르크 시몽Joan Marc

Simon은 15년 전부터 폐기물 문제에 집중하고 있다. 「플라스틱 요?」 그는 이렇게 회상한다. 「플라스틱은 항상 촉매제 역할을 했기 때문에 언제나 있었어요. 자동차든 건설이든 플라스틱은 모든 종류의 폐기물 안에 있습니다.」 2000년대 말에, 시몽은 바르셀로나에서 〈비닐봉지 없는 날〉을 출범시키는 데 일조했다. 이 캠페인은 빠르게 유럽에서 전 세계로 퍼졌다. 「우리는 무언가를 할 수 있다는 것을 보았어요.」 2015년에 이 전투적인 불씨를 진정한 화염 덩어리로 바꾼 것은 스위스의 자선 단체인 오크 재단Oak Foundation이었는데, 모든 일이 단 1년 이내에 일어났다. 오크 재단을 위해 자료를 추적하던 캠페인 매니저 스티븐 캠벨Steven Campbell은 이렇게 회상했다. 「그린피스, 제로 웨이스트, 세계 소각로 대안 연합…… 이 대형 단체들은 무언가를 해야 한다고 느꼈습니다. 하지만 방법을 알지 못했죠. 너무 엄청난 규모의 일이었거든요.」 오크 재단은 몇몇 다른 기부자들과 프로젝트 자금을 조달함으로써 서로 상이한 조직들 사이에서 중매인 역할을 하고 보조금을 지불하기로 결정한다. 타가이타이에 모인 사람들은 열광했다. 새로운 파트너는 플라스틱 추방 연대를 설립해 마침내 역사를 다시 쓰기로 결정한다. 「관련 업계는 플라스틱에 대해 오랜 시간 같은 말만 해 왔습니다. 〈플라스틱은 실용적이고, 버릴 수도 있어서 위생적이다, 생활을 더 편리하게 만든다〉라고 말해 온 것입니다. 5년 전부터 플라스틱이 기후와 건강, 환경에 미치는 영향에 대해 사람들이 더 많이 의식하게 되었습니다.」 캠벨은 이 변화를 기뻐하며 이렇게 말한다. 「플라스틱은 아마도 2~3분 동안 소비자를 편리하게 하겠죠. 그러나 그다음에는 엄청난 짐이 됩니다.」

캠벨은 업계와의 수많은 만남을 기억한다. 「그들은 자신들에게 큰 문제가 있다는 걸 알고 있습니다. 하지만 자신들의 주장을 바꿀 수는 없는 거죠. 많은 사람이 여전히 〈문제는 플라스틱이 아니라 바로 그 폐기물이다〉라고 계속 말하고 있습니다. 다시 말하자면 돌고래를 죽이는 것은 플라스틱이 아니라 무책임한 사람들이라는 것입니다. 그들은 잘못을 다른 사람에게 전가하거나 잘못된 해결책을 만들려고 애쓰고 있습니다. 언제나 온실가스 문제를 생략하고 에너지의 경제적 가치를 옹호합니다. 이제는 화학적 재활용 차례입니다. 5년 전부터 활발하게 움직이고 있습니다.」 타가이타이에서 처음으로 전략적 질문이 제기되었다. 재활용을 지원해야 하는가, 아니면 폐기물 방지를 우선 전략으로 삼아야 하는가. 시몽은 이렇게 회상한다. 「우리는 플라스틱 문제가 양의 감소 없이는 관리되지 않는다는 결론을 내렸습니다. 재활용만으로는 충분하지 않다고 감히 말하는 것이 그 당시에는 매우 야심만만한 일이었어요.」

유럽, 선구적인 법률을 제정할 임무를 맡다

참가자들은 필리핀을 떠나기 전에 대륙별로 과제를 나누었다. 유럽에는 플라스틱에 관한 선구적인 법률을 제정하는 과제가 주어졌는데, 이 법률은 전 세계 다른 지역에 영감을 줄 수 있을 것이다. 그들은 이전 REACH 규정을 염두에 두고 있는데, 이 유럽 규정은 모든 지역에서 화학 제품의 규정에 영향을 주었다. 「우리들의 절대적인 희망 사항은 일회용 플라스틱에 대한 지침이었습니다……. 그러나 우리는 한순간도 그걸 믿지 않았습니다」라고 플라스틱 추방 연대의 유럽 코디네이터인 델핀 레비 알바레스Delphine Lévi Alvarès는 회상했다. 업계가 자신들이 〈아시아를 구할 것〉이라거나 재활용이 〈모든 문제를 해결할 것〉이라고 떠드는 걸 듣는 데 지쳤지만, 제로 웨이스트 유럽의 이 활동가는 동료인 시몽과 함께 모험을 시작했다. 2년 후에 **일회용 플라스틱**에 대한 지침이 채택됐다.

2017년부터 플라스틱 추방 연대의 유럽 조직은 유럽연합 집행위원회와 접촉했다. 타이밍이 완벽했다. 브렉시트와 카탈루냐 지방의 반란 이후 유럽연합 집행위원회는 새로운 선거가 다가오기 전에 이미지를 회복하기 위한 승리가 필요했다. 유럽연합 집행위원회 부위원장인 네덜란드인 프란스 티메르만스Frans Timmermans가 〈유럽에서 긍정적인 이야기가 나올 필요가 있고 언론의 관심을 끌기 위해서는 열심히 노력해야 한다는 걸 이해했다〉고 시몽이 해석했다. 승리를 가져다줄 것은 플라스틱이다. 일간지『르 몽드』에 따르면 모든 것이 2017년 11월, 유럽 환경 관리들을 위해 조직된 팀빌딩*의 날에 시작되었다.[3] 이날 아침, 회의에 초청된 티메르만스 부위원장은 유럽연합 집행위원회가 2개월 후에 채택하게 될 플라스틱 재료에 대한 유럽연합의 전략을 해당 부서와 논의했다. 이 지침은 2030년까지 모든 플라스틱 포장재를 재활용 또는

---

* Team building. 조직의 효율을 높이려는 조직 개발 기법.

재사용 가능한 것으로 하고, 일회용 플라스틱 소비를 줄이고, 화장품이나 비료와 같은 제품에 미세 플라스틱을 의도적으로 사용하는 것을 제한하도록 규정하고 있다. 『르 몽드』는 이렇게 보도했다. 〈그것은 야심에 찬 프로젝트였다. 그러나 티메르만스 부위원장은 프로젝트에 바다의 플라스틱 폐기물에 관한 구체적인 무언가가 빠져 있다는 걸 발견했다. 유럽연합 회원국에 신속하고 강력한 조치를 취하도록 강제하고, 바다가 플라스틱 빨대로 채워지고 있다는 이야기를 유럽이 더 이상 듣지 않도록 할 무언가가 누락된 것이다. 그는 관할 부서장에게 결정을 내리기 전에《음……뭔가가 누락되었어요》와 같은 말을 했을지도 모른다.《플라스틱에 관한 입법 제안을 할 수는 없습니까? 이미 늦었다는 걸 압니다. 하지만 가능할까요?》부서장은 바로 대답을 하지는 않았다. 그는 부서원들에게 물었다.《할 수 있을까요?》그리고 부서원들은《해보도록 하죠》라고 대답했다.〉

이 소식은 재빠르게 퍼졌다. 유럽연합 집행위원회는 예방에 필수적인 역할을 할 지침을 꺼내 들 준비가 되었다. 「브뤼셀에서 계획한 것은 일종의 폭탄이었습니다.」 시몽은 이렇게 회상했다. 6개월 후에 유럽연합 집행위원회는 유럽 의회에 지침 내용을 제출했는데, 이것이 바로 그 유명한 일회용 플라스틱에 대한 지침으로, 유럽 해변에서 가장 많이 발견되는 식기류, 빨대, 풍선과 같은 플라스틱 재료로 된 10개의 물품을 2021년 7월부터 금지하는 것을 목표로 한다. 1년 뒤에 이 프로젝트는 채택되었다. 유럽으로서는 기록적인 속도였다. 여러 일회용품을 금지하는 것 외에도,

이 지침은 제조업체에 뚜껑을 병에 연결하도록 하고, 담배, 생리대, 기타 물티슈 등에 플라스틱이 들어 있다는 것을 표시해 소비자에게 알리도록 하고 있다. 담배 산업은 4분의 3이 플라스틱인 담배꽁초를 수거하는 비용을 지원해야 한다. 또한 지금부터 2025년까지 PET 음료병의 77퍼센트를, 2029년까지 모든 플라스틱 병(PET이건 아니건 관계없이)의 90퍼센트를 재활용할 것을 요구한다. 2019년 5월에 유럽연합이 지침을 채택하는 동안, 티메르만스는 자신도 모르는 사이에, 캠페인 중인 정치인 특유의 겸손함으로 타가이타이 목표의 성공에 서명하고 있었다. 「우리 모두는 유럽이 다른 국가들에 길을 제시하며 야심에 찬 새로운 규범을 만든 것에 자부심을 가질 만합니다.」

〈세계의 다른 지역에 절대적인 선례〉

이제 이 법규를 집행하는 것은 회원국들의 몫이다. 무모하고 위험한 해석을 피할 목적으로 유럽연합 집행위원회는 2021년에 금지 대상이 되는 제품을 상세하게 밝힌 기술 문서를 발행해야 한다. 2020년 이 지침의 첫 번째 버전에 비정부기구는 우려를 표명했다. 특히 플라스틱 추방 연대는 위험성 있는 비스코스와 셀로판이 면제된 것에 경고했다. 실제로 이런 재료로 제조된 빨대, 물티슈, 생리대는 다른 제품들과 〈유사하게 환경에 영향을 미치고 있지만〉 법적인 보호를 받고 있다. 그러나 이 책을 쓰는 시점에서 상황이 바뀌는 것 같다. 최종 버전은 훨씬 더 야심적일 수 있다.

　지침을 시행하는 것이 여전히 과제로 남아 있지만, 이 법안은 〈세계의 다른 지역에 절대적인 선례가 되었다. 다른 정부들은 그것을 보고 거기에서 영감을 얻으려고 노력한다〉. 캐나다인으로 바르셀로나에 거주하는 순환 경제 컨설턴트 클라리사 모라프스키Clarissa Morawski는 아직도 믿기지 않는다. 그녀는 일회용품에 대한 지침을 채택하라고 유럽연합 집행위원회를 오랫동안 압박했는데, 오히려 이 주제에 야심이 없다는 결점이 있던 티메르만스에게 완전히 〈깊은 인상을 받았다〉고 말했다. 「많은 국가와 기업들은 이 프로젝트를 좋아하지 않았지만, 그는 그들의 말을 듣고 싶어 하지 않았어요. 인간의 본성에 대해 많은 걸 말해 주고, 활동가들에게 효과를 보기 위해 해야만 하는 것을 보여 준 매우 흥미로운 경우입니다. 우리에게 교훈이 되어 준 것이죠. 높은 자리에 있는 누군가를 찾아내서 그를 영웅으로 만들어야 한다는 교훈요. 대중에게 경각심을 높이는 것보다 괜찮은 사람의 말에 귀를 기울이는 것이 훨씬 효과적입니다.」

　이 일이 벌어지는 동안 업계는 어땠을까? 아무것도 예상하지 못했을까? 「당신들은 우리를 정말로 깜짝 놀라게 했어요. 우린 정리를 할 시간이 없었어요.」 다우케미칼의 한 고위 관계자는 유럽연합 관계자와 점심 식사를 하는 자리에서 이러헤 고백했다고 한다. 그 자리를 유럽연합 관계자는 이렇게 기억했다. 「그는 웃었어요. 하지만 그들은 우리와 대화를 나눌 때 항상 웃기 때문에 우린 속지 않아요.」 「늘 그랬듯이 다른 사람들, 즉 업스트림 생산자들과 다운스트림 소비자들에게 책임을 전가하려고 애썼어요.」 비정부기구들이 유럽연합 집행위원회를 끈덕지게 공략하는 동안, 업계 로비 쪽에서도 다수가 움직였다. 가장 격렬하게 반응한 분야는 담배, 풍선, 파티 액세서리 업계의 로비였는데, 이 지침으로 많은 사람이 그 존재를 알게 되었지만, 정작 그들은 유럽연합이 풍선 막대를 금지해서 아이들의 축제를 망치려 한다고 비난했다. 유럽연합 관리들에 따르면, 〈가장 불쾌한 의견을〉 표명한 곳은 산화 분해성 플라스틱 협회였는데, 거의 패하리라는 걸 알고 있었기 때문이다. 이런 폴리머에는 파편으로 거듭 분해되는 첨가제가 포함되어 있다. 「방수포가 단지 미세 플라스틱을 만들 뿐이며, 농업용 방수포는 〈자연적으로〉 소멸되기 때문에 이것이 농업용 방수포로는 최상의 해결책이라고 주장했습니다……. 이 입자들이 땅에서 분해된다는 연구 결과도 우리에게 제출했어요. 다만 유럽의 3분의 1에 해당하는 지역의 지면 온도만이 이 경우에 해당합니다!」

시몽은 업계가 옴짝달싹 못 하게 되었다는 것을 확인했다. 「처음에는 믿지 않았어요, 그리고 병에 연결된 뚜껑과 같은 것이 무슨 의미인지를 이해하는 데 시간이 걸렸죠. 하지만 그때는 이미 늦었어요…….」 시몽은 처음으로 〈내부 분열을〉 보았다. 「이전에는 한 덩어리로 움직였어요. 분열되면서 힘이 약해진 거예요.」 코카콜라나 네슬레와 같은 소비자 대상 브랜드들은, 타협을 모르고 완고하며 공격적으로 행동하는 플라스틱 산업과 자신들이 같은 취급을 받는 걸 거부하며 실제로 플라스틱스유럽과 거리를 두었다. 그러나 지침에 의해 금지된 물건들은 유럽 플라스틱 가공업자들에게는 그렇게 중요한 것이 아니다. 극히 일부만 유럽 대류에서 생산되는데, 그렇더라도 업계에서는 종이와 같은 다른 재료로 공장을 가동할 수 있다. 시몽은 〈문제는, 오히려 생산량을 줄이는 선례를 남겼다는 것입니다. 그들은 그런 새로운 것을 수용하지 않겠다는 것을 알린 셈〉이라고 분석했다.

입법을 막기 위해 가동되는 로비

유럽 기업 감시는 압력 단체들의 책략을 추적하는 일에 특화되어 있다. 비키 칸Vicky Cann은 그런 감시자 중 한 명이다. 그녀는 다른 로비 활동과 마찬가지로 플라스틱 로비들도 새로운 법안을 차단하기 위한 〈도구 상자 속에 많은 방법〉을 갖고 있다고 말한다. 그들은 항상 〈혁신을 가로막는 관료주의가 팽배하다는 주장〉 또는 일회용 플라스틱이 더 위생적이라는 사실을 꺼내 든다. 그러나 무엇보다도 그들은 끊임없이 단 하나의 질문으로 문제를 몰고 가는데, 이를테면 쓰레기가 생기는 원인을 말하며 시민과 지역 사회의 책임을 부각한다. 플라스틱 대량 생산에 의문을 제기하기보다는 개인의 행동에 초점을 맞추는 것, 그것이 핵심이다.

〈인어는 없다. 하지만 쓰레기통은 있다.〉 아마도 여러분은 2019년에, 바다 쓰레기에 둘러싸인 채 슬픈 표정으로 산호초에 앉은 인어가 등장하는 프랑스 광고를 지하철이나 버스 정류장에서 본 적이 있을 것이다. 〈폴 헤퍼드〉란 이름이 적힌 채 버려진 담뱃갑, 어쩌면 여러분의 것이었을지도 모르는 담뱃갑에 죄를 뒤집어씌우는 2018년의 광고에 여러분이 무심하지 않았다면 말이다. 아무렇게나 버려진 쓰레기를 지적하는 메시지는 매년 프랑스에

서 반복해서 출현하는데, 1971년에 설립된 협회인 제스트 프로
프르Gestes Propres와 관련이 있다. 환경부는 여러 캠페인을 지원하
는데, 이 캠페인 역시 그렇다. 사실 제스트 프로프르의 배후에는
광고에서 지적한 포장지를 생산하거나 사용하는 회사들이 있다.
로비 단체 플라스틱스유럽뿐만 아니라, 회사 자체 이름으로도 활
동하는 코카콜라, 네슬레, 다논, 하리보Haribo, 크리스탈린Cristaline,
엥테르마르셰Intermarché, 시테오인데, 이들은 재활용 활동을 관리
하기 위해 기업에서 자금을 지원받는 조직이다. 50년 전 미국의
〈미국을 아름답게 유지하자〉라는 협회에서 자금을 지원한 캠페
인 광고 「울고 있는 인디언」이 있었지만, 이후로 실제로 변한 것
은 아무것도 없었다. 유럽 기업 감시가 실시한 조사에서는, 포장
재 로비가 폐기물 방지 협회들 뒤로 숨는 것은 보다 더 급진적인
정치 조치, 〈즉, 제조업체가 생산품의 전 수명 기간 동안 책임을
지도록 하는 것, 업체의 이익에 해를 끼칠 수 있는〉 그런 조처를
피하기 위해서라고 한다. 〈무분별한 쓰레기에 반대하는 비정부
조직에 자금을 지원하거나 혹은 그런 조직을 설립하여 조직 이사
회에 자리를 차지하거나 직원을 배치하거나, 연구를 수행하고 정
책 결정에 영향을 미치기 위해 그들의 급여를 지급하는 식으로
업계는 경계를 방해하고 있다. 업계는 쓰레기와 플라스틱 문제에
대한 정치적·대중적 인식을 바꾸기 위해 이런 비정부기구를 이
용한다.〉[4]

브뤼셀, 〈마녀 사냥〉 혐의를 받다

유럽 기업 감시는 이런 이중성을 대표하는 한 인물을 조사했다.
이몬 베이츠Eamonn Bates인데, 그는 자신의 이름을 내건 로비 회사
를 설립했고 기업가들에게 다양한 안전모 역할을 하는 인물이다.
그의 클라이언트들은 거대 패스트푸드(버거킹, 맥도날드, 스타
벅스 등등) 기업과 식품 포장재 업체들이다. 이 기업들은 유럽의
식품 포장 업체를 대변하는 협회인 팩투고Pack2Go에서 연합했다.
이몬 베이츠의 임무는, 일회용품이 반드시 필요하다고 대중을 설
득하고 일회용품의 이미지를 생태학적으로 받아들이도록 만드
는 것이다. 프랑스와 아일랜드 정부가 반(反)플라스틱 개혁안을
고집하고 있는 상황에서 이 임무가 두 정부를 위협하는 것을 의
미하더라도 말이다. 이몬 베이츠의 로비 회사 일원은, 일회용 플
라스틱에 대한 지침을 유럽 의회에 보고했던 프레데리크 리에스
Frédérique Ries에게 접근했는데, 리에스는 그들의 경고를 아직도 기
억한다. 「그들은 우리가 문제점에 대해 아무것도 이해하지 못하
고 있다고 말했습니다. 〈우리가 당신들을 지켜보고 있다〉는 걸 모
르고 있다는 말이지요. 이런 식으로 고객을 대변한다는 건 터무
니없고 비생산적인 일입니다.」[5]

유럽연합 집행위원회가 2011년 비닐봉지에 대한 입법을 고
려하고 있을 때, 이몬 베이츠는 팩투고를 대신해 펜대를 잡았고
〈플라스틱에 대한 일종의 《마녀사냥》을 하고 있다〉고 비난했다.
1년 후에, 팩투고는 클린 유럽 네트워크Clean Europe Network를 설립
했는데, 이 단체는 〈유럽연합 내 쓰레기 방지 기술을 개선하기〉

위해 비정부기구와 공공 기관과의 협력을 언급했다. 클린 유럽 네트워크는 〈포장재 산업을 위한 로비 전선〉이 되는 것을 강력하게 부인하고 〈매우 미미한 수단을 가진 소규모 협회〉[6]에 불과하다고 주장한다. 그러나 이 네트워크는 유럽 로비스트 공개 등록부에 잘 등록되어 있으며, 그 이사회는 스코틀랜드의 스코틀랜드를 아름답게 유지하자Keep Scotland Beautiful와 프랑스의 제스트 프로프르를 포함해 업계와 밀접한 관계에 있는 다섯 명의 이사진들로 구성되어 있다. 또한 로비 CEO들이 인용하는 의견에 따르면, 클린 유럽 네트워크는 제조업체가 제품에 대한 책임을 지고 〈폐기물 수거와 그 처리에 대해 구속력 있는 방식으로 비용을 지불하게 하는〉 메커니즘에 반대하고 있다. 클린 유럽 네트워크는 자신들이 〈보증금 제도에 반대하는 로비를 결코 한 적이 없지만, 그 제도를 지원하지도 않았다〉고 주장했다는 걸 유럽 기업 감시는 눈여겨보았다. 또한 〈클린 유럽 네트워크 회원 가운데 몇몇은 국가적 차원에서 반대하기도 했다〉는 것도 지적했다.

음료 업계는 결국 보증금을 지원하다

코카콜라가 여기에 해당한다. 코카콜라는, 공개적으로는 제스트 프로프르를 통해서 고객들이 콜라병을 아무 데나 버리지 않을 것을 권장한다. 그러나 배후에서는 플라스틱 오염을 크게 감소시키는 것으로 입증된 보증금 제도를 막기 위한 술책을 썼을 것이다. 애틀랜타에 위치한 이 회사는 이 사실을 잘 알고 있다. 이 제도를 처음으로 일반화한 회사였기 때문이다. 대표 탄산음료인 코카콜라는 수십 년 동안, 재활용이 가능한 병으로만 판매됐다. 미국인들은 음료값의 거의 절반가량을 보증금으로 지불해 왔다. 제2차세계 대전 직후에 실시한 연구에 따르면, 코카콜라를 마시는 사람들은 작은 물결무늬 병의 96퍼센트를 반납했다.[7] (불)만족스러운 핑계의 대상이 된[8] 코카콜라 유럽 지사의 전략 문서는 2016년초에 〈유럽 보증금 제도〉에 반대하는 〈대응〉 계획과 〈수거 및 재활용 증가〉에 대해 언급했다. 2018년부터 바람이 거꾸로 불기 시작한 것 같다. 보증금이 없다면, 2029년까지 플라스틱 병의 90퍼센트를 수거해야 하는 유럽의 목표에 결코 도달할 수 없다는 것을 잘 알고 있는 코카콜라는 결국 서유럽 지역에서 보증금 제도를 지원하겠다는 약속을 했다. 유럽에서는 그랬다, 그런데 유럽에서만 그렇게 했다. 다국적 기업 코카콜라는 정부 당국이 아무런 제재를 가하지 않는 다른 지역에서는 강제 수거와 보증금 제도에 적극적으로 반대하고 있는데, 미국 조지아주나 케냐가 그실례다. 그러나 방해 전술은 점점 더 어려워질 위험에 놓여 있다. 2020년 9월에, 케냐 환경부 장관은 코카콜라와 기타 음료 유통업체가 〈이런저런 변명을 늘어놓고 제자리에서 맴돌고 있다〉고 비난했으며, 그들이 〈일회용 비닐봉지에 대해 그랬던 것처럼 플라스틱 병을 금지하는 가혹한 결정을 내리도록 강요하지 말라〉[9]고 협박했다고 말했다.

기업들이 보증금 제도를 입법화하는 데 그렇게 반대를 하는 동안, 네덜란드 협회인 체인징 마켓은 보증금 제도는 〈제도 운영 자금과 또한 잠재적으로 제품의 재분류와 같은 곳에 소요되는 다른 자금을 조달하기 위해서, 기업들이 생산하는 모든 병과 포장에 대해 세금을 부과하기〉 때문에 기업들이 이런 태도를 취하는 거라고 해석했다. 다시 말해서, 보증금은 기업들이 생산하는 플라스틱의 실제 비용을 〈책임지도록 하는 최소한의 방법〉인데, 현재는 〈이 비용의 90퍼센트를 납세자가 부담하고 있다〉.[10] 유럽을 위해 좋은 소식은, 코카콜라뿐 아니라 탄산음료 산업 전체가 변하고 있다는 사실이다. 이 분야에서 유럽의 강력한 단체인 유럽 음료 협회Union of European Soft Drinks Associations, UNESDA는 수년 동안 보증금에 반대하는 로비를 끈질기게 진행해 왔는데, 실제로 2020년에는 〈적절한 조건 내에서 수거와 재활용 목표를 달성하는 데 효과적인 수단일 수 있는〉[11] 이 제도에 자신들은 더 이상 반대하지 않는다고 조심스럽게 발표했다. 종종 관련 업계에 조언을 제공하는 컨설턴트 클라리사 모라프스키도 최근 변화를 감지했다. 이런 변화는 그녀를 당혹스럽게 만들 정도였다. 어느 날 거대 식품 브랜드가 플라스틱 병 보증금에 대해 고민한다고 했을 때 모라프스키는 그 액수가 10센트보다 적을 거라고 예상했다. 「그들이 15센트에서 20센트를 고려하고 있다고 나에게 대답했을 때, 정말로 깜짝 놀랐어요!」

야심차게 시작했지만 용두사미에 그치다

매년 유럽 산업은 거의 6000만 톤에 해당하는 플라스틱을 생산한다. 그리고 유럽인들은 이것의 절반인 3000만 톤을 버린다. 이 양에서 32퍼센트가 (이론적으로는) 재활용되고, 43퍼센트는 에너지 생산을 위해 소각되고, 25퍼센트는 매립된다.[12] 포장재가 이 폐기물의 거의 3분의 2를 차지한다. 포장재는 평균보다 더 많은, 42퍼센트가 재활용된다. 유럽은 재활용의 옹호자처럼 여겨진다. 그렇지만 이 문제를 의식하기 시작한 건 최근의 일이다. 유럽연합이 플라스틱을 〈폐기물〉로 간주한 것은 2008년과 해양 쓰레기에 대한 지침의 틀이 나온 이후다. 그리고 수치가 모든 것을 말해 주지 않는다. 유럽연합 재정을 관리하는 유럽 회계 감사원European Court of Auditors의 최근 보고서는[13] 재활용에 대해 유럽이 갖고 있던 금빛 이미지를 다소 손상시켰다. 그 보고서에 따르면 유럽 내에서 포장재 재활용 비율은 42퍼센트보다는 29퍼센트에 가깝다. 이것은 두 가지 이유 때문이다. 첫째, 계산 방법이 국가마다 크게 다르다. 리투아니아의 재활용 비율이 74퍼센트 이상일 때, 지중해 중앙에 있는 몰타의 재활용 비율은 23퍼센트가 최고치였다. 두 번째 어려움은 플라스틱 폐기물 수출에 기인하는데, 주로 아시아로 수출했지만 점차 튀르키예로 옮겨 가고 있다. 유럽연합 회원국들은 플라스틱 폐기물을 관리하고 목표를 달성하기 위해 이들 국가에 〈매우 의존하고〉 있다. 회원국들이 재활용한다고 발표한 1000만 톤 중의 3분의 1은 사실상 유럽연합의 국경 너머, 즉 재활용이 논의의 중심에 있지 않은 지역으로 증발하고 있다. 2021년 플라스틱 폐기물 거래에 관한 바젤협약이 강화되면서 상황은 불가피하게 악화될 수밖에 없었다.

독일의 경우가 상징적이다. 독일은 오랫동안 재활용에서 세계 1위 자리를 차지하며 명성을 높였다. 사람들이 잘 몰랐던 사실은 독일이 1인당 약 100킬로그램의 플라스틱을 소비하는 유럽의 주요 플라스틱 소비국이라는 것이다. 불과 얼마 전까지만 해도, 독일은 약 66퍼센트의 재활용률을 기록했다. 그러나 2019년 독일인들은 사실 플라스틱 폐기물의 60퍼센트 이상이 소각되었고, 단지 38퍼센트만이 〈재활용〉되었으며, 이 38퍼센트 안에 아시아나 튀르키예로 수출된 폐기물이 포함되어 있다는 연구[14] 결과에 환멸을 느꼈다. 더구나 독일은 플라스틱 폐기물에서 세계 3위의 수출국이다.

유럽연합 집행위원회는 2025년까지 플라스틱 포장재 폐기물을 50퍼센트까지 재활용하도록 했다. 실제로, 유럽 회계 감사원에서 시사한 것처럼 현재 비율이 30퍼센트에 불과하다면, 이 목표를 달성할 가능성은 매우 낮다. 「유럽연합은 재활용되는 플라스틱 폐기물보다 소각되는 게 더 많은 현재 상황을 되돌려야 합니다. 이건 엄청난 도전입니다」라고, 보고서를 담당하는 감사자는 경고했다. 「위생상의 이유로 제품을 한 번만 사용하는 습관이 되살아나며, 코로나19 팬데믹은 플라스틱이 우리 경제의 기둥으로 남을 뿐 아니라, 환경에 위협적인 존재로 성장할 것임을 보여 주었습니다.」 보건의 위기를 겪는 동안 우리가 충분히 보아 왔듯이 유럽 내에서 재활용 부분이 취약하기 때문에 더 그렇다. 또한 유가가 가장 낮을 때 재활용 플라스틱이 가공하지 않은 플라스틱과는 경쟁이 되지 않는다는 것을 우리는 목격했다. 「플라스틱 재활용이 그렇게 비싼 이유 중 하나는 폐기물을 수거해 재활용하는 것보다 버리거나 소각하거나 매립하는 비용이 더 낮기 때문이다.」 제로 웨이스트 유럽의 재활용 및 소각 전문가인 야네크 바크Janek Vahk는 이렇게 분석하며, 아울러 경고한다. 「만약 우리가 시장이 알아서 움직이도록 내버려 두면, 결국 플라스틱은 더 많아지고 재활용은 적어지며 오염은 증가할 겁니다.」 유럽은 〈현재의 추세를 뒤집기 위한 조치〉, 기후에 미치는 영향력을 제한하면서 재활용을 지원하는 조치를 취해야만 한다. 네 가지 조치를 생각해 볼 수 있다. 새 플라스틱에 재활용 재료의 비율을 의무적으로 설정하는 것, 소각 및 매립에 세금을 부과하는 것, 탄소세를 지불하게 하는 것, 마지막으로 가공하지 않은 천연 플라스틱에 과세하는 것이다.

브뤼셀은 더 많이 통제하려 할 것이다

현재 유럽에서는 포장재에 재활용 플라스틱을 6퍼센트만 활용하고 있다. 목표는 2025년까지 20퍼센트로 확장하는 것이다. 재활용 재료의 사용을 최소한이라도 의무로 정하는 것만이, 기업들이 값싼 천연 플라스틱에서 더 비싼 재활용 플라스틱으로 전환하도록 장려할 수 있는 방법이다. 문제는 유럽연합 집행위원회가 기업들이 자발적으로 약속했다는 점에 만족했다는 것이다. 2018년 말에, 유럽연합 집행위원회는 수십 개의 대기업과 함께 순환 플라스틱 연합Circular Plastic Alliance을 출범했는데, 이 대기업들은 유럽의 재활용 플라스틱 시장을 지금부터 2025년까지 1000만 톤으로 늘리겠다고 약속했다. 이 부분에 대해 질문을 받으면서 티메르만스는 「자발적인 행동만으로는 충분하지 않습니다. (……)

보다 더 강제적인 목표를 정해야 합니다」라고 인정했다. 또한 그는 일회용 플라스틱에 대한 지침은 「PET 병에 재활용 재료를 사용하도록 강제하기 위한 구속력을 가진 첫 단계입니다. 그러나 우리는 더 나아갈 것이라고 유럽 위원들이 약속했습니다」라고 말했다. 이런 구속력 있는 목표를 플라스틱 제품 전체로 확장하기 위한 〈제안이 준비 중〉이다. 보건의 위기로 약화된 유럽을 되살릴 수 있는 새로운 자원을 찾기 위해 2020년 7월에 열린 특별 유럽 이사회는 재활용되지 않는 플라스틱 폐기물에 부과하는 세금을 도입했다. 2021년 1월부터 시행될 예정이었고, 그 액수는 킬로그램당 80센트로 정해졌다.

플라스틱은 곧 소각으로 이어지기도 했다. 2006년과 2016년 사이에 유럽 대륙에서 플라스틱 폐기물 소각은 61퍼센트가 증가했다.[15] 이 분야는 유럽 대륙에서, 특히 독일과 스웨덴에서 개발되었는데, 이 국가들은 기계를 돌리기 위해 폐기물을 수입해야만 했다. 미국에는 80개 미만인 소각장이 유럽연합에는 500개 이상이 있다. 대부분의 소각장에서는 추가로 열이나 전기를 생산하기 위해 폐기물을 연료로 사용했다. 〈에너지 회수〉라고 불리는 공장들은 유럽연합 내 전력 소비의 1.5퍼센트를 공급했다. 유럽연합 집행위원회는 투자비가 많이 들고 가동을 중단하는 즉시 손실이 발생하는 소각 시설의 통제를 촉구했다. 또한 이 공장들을 가동해야 할 필요성이 시스템을 방해하고 재활용과 재사용에 제동을 걸 거라고 우려했다. 소각 산업계는 폐기물에서 에너지를 생산하기 때문에 자신을 재생 에너지 공급업체로 소개하는 걸 좋아한다.

그리고 그들은 재활용 여부에 관계없이 〈재활용을 하기 매우 힘든, 예를 들어 스펀지, 선물과 사탕 포장지, 칫솔, 낡은 신발, 진공청소기 먼지 봉투, 기름기 있는 음식물 포장지 등에 의해 오염되거나, 이런 것들이 섞인 일반 쓰레기가 매우 많다. (……) 또한 중금속이나 난연제와 같이 매우 우려되는 물질로 오염된 쓰레기도 있다〉라는 의견을 집행위원회와 비정부기구에 전달했다.[16] 이 부문은 지속적인 확장에도 불구하고 2020년 6월에 약세를 보였다. 그래서 유럽연합은 투자자들이 선호할 만한 〈환경을 위해 지속 가능한〉 경제 분야에 대한 정의를 발표했다.[17] 즉 에너지 재생은 목록에 없었던 것이다. 그 목록에 포함되지 않았다는 것 자체가 해당 분야의 발전에 장애가 된다.

재활용 플라스틱의 독성에 대해

비정부기구가 플라스틱 소각을 제한해야 할 필요성에 대해 유럽연합과 같은 입장일지라도, 한 가지 지점, 즉 재활용 플라스틱의 잠재적 위험에 대한 우려는 다르다. 야심에 찬 재활용 규정을 옹호하는 유럽연합이 중요한 변화를 놓칠 수 있다는 것이다. 독성 첨가제에 대한 보고서에서 유엔은 이런 물질들이 〈플라스틱 재활용과 순환 경제를 향한 발전에 심각한 제약 조건〉이 될 수 있다고 경고한다. 유엔은 〈업계 대부분은, 재료들을 가능한 한 오랫동안 가치 사슬 속에 유지시키려는 목적으로 폐기물 처리 그리고 (또는) 재활용 물질의 사용 증가에 초점을 맞추어 노력하고 있지만, 사실상 업계는 인류 건강과 환경을 위해 처음부터 최적화되지 않은 재료를 사용하고 있다〉고 적었다. 결론은 많은 재활용 제품이 〈심각하게 오염되어〉 있다는 것이다. 유럽 의회 녹색당 고문인 악셀 싱호펜Axel Singhofen은 납이나 프탈레이트가 여전히 재활용 플라스틱에 합법적으로 사용된다는 사실에 분노한다. 「처음부터 사용해서는 안 되는 독성 물질에 제2의 생명을 부여하고 있는 셈입니다. 10년 동안이나 프탈레이트를 금지하기 위해 싸워 왔는데 재활용 제품에 다시 사용된다면 이 모든 노력이 무슨 소용이겠습니까?」 그는 씁쓸한 표정으로 이렇게 자문하면서, 유럽연합 집행 위원회가 재활용을 최우선 순위에 두면서 〈우리를 오염된 순환 경제로 이끌고 있다〉고 주장한다. 20년 전 PVC로 된 장난감과 육아용품을 금지하는 캠페인을 벌였던 전 그린피스 활동가 싱호펜은 〈우리가《오염에 대한 해결책으로 희석》을 사용했던 지난 20세기로 후퇴한〉 느낌이라고 한다. 다시 말하자면 지난 20세기에는 오염 문제를 물과 환경에 독성물을 푸는 것으로 해결했던 것이다.

가장 우려되는 위협 중 하나는 검은색 플라스틱이다. 2018년에 발표된 연구에 따르면, 검은색 플라스틱 제품은 가정용 플라스틱 폐기물에서 대략 15퍼센트를 차지하며, 대부분이 음식물 포장재나 일반 제품 포장재다. 검은색 플라스틱은 색깔 때문에 광학 분류 시스템을 그냥 통과하므로 재활용하기가 어렵다. 그러나 무엇보다도 이 재료는 대부분 컴퓨터나 수명이 다한 전기 또는 전자 장비의 플라스틱 케이스에서 나온다. 이 케이스에는 중금속 (납, 카드뮴, 수은 등)과 브롬계 난연제의 위험한 억제제가 포함된 많은 독성 물질이 들어 있으며, 이 억제제는 시장에 나와 있는 억제제의 3분의 1을 차지한다. 이 중에 많은 것들이 2000년대 초반부터 일부 규제를 받았지만, 여전히 많은 일상용품에 사용되고 있다. 이것들은 스톡홀름협약에 등재된 잔류성 유기 오염 물질 POP의 일부인데, 즉 서서히 환경을 오염시키며 결국 먹이사슬로 이어지는 매우 위험한 물질이다.

12초 동안 약한 불에 저항하다

제2차 세계 대전 이후 아동 잠옷에 사용된 난연제는 가정집의 바닥재에서 천장재까지 침투했다. 가구 제조업체는 캘리포니아주가 주거용 건물에 화재 위험을 낮추고자 매우 엄격한 규정을 시행했던 1975년 이후에 이 재료를 대량으로 사용하기 시작했다. 예를 들어, 폴리우레탄 소파 폼은 최소 12초 동안 약한 불에 견딜 수 있는 것으로 만들어야 했다. 이런 화학 물질의 효과에 대해서는 논란의 여지가 있다. 미국 화학 협회가 〈이런 재료는 집이나 건물 거주자가 화재를 피할 수 있는 시간을 더 많이 확보할 수 있도록 한다〉고 보증하지만, 연구자들은 효과가 제한적이라는 의견을 내놓는다. 2010년에 국제 과학자 145명은 〈샌안토니오 선언The Declaration of San Antonio〉에서 동물의 내분비 교란 물질로 작용해 신경 발달에 영향을 미치는 난연제는 건강을 위협할 수 있다고 경고했다. 그린피스에서 활동하던 싱호펜은 1990년대 말에 로비의 거물인 버슨마스텔러Burson-Marsteller가 유럽 소비자 화재 안전 연합The Alliance for Consumer Fire Safety in Europe 같은 단체가 어

떤 식으로 만들어졌는지를 보여 주었다고 기억하는데, 이들 단체
는 이름에서 추측할 수 있는 것과는 정반대로 시민들이 자발적으
로 참여한 단체가 아니라 브롬 산업체의 대변자들이었다. 영국
플리머스 대학교의 연구원인 앤드루 터너Andrew Turner는 주방용
품, 장난감, 사무용품, 음료 혼합에 쓰이는 식기류, 옷걸이, 크리
스마스 장식품, 도구 손잡이 등등 600여 개 이상의 검은색 플라스
틱을 분석했다. 그 결과, 많은 수의 제품에서 납과 브롬의 농도가
전기 품목에 대한 허용치를 초과했다고 발표했다. 〈검은색 플라
스틱은 외관상으로는 좋을 수 있지만, 전자 제품 폐기물로 플라
스틱을 재활용할 경우 소비자가 사용하는 제품에 유해한 화학 물
질이 유입된다는 사실을 연구 결과로 확인했다. 일반 시민들은
이런 사실을 기대한 것이 아니었고 원하지도 않는다.〉[18]

플라스틱스유럽은 유럽 규정을 〈극히 까다롭다〉고 하지만,
프랑스 하원(전진하는 공화국La République En Marche, LERM) 의원
클레르 피톨라Claire Pitollat와 로리안 로시Laurianne Rossi는 〈부적절
하고 이질적〉이라고 보고 있다.[19] 〈플라스틱 용기의 내분비 교란
물질〉에 관한 의회 보고서에서 그들은 〈규제 변화의 기반이 될 연
구물을 개발해야 할 절박한 필요성〉에 대해 주목하고 있다. 담배,
살충제, 화석 연료의 경우와 마찬가지로, 업계의 가장 잘 숙련된
기술 중 하나는 과학에 도전하는 것이다. 유럽사법재판소는 여러
판결에서 독성 물질 금지를 방지하기 위해 이용된 이런 계략들을
자체적으로 해체했다. 건강 환경 연합이라는 비정부기구 건강 네
트워크 내에서 건강과 화학 물질 캠페인을 담당한 이후, 나타샤

생고티는 업계 대표자들과 가까이 지내고 있다. 그녀는 그들의 우선 순위가 〈의심의 씨앗을 뿌리고, 또 의심의 씨앗을 뿌리는 것〉이라고 말한다. 거짓을 밀어붙이기 위해 〈유사-과학자〉들에게 돈을 지불한다. 브뤼셀이 그들을 위촉하더라도 말이다. 업계는 독성물 테스트, 즉 자신들의 제품을 승인하거나 금지하는 데 결정적인 테스트의 조건과 관련이 있을 때, 일반적으로 공격 수위를 한층 더 높인다.

블랙리스트에 오른 성가신 과학자들

로비는 매우 강력해서 유럽 기관에 영향을 미칠 정도였다. 그리고 여러 과학자들이 대가를 치러야 했다. 푸드 패키징 포럼에서 활동하는 제인 뮝케도 마찬가지였다. 그녀는 식품 포장재의 독성에 대해 연구한다. 「가장 놀라웠던 로비는 어떤 것이었습니까?」이 질문에 그녀는 이런 대답을 내놓았다. 「사실 저에게 가장 충격적이었던 건 유럽연합 집행위원회의 태도였어요.」 식품 접촉 물질에 관한 유럽 법령은 매우 오래되었으며 〈집행위원회는 이것이 심각한 문제를 일으킨다는 걸 알고 있어요. 그런데도 공개적으로 책임을 질 준비가 되어 있지 않았죠. 바로 이 점에서 그들은 업계와 같은 입장이었어요〉라고 뮝케는 분석했다. 2015년에 이 과학자는 출산 휴가를 냈다. 이때 뮝케는 식품 접촉 물질의 이해관계자들이 모이는 회의 공지를 받지 못했다. 하지만 그녀는 회의에 정기적으로 참석했기 때문에 집행위원회가 이해해 줄 것이라고 생각하고 회의 장소로 갔다. 회의에서 뮝케는 비스페놀 A에 대해 불편한 질문을 하고 싶다고 미리 공지를 했다. 「제가 회의 장소에 도착하자 참석할 수 없다는 말과 함께 입장을 거부당했습니다. 전문가들에 대한 기준이 바뀌었고, 그래서 내 경력이 새로운 기준에 적합하지 않다고 했습니다.」

유럽 식품 안전청에서 전문가로 활동했던 연구원 나탈리 공타르도 비슷한 경험을 했다. 공타르는 〈어느 날, 저는 두 가지 사실을 말했다는 이유로 유럽 식품 안전청의 달갑지 않은 기피 인물이 된 듯했다〉라고 썼다.[20] 첫 번째는 재활용으로 인해 PET의 품질이 저하된다는 것이었다. 〈원래보다 조금 덜 투명하고, 약간 노란색이 짙어지고, 내구성이 약간 떨어진다는 것이다. 보통은 플라스틱 원재료의 약점을 감추기 위해 재활용 플라스틱을 추가한다. (……) 두 번째로는 일단 식품을 담는 용도로 사용되면 그 플라스틱은 다시 재활용될 수 없다는 점이다. (……) 실제로, 미네랄워터 한 병에는 제조업체가 의도적으로 추가하는 첨가물뿐 아니라, 전혀 예상치 못한 온갖 오염 물질이 포함되어 있다.〉 결론은 어떤 대가를 지불하더라도 플라스틱을 재활용하고, 식료품 포장재를 더 많이 재활용하게 하는 조치를 확대하려는 유럽연합의 전략에 반한다는 것이다. 프랑스 국립 농업 식량 환경 연구소의 연구 이사는 이렇게 말했다. 「저는 이 전략의 타당성을 논의하기 위해서가 아니라 — 더구나 사전에 우리와 상의하지도 않았어요 — 가능한 한 빠른 시일 내에 시행되도록 하기 위해 회의에 참석했던 거예요.」 이것이 유럽 식품 안전청의 전문가로서 공타르가 참석했던 마지막 회의가 되었다. 이후 그녀는 재임용되지 않았다. 「10년 동안 충직하고 성실하게 업무를 수행했지만, 재임용되지 않았다는 안내는 우편이나 전화 어느 경로로도 없었어요. 어느 날 갑자기 저는 위원회 회의에 소집되지 않았어요.」

12장

서류상으로 야심만만했던 프랑스

「우리는 지금부터 2025년까지 재활용 플라스틱을
100퍼센트 사용하겠다고 약속했습니다.」

2020년 5월 6일, 에마뉘엘 마크롱 프랑스 대통령

에르완, 기욤, 샤를. 세 명이었다. 이 세 명의 머릿속은 젊음의 열정과 순환 경제에 대한 꿈으로 가득했다. 경영대학을 갓 졸업한 그들은 2016년 말에 툴루즈에서 라 부클 베르트La Boucle Verte라는 독창적인 스타트업을 창업하기로 결정했는데, 내부가 얇은 플라스틱 층으로 덮인 알루미늄 캔을 수집하고 재활용하는 사업체였다. 그러나 3년 후에 그들은 쓰디쓴 깨달음과 함께 사업을 접어야 했다. 〈재활용은 만병통치약이 아닙니다! 재활용은 그야말로 최후의 수단으로만 개입시켜야 하며, 몇 분 동안 사용한 물건의 재료를 복구하기 위한 게 아닙니다.〉 2019년 5월쯤부터 실망하게 되었다고 그들은 페이스북의 포스팅에서 밝혔다.[1] 그들은 오랭에서 가장 큰 프랑스 알루미늄 재활용 센터를 방문했다. 〈우리는 낡은 캔을 새 캔으로 재탄생시켜 새 생명을 불어넣을 것이라고 확신했지만, 그곳에서 프랑스 분류 센터의 알루미늄은 재활용할 수 없다는 사실을 알고 놀랐습니다. 알루미늄의 품질이 좋지 않아서 새 캔을 제조할 때 원료로 사용할 수 없었습니다. 왜냐하면 캔 제조에는 고도의 기술이 필요하고 아주 품질이 좋은 금속만 가능하기 때문입니다……. 끔찍한 일이죠! 처음부터 우리의 낡은 캔 중에서 새 캔을 만드는 데 사용된 건 없었고, 실제로는 자동차 엔진 블록과 같이 덜 까다로운 부품에만 사용됐어요.〉 결론은 이렇다. 〈알루미늄 포장재가 가장 쉽게 재활용할 수 있는 것으로 알려졌지만, 프랑스에서는 프랑스제 재활용 포장재를 더 이상 활용할 수 없다는 것을 알았을 때, 우리는 플라스틱 병이 어떻게 될지, 분류 보관소를 확장해서 많아진 포장재가 어떻게 될지 상상조차 할 수가 없었습니다.〉

이 젊은 툴루즈 기업가들이 겪은 불행은 프랑스 재활용의 슬픈 현실을 잘 보여 준다. 얼핏 보기에는 미국보다 상황이 좋아 보인다. 이전에는 에코앙발라주Éco-Emballages라는 이름이었던 시테오는 제품 재활용 자금을 조달하기 위해 기업이 지불한 돈을 관리하는 환경 단체다. 시테오에 따르면, 2019년에 프랑스 시장에 출시된 플라스틱 가정용 포장재 100만 톤 가운데 29퍼센트가 수거되고, 분류된 후 재활용되었다. 그러나 엉클 샘도 크게 다르지 않았다. 현재까지 PET 병과 고밀도 폴리에틸렌 병, 즉 플라스틱 1번과 2번만 실제로 대규모로 재활용된다. 프랑스 분류 센터 176개 중 절반이 현대식으로 바뀌었고, 모든 플라스틱 포장재를 예외 없이 분리배출 상자에 버리도록 하는 분리배출 지침이 확장됐다. 이런 혜택에도 불구하고 여전히 3번에서 7번까지의 플라스틱은 거의 재활용되지 않는다. 예를 들어, 알루미늄과 플라스틱을 대체제로 사용하는 식품, 우유, 수프의 포장재는 관련 업계에서 생각하는 것보다 재활용할 가능성이 훨씬 낮다. 골판지의 70퍼센트는 대부분 화장실에서 사용하는 휴지가 되고, 폴리에틸렌의 25퍼센트는 업계에서 이를 효과적으로 재활용할 수 있는 방법을 찾는 데 수십 년 이상이 걸렸다. 플라스틱스유럽의 기술 및 규제 업무 이사인 에르베 밀레Hervé Millet는 2019년에 일부 언론인들에게 〈폴리스티렌으로 된 요구르트병처럼 재활용 비용이 너무 높거나, 혹은 페인트 통처럼 오염이 심해서 재활용 방법을 모르는 플라스틱이 있다〉라고 인정했다. 그리고 무엇보다도 〈우리는 업계가 제품에 재활용 플라스틱을 활용하는 능력보다 분리배출을 더 잘하고 있다〉고 덧붙였다. 실패는 수치로 확인되었다. 2019년에 프랑스 플라스틱 회사는 제품에 재활용 플라스틱을 6퍼센트만 활용했다.[2]

화분, 옷걸이, 사무용품

폴리에틸렌으로 된 요구르트병 이야기를 다시 하자면, 이 플라스틱 용기는 거의 재활용되지 못한다. 어쨌건 요구르트병으로 다시 사용할 수 없다. 분리배출을 권장하는 새로운 지침에도 불구하고 프랑스인들은 분리배출을 하는 만큼 재활용을 보장받지 못한다. 제법 우수한 분리수거 센터에는 눈금 크기가 4센티미터인 분리망이 갖추어져 있지만 대부분의 다른 곳에서는 10센티미터 이상의 물체만 분류가 가능하다. 즉 요구르트병, 커피 캡슐, 본체에서 떼어 낸 뚜껑은 그대로 남는다. 특히 분리되지 않는 요구르트병은 〈그 개수가 충분치 않아서 부가 가치가 낮다〉고 시테오의 재활용 서비스 이사인 소피 제니에Sophie Génier는 인정했다. 또한 제니에는 현재 〈우리는 아직 충분한 양을 확보하지 못했고 충분한 시장 규모가 형성되지 않았으며〉, 그 결과 〈일부는 스페인과 독일로 보내져서 화분, 옷걸이 또는 사무용품으로 재활용된다〉고 밝혔다. 그러나 이거로는 충분하지 않다. 프랑스 국내 시장에서 매년 발생하는 11만 톤의 폴리스티렌 포장재 가운데 3,000톤에서 4,000톤만 재활용되는데 4퍼센트 미만에 해당하는 분량이다.

프랑스에서는 지방 자치 단체들이 가정에서 배출하는 쓰레기를 수거에서 처리까지 관리할 책임을 진다. 이 단체들 가운데 일부는 시 직원과 함께 국가 관리 아래에 운영되는 자체 분리 센터를 갖고 있다. 다른 일부는 분리 센터를 운영하며 재활용이 가능한 폐기물을 〈재생기〉라고 알려진 재활용 업체에 판매하는데, 이 역할을 주로 수에즈Suez, 베올리아 또는 팝렉Paprec과 같은 민간 회사에 위탁한다. 따라서 지방 자치 단체마다 진행 주체, 재료 및 분류 방법이 많이 다르고, 바로 이런 이유로 어떤 포장재가 여기에서는 분리수거가 되지만 100킬로미터 떨어진 곳에서는 분리수거가 되지 않기도 한다. 플라스틱 쓰레기가 프랑스 지방 자치 단체에 넘쳐 나기 시작한 것은 1970년대였다. 매립지와 소각로는 이 새로운 배출물들을 관리하기 위해 버섯처럼 생겨났다. 2005년에 열렸던 토론회에서, 당시 프랑스 시장 연합의 의장인 자크 펠리사르Jacques Pélissard는 쥐라주의 롱르소니에Lons-le-Saunier 시장으로 재직했던 첫해의 이야기를 했다. 1990년쯤이었다. 그는 이렇게 회상했다. 「지방 당국인 우리는 폐기물의 본질이 변하고 있으며 포장재의 부피가 총 부피의 백분율 단위로 증가하고 있다는 걸 깨달았습니다. 쓰레기의 50퍼센트가 포장재였습니다.

또한 플라스틱이 엄청 증가했는데, 플라스틱 제조업체들이 우리에게 알리거나 우리의 의견을 묻지도 않았죠. 하루아침에 회수가능한 유리에서 일회용 유리로, 더 심하게는 당시엔 PVC였던 재료를 PET로 바꾸고 있다는 걸 알게 되었습니다. 따라서 지방 자치 단체에 알리지 않고 아무런 동의 없이, (제조업체들은) 일방적으로 엄청난 양을 처리해야 하는 부담을 자치 단체에 떠넘겼습니다.」[3]

1975년으로 거슬러 올라가는 유럽 규정에도 불구하고, 생산자들은 1990년대까지 폐기물 관리에 대한 책임을 지지 않았다. 그래서 〈생산자들에게 책임을 부과하는〉 단계 또는 도매업 대표 Representative, REP 단계를 만들었다. 또한 에코앙발라주 같은 생태 조직도 산업체의 기부금을 모아서 그 기부금을 지역 공동체에 돌려주기 위해 설립되었다. 플로르 베를랭쟁Flore Berlingen이 재활용에 관한 저술에서 계산했던 것처럼, 문제는 이 기부금은 단지 상징적인 것에 불과하고 실제로는 납세자들이 청구서에 있는 비용의 대부분을 지불한다는 사실이다. 〈제로 웨이스트 프랑스에서 근무했던 전 이사에 따르면 폐기물 관리 비용은 연간 200억 유로에 달하고 이 중에서 140억 유로 이상이 지방 당국의 예산에 부담을 주고 있다고 한다. (……) REP 단계를 통해 기업이 이 비용에 부담을 진 액수는 12억 유로였다. 달리 말하자면 (……) 폐기물 처리 비용을 사회 전체가 부담하고 있는 셈이다.〉[4]

100퍼센트 재활용 플라스틱을 위한 〈노력〉

2017년에 에코앙발라주에서 명칭을 변경한 시테오에 따르면, 프랑스에서는 플라스틱 포장재의 50퍼센트가 〈완벽하게 재활용이 가능하다〉. 물론 그렇게 되기 위해서는 수거와 분류에서 개선할 점이 있다. 나머지 50퍼센트 중에서 절반은 전혀 재활용을 할 수가 없다. 너무 작거나 오염이 심하거나 여러 겹으로 된 포장재이기 때문이다. 50퍼센트의 나머지 절반은 〈개발 중인 단계의 문제〉다. 그래서 프랑스 대통령 에마뉘엘 마크롱이 〈2025년까지 플라스틱을 100퍼센트 재활용하겠다〉고 약속한 것은 순전히 이론에 불과하다는 점을 빠르게 간파할 수 있다. 문구도 조심스럽게 바뀌었다. 2020년 2월 10일에 채택된 법률은 이 목표를 〈향해 가는 것〉에 대해서만 언급하고 있다. 모든 센터가 2022년까지 분리수거 지침을 따라야 한다고 확대한 국가는 전 세계적으로 매우 드문데, 프랑스는 이 몇 안 되는 국가 중 하나다. 사실 결과는 매우 제한적이지만 높은 비용이 예상되는 선택이기는 하다. 프랑스 환경 에너지 관리청Agence de la transition écologique, Ademe은 2014년에 이런 센터를 현대화하기 위해 소요되는 총비용이 12~18억 유로에 이를 것이고 그 가치는 15억 유로 정도라고 추산했다. 즉, 지방 자치 단체의 초기 투자를 두 배로 늘리기로 결정한 것이다. 환경 에너지 관리청에 따르면 이 투자로 인해 2011년에서 2030년 사이에 분리배출 쓰레기통이 두 배로 증가해야 한다.[5] 플라스틱 폐기물은 세 배로 증가해야 한다. 플라스틱 폐기물은 분리배출 쓰레기통의 40퍼센트 이상이 아니라 3분의 2가 될 예정이다.

시테오가 좋아할 만한 증가폭이다. 시테오가 말하지 않은 것이 있는데, 그건 수거된 포장재가 재활용이 가능한 포장재는 둘째 치고 분류가 가능한 포장재를 의미하지 않는다는 점이다. 문제가 되는 포장재는 분류 센터의 센서에 인식되어야 하고, 재활용업자들이 그것을 가공할 수 있는 기술적 해결책과 시장에 공급할 수 있도록 충분한 재료를 갖추고 있어야 할 뿐만 아니라, 순수 원자재로 만든 플라스틱보다 더 비싸고 품질이 떨어지는 재활용 플라스틱을 구매할 수 있는 소비자가 있어야 한다. 수많은 중간 단계에서 종종 기계가 문제를 일으킨다는 점도 언급해야 한다. 시테오에 가입할 수 있는 자격 조건은 이런 상황과 무관하지 않은데, 이 환경 단체가 스스로 독립성을 유지하려면 재정 지원을 해 줄 산업계와 긴밀히 연결되어 있어야 하기 때문이다. 시테오의 이사회에는 코카콜라, 로레알, 락탈리스Lactalis, 네슬레 워터스 Nestlé Waters, 에비앙Évian, 카르푸, 오샹 등 세계 최대 브랜드의 대표들이 참석한다.[6] 재활용하기 어려운 포장재를 만드는 제조업체에 재정적으로 위약금을 부과할지 여부를 결정하는 것은 바로 이 이사회다. 어떤 상황의 당사자가 어떤 판단을 하는 건 사실 매우 예민한 문제다……. 기업들은 자신이 시장에 내놓는 플라스틱 포장재에 대해 환경 기여금을 지불하고 있는데, 이 기여금은 무게에 따라 계산된다. 따라서 어떻게든 포장재의 무게를 줄이는 것이 업계의 최우선 과제이며, 무게를 줄여서 환경 기여금의 액수를 줄여 왔다. 물론 무게를 줄이면 플라스틱도 덜 소비하게 된다. 문제는, 이런 플라스틱은 재활용될 확률이 낮다는 점이다. 또 다른 모순도 있다. 새로 포장재를 만들 때 재활용 플라스틱을 사용하기 위해서는 우선 재활용 플라스틱을 충분히 생산해야 하고 이를 위해서 시테오는 상당한 분량의 폐기물이 필요한데, 이는 폐기물을 줄이려는 원래의 목표에 위배된다. 폐기물을 줄이려는 것이 더 우선한 목표가 아니었던가?

상대적인 공정성

우리는 두 가지 사건을 통해 시테오가 주장하는 것만큼 그들의 임무가 공정하게 진행되지 않는다는 걸 추측할 수 있다. 2020년 1월 23일에 시테오는 〈프랑스에서 가정용 포장재의 1퍼센트 이상을 차지하는〉[7] 불투명 PET에 담긴 우유, 기름, 마요네즈와 섬유 유연제 용기를 특히 단열폼으로 재활용할 수 있게 된 것에 들떠 있었다. 우유 제조업체는 카르푸 또는 엥테르마르셰와 연합해 폐쇄형 재활용 용기를 재활용할 수 있는 기술, 즉 기존 용기에서 새로운 우유 용기를 만드는 기술을 개발했다고 발표하며 기대감을 나타냈다. 실제로 정말 좋은 소식이었다. 그러나 불행한 사실은 오늘날 순환 경제의 영웅을 자처하는 이 제조업체들이 10년도 더 전에 재활용이 불가능한 포장재를 시장에 내놓았고, 시테오(당시에는 에코앙발라주)가 이를 승인했다는 것이다.

보존 기간이 긴 우유 제품을 만들기 위해 2000년대에 등장한 불투명한 PET 용기는 프랑스의 혁신이었다. 이 PET는 산화타이타늄을 첨가해 용기를 불투명하게 하기 때문에 몇 가지 장점을 제공한다. 더 오래 보존하고, 훨씬 가볍고, 원료는 덜 소비하고,

알루미늄 포일 없이도 밀봉할 수 있다. 2015년부터 프랑스의 많은 우유 생산업체는 재활용이 잘되는 고밀도 폴리에틸렌에서 재활용이 안 되는 불투명 PET로 바꾸기로 결정했다. 베를랭쟁은 이렇게 설명한다. 「20퍼센트에서 30퍼센트가량의 용기 비용을 절감할 수 있다는 게 핵심이에요. 실제로 즉각적인 문제가 나타나기는 했어요. 분류 센터가 기존의 용기와 새로운 용기를 구별할 수 있는 장비를 갖추지 못했다는 사실입니다. 그래서 시장에 출시되자마자 페널티를 받아야 했죠. 그런데 시테오는 이런 규제 메커니즘을 적용하는 것이 적절하지 않다고 판단했죠. 이 물질이 분류 및 재활용에 끼칠 위험 경고를 받은 지 벌써 몇 년이나 지났어요.」[8] 2016년 말이 되어서야 제로 웨이스트 프랑스는 법원에 청원을 시작했고, 몇 주 후에 환경부 장관 세골렌 루아얄Ségolène Royal은 에코앙발라주가 재활용 프로세스를 진행할 150만 유로짜리 프로그램을 최우선으로 시작할 수 있다고 호언장담했다. 그리고 지역 단체들이 올바르게 불투명 PET를 식별해 내기 위해 분류 센터를 조정해야 한다는 해결책이 발표되기까지 다시 3년이 지나야 했다. 얼마나 많은 시간과 돈과 플라스틱을 낭비해야 했던 건지! 「포장재의 재활용 가능성이 마케팅 또는 광범위하게 경제적 이익과 충돌하는 경우, 대부분의 제조업체는 순환 경제와는 완전히 동떨어진 채 한 발짝도 움직이려고 하지 않아요.」 베를랭쟁은 한숨을 쉬며 인정했다.

새로운 포장재의 재활용이 보장되기 전에 이미 이것들의 상업화를 시테오가 지속적으로 용인한 것으로 보아, 위와 같은 불행한 경험이 그다지 교훈이 되었던 것 같지는 않다. 〈플라스틱의 자취를 줄이고〉 재활용성을 개선하기 위해 마드랑주*는 2020년 4월에 새로운 햄 포장재를 매대에 출시할 예정이라고 발표했는데,[9] 이 새로운 포장재에서 플라스틱을 70퍼센트 줄이고 〈85퍼센트까지 재활용 가능하게 할 것이며, 포장재에 종이를 80퍼센트 이상 사용〉할 거라고 했다. 브르타뉴 지방 분류 센터는 호기심에서 간단한 테스트를 해 보았다. 이 센터는 새로운 포장재 중 150개를 센터 내의 설비에 넣어서, 시테오의 인증서가 보증한 것처럼 식품 포장 팩에 사용될 예정인 우묵한 셀에서 이 포장재들이 꺼내지는지 확인했다. 분류 라인 출구에는 딱 한 개만 나와 있었다. 나머지 149개는 여러 기계적 광학적 분류 단계를 통과하지 못했다. 149개는 재활용되지 못하고 소각될 것이다. 이 소식을 들은 마드랑주는 깜짝 놀랐다. 시테오가 마드랑주에 발급한 인증서에는 〈재활용 가능〉이라고 적혀 있지 않았던가? 우리는 관계자들에게 질문을 했다. 대답은 명확했다. 시테오는 아무것도 인증하지 않았다, 왜냐하면 〈시테오는 아무것도 인증하지 않는다. 인증할 권한이 없기 때문이다〉. 포장재를 〈세렉Cerec이 테스트했다〉고 환경 단체가 분명히 인정했다. 그렇다면 세렉은 도대체 무엇인가? 시테오의 전문가 위원회였다! 세렉은 포장 제조업체를 대표하는 레비팍Revipac의 공동 창립 주체다. 이번에도 또다시 배심원과 판사가 같은 상황인 것이다. 그 결과는, 적어도 현 단계에서

* Madrange. 육류나 육류 가공품을 생산하는 프랑스 기업.

는 그렇지 못한데 〈재활용 가능한〉 포장재를 구매하고 있다고 생각하는 소비자를 위해서는 잘못된 설명을 하는 셈이다.

함정 질문에 대답하기 위한 자가 검진

에코앙발라주가 창설된 이후로 관리자급의 높은 보수를 문제 삼아 감사원은 그들을 여러 차례 소환했다. 또한 에코앙발라주는 2000만 유로 이상의 손실을 초래한 유동 자산 스캔들로 명성이 크게 훼손되기도 했다. 2000년대에 이 회사의 전무이사는 개인적으로 이익을 취하려고 조세 회피지에 2억 8300만 유로를 옮겨 놓았다.[10] 시테오로 개명한 이 환경 단체는 폐기물 방지에도 어느 정도 역할을 해야만 했다. 그러나 시테오는 일회용 플라스틱을 옹호하는 로비 활동을 하다 수차례에 걸쳐 적발됐다. 유럽 의회가 일회용 플라스틱에 대해 준비하던 규제 지침에 반대하기 위해 2018년 8월에 업계 최대 규모의 로비 단체들이 의원들에게 제출한 입장 문서[11] 맨 아래에 시테오는 자신의 서명을 첨부했다. 베를랭쟁은 몇 주 후에 이 조직이 벌인 일에 대해 이렇게 설명했다. 「전 세계 플라스틱 오염 문제에서 시장의 책임 소재를 분명히 하기 위해 진행된 TV 프로그램 「캐시 인베스티게이션Cash Investigation」[12]에 대한 대응으로 회원들에게 토킹 포인트éléments de langage를 보내면서 다시 한 번 두각을 나타냈어요. 자신들이 제안한 〈KitCom〉에 포장재가 얼마나 유용한지를 상기시키는 설명 문구가 있는 표본을 넣었고, 〈왜 플라스틱 포장을 포기하지 않는 것입니까?〉와 같은 〈함정 질문〉에 대비할 수 있는 질문들이 들어 있었어요.」[13]

　이런 예기치 못한 변화에 직면해서 소비자 협회인 UFC 크 슈아지르UFC-Que Choisir 같은 일부 단체들은 시테오를 독립적인 관리 기관으로 교체할 것을 추천했다. 아모르스Amorce 지역 단체 협회 총대표 니콜라 가르니에Nicolas Garnier도 이 의견에 동의했다. 가르니에는 〈시테오는 재활용에서 아킬레스건입니다. 그래서 포장재의 생태 디자인이 근본적인 움직임이 아닌 겁니다. 시테오는 무게가 눈에 띄게 줄어든 물병을 항상 똑같은 예시로 제공하지만 다른 의미 있는 예시를 제공하지 못하고 있습니다!〉라고 말했다. 지역 당국의 관점은 이렇다. 「관련 산업체들이 재활용 절차가 아직 없는 포장재를 시장에 출시하는 것을 금지해야 합니다. 불투명 PET처럼 지역 사회가 독창적인 포장 디자인에 계속 적응해야 한다면, 도대체 우리는 어디로 가고 있는 걸까요? 공공 서비스는 소비 사회를 위한 기권 선수용 자동차가 아닙니다.」[14]

혼란을 주는 마크들

시테오는 〈분리수거〉 마크가 〈프랑스인들이 가장 인정하는 재활용 신호 체계로, 소비자의 85퍼센트가 포장재를 분류하고 싶은 마음이 든다고 인정했다〉고 자축했다.[15] 같은 여론 조사에서 〈이 픽토그램이 브랜드가 환경에 관심을 갖고 있다는 걸 보여 준다〉고 믿는 소비자가 82퍼센트에 달하고 있다. 그러나 프랑스인들이 업계가 모순적인 분류의 함정에 빠져 있다는 사실을 알았더라면 아마도 그 정도의 신뢰를 보내지 않았을 것이다. 플라스틱 포장재에는 최대 4개의 다른 픽토그램이 실려 있다. 이중으로 된 녹색 화살표(1994년부터 유럽 법률이 요구하는 대로, 회사가 환경 기여금을 지불한다는 걸 나타내는 포앙베르Point-Vert, 즉 녹색점), 내부에 숫자가 있는 뫼비우스 리본(1988년 미국 산업계에서 설정한 픽토그램으로, 제품에 사용된 폴리머를 나타낸다), 〈분리수거를 생각하세요!〉라는 문구(이건 그저 〈분리수거를 생각하라〉는 의미), 그리고 세 개의 화살을 향해 팔을 뻗은 작은 남자. 이 네 개

포앙 베르

수지 식별 코드

분리수거를 생각하세요!

트리만

의 마크 중에서 2015년에 의무화된 마지막 마크를 〈트리만Triman〉이라고 하는데, 이 마크만이 포장재의 재활용 가능하며, 적절한 채널을 갖추고 있다는 걸 의미한다. 나머지 세 개의 마크는 소비자가 이해하기에는 모호하고 오해의 소지가 있다. 영어 사용자들에게 〈꿈의 재활용aspirational recycling〉이란 환상을 갖게 하며, 소비자들 스스로가 〈난 이 플라스틱 조각들을 재활용할 수 있을지는 잘 몰라. 하지만 그럴 거라고 믿고 싶고 분리배출함에 버려야 할 거야. 아무도 알 수 없지……〉라고 계속 말하고 있는 듯하다. 독자들에게 고백하자면, 나는 이 엄청나게 야심에 찬 재활용 신호 체계를 실행하며 분류 채널을 오염시킨 적이 있다. 이 책을 집필하기 위해 조사를 하기 전의 일이다.

시테오와 다른 일반 기업이 옹호하는 포앙베르의 경우, 재활용 가능성을 잘못 제시하며 혼란을 가중시키고 있다. 이 표시는 가정 쓰레기와 함께 버려야 한다는 문구 옆에 있어서 매우 모호하다! 보스턴 대학교의 마케팅 연구원 두 명이 2017년에 발표한 연구를 보면, 사람들이 제품을 재활용할 수 있다고 믿게 하려는 업계의 의지를 더 잘 이해할 수 있다. 모닉 선Monic Sun과 레미 트루델Remi Trudel은[16] 소비자들이 재활용이 가능한 제품을 마주했을 때 〈긍정적인 감정〉을 느낀다는 것을 밝혀냈다. 죄책감을 느끼지 않을 때 소비자들은 무엇을 할까? 그들은 소비를 늘린다……. 왜냐하면 재활용이 주는 긍정적인 감정이 〈폐기물로 인한 부정적인 감정을 제압하기〉 때문이다. 프랑스에서는 플라스틱 사용의 45퍼센트를 포장재가 차지하기 때문에 포장재에 중점을 두는 경향이 있다.[17] 그러나 이런 제품은 제조업체가 환경 기여금을 지불하기 때문에 궁극적으로는 그들이 책임을 진다. 반면, 사람들은 제조업체가 일단 제품이 판매되면 손을 떼고 어떤 기부금도 지불하지 않는 플라스틱 제품, 예를 들어 칫솔, 기저귀, 일회용 합성 섬유 등은 종종 잊어 버린다. 우리가 잊고 있는 게 또 있다. 산업 폐기물이다. 건설업계는 수요의 거의 20퍼센트를 차지하는, 프랑스에서 두 번째로 비중이 큰 플라스틱 소비재 부문이다. 파이프, 단열재, 내외장재 도료……, 플라스틱은 가정 내 어디에나 있다. 점점 더 심해지고 있다. 필리프 알뤼앵Philippe Alluin은 파리 라 빌레트 국립 건축학교에서 건축 자재 사용에 대해 가르쳤다. 또한 그는 건축 및 지속 가능한 개발을 위한 엔지니어링 네트워크 리좀ReeZOME의 창립자다. 알뤼앵은 이렇게 설명한다. 「건설업자들은 지난 70년 동안 개발된 모든 중량체를 〈플라스틱〉이라고 불렀습니다. 그러나 기술적으로는 건축에서 가장 복잡한 재료입니다.」특히 〈합성물〉이 문제다.

합성물 안에 플라스틱이 숨어 있다

제2차 세계 대전 직후, 건축물에 등장한 최초의 복합 재료는 목재 잔여물과 최대 30퍼센트의 플라스틱 수지를 혼합한 목재였다. 옥상, 건물 외벽……, 어디에서나 볼 수 있었다. 그리고 점진적으로 일련의 새로운 복합 재료가 〈인가증이 만료되었을 때 건축물에 도착하기 시작〉했다고 알뤼앵은 설명한다. 예를 들어, 합성수지가 결합된 광물 입자로 만든 재료인 코리안Corian을 1967년에 듀폰이 개발했다. 인가증이 공공 영역으로 넘어갔을 때, 특히 작업대를 만들기 위해 〈이 코리안은 물밀듯이 밀려오며 급등〉했다. 「수지를 더 많이 넣을수록, 천연이나 미네랄 물질을 덜 넣을수록, 플라스틱과 더 관계가 깊어집니다.」 따라서 고성능 콘크리트가 시멘트에서 점차 수지로 대체되고 있다. 가구는 더 이상 단단한 목재가 아닌, 수지와 접착제의 혼합물을 붙인 나무로 제작되어 재사용이 더 어려워졌다.

알뤼앵은 이렇게 추측한다. 「플라스틱이 더 이상 식별되지 않기 때문에, 우리는 거기서 헤어 나오지 못할 겁니다. 더 나쁜 점은 플라스틱이 합성물 안에 숨겨져 있다는 것이죠. 소비자는 재료의 대부분이 플라스틱인 집을 구입하면서 마치 목조 주택을 산다고 느끼고 있습니다.」 가정 내의 플라스틱 비율은 정확하게 얼마나 될까? 「정확한 수치를 추정하기는 매우 어렵습니다, 그러나 미국 가정에는 그 수치가 엄청날 겁니다.」 재활용 측면에서는 더 밝혀진 게 없다. 알뤼앵은 덧붙인다. 「플라스틱은 어떤 것도 재활용하지 않습니다. 수명이 다한 것들은 대부분 그냥 버려지고 있어요.」 PVC는 특히 브롬으로 불연성 처리된 단열 폼에 널리 사용되고 있다. 전문가들은 그 독성에 대해 알고 있을까? 알뤼앵은 「알고 있습니다. 문제는 일반 대중들이 아는 것과 비슷한 수준에 그친다는 점이죠」라고 설명한다. 「이런 종류의 재료로는 절대로 건축물을 짓지 않을 활동가들도 일부 있습니다. 거의 원리 원칙에 충실한 사람들이죠. 그러나 개발자, 건축업자, 구매자 등 대다수는 오로지 비용만을 보고 다른 건 신경 쓰지 않습니다.」

프랑스에서 플라스틱 가공업체들이 소비하는 플라스틱 원재료는 거의 500만 톤에 육박하는데, 이는 유럽 소비량의 10퍼센트에 해당한다.[18] 그래서 프랑스는 이탈리아와 독일에 이어 3위를 차지하게 되었으며 유럽연합 내 플라스틱 수요의 24퍼센트를 차지한다. 2018년에 프랑스인들은 360만 톤의 플라스틱 폐기물을 버렸는데, 주민 1인당 53킬로그램에 해당하는 폐기물을 버린 셈이다. 프랑스인들은 엄청난 와인 애호가이자 유럽에서 6위를 차지하는 생수 소비자이기도 하다. 이런 식습관이 프랑스인들의 쓰레기통을 부풀리는 원인이다. 플라스틱스유럽에 따르면, 2018년에 프랑스 플라스틱 폐기물의 대부분(43퍼센트)은 에너지를 생산하기 위해 소각되었고, 33퍼센트는 매립지에 묻혔고, 24퍼센트는 재활용되었다. 2016년에 중국이 모든 폐기물에 대한 문호를 활짝 열었을 때, 프랑스는 주저하지 않고 〈뒤섞이거나 세척되지 않은〉 폐기물을 중국으로 보냈다.[19] 재활용 기업 연합인 페데렉Federec에 따르면 〈재활용을 위해 수거된〉 플라스틱의 4분의 1 즉, 25만 톤이 중국으로 보내졌다. 2년 후에 이 비율은 10분의 1이 되었지만 2019년에 다시 증가했으며, 브로커들은 새로운 판로를 특히 튀르키예에서 찾았다.

천연 플라스틱보다 재활용에 대해서 더 말이 많다

그런데 토탈은 어떻게 서유럽에서 2위의 석유 화학 기업이 되었을까? 4년 동안 티에리 소드몽은 이 프랑스 거대 기업의 재활용 업무를 개발하는 데 모든 시간을 쏟았다. 「우리는 분명히 기여할 부분이 있다고 자신합니다.」소드몽은 이렇게 말했다. 노르망디의 폴리프로필렌 재활용업체 인수, 센에마른에 〈화학 물질 회수 장치〉 건설, 모젤의 화학 재활용 프로젝트, 안트베르펜의 재활용 폴리에틸렌 생산 등등……, 토탈은 재활용과 관련해 동원할 수 있는 모든 수단을 사용하고 있다. 유럽과 미국 사이에서, 토탈은 〈동반자 관계에 있는 수많은 화학 물질 재활용 프로젝트〉를 발표했다. 이 그룹은 천연 플라스틱 생산 현장에 대해서는 별로 말하지 않는다. 전 세계에 약 12곳이 있으며 매년 650만 톤의 폴리머를 생산하는데, 이는 전 세계의 2퍼센트에 해당한다. 토탈의 야망은 2030년까지 이 분량에 재활용 재료의 30퍼센트를 포함시키겠다는 것이다.

소드몽의 설명을 들어 보자. 「토탈이 할 수 있는 말은 이렇습니다. 우리는 더 이상 플라스틱을 생산하지 않고, 다른 기업들이 생산하도록 할 겁니다. 우리가 선택한 것은 문제를 해결하는 데 우리의 자원 일부를 이용하는 것입니다. 부적절한 사용을 금지해야 한다는 의견에 동감합니다. 그런데 만약 아프리카 사람들에게 깨끗한 물을 마실 수 있도록 하는 작은 물병을 당신이 없앤다면, 그들은 어떻게 될까요?」일단 이 의견을 인정하자. 그러나 이것이 토탈이 동시에 천연 플라스틱 생산을 줄인다는 것을 의미할까? 이것에 관한 정보를 갖고 있지 않다고 나에게 말하며 소드몽은 당황했고, 이것에 나는 놀랐다. 소드몽은 〈곧〉 서면으로 대답하겠다고 약속했다. 이 〈곧〉은 기억에서 사라진 듯하다. 그래서 나는 토탈의 연례 보고서[20]를 참조하기 위해 직접 찾아갔다. 그리고 연레 보고서에서 나는 토탈이 2021년에 오스트리아 노발리스 Novealis와 함께 텍사스주에 새로운 에탄 크래커를 열 것이며, 부지의 〈생산성을 두 배 이상 높일〉 새로운 폴리에틸렌 공장을 바로 옆에 건설할 계획이며, 2018년에 사우디아람코와 함께 사우디아라비아에 폴리에틸렌 생산을 목표로 〈세계적 수준의 석유 화학 단지를〉 ─ 여기에 총 55억 달러의 투자금이 투입되었다 ─ 건설하는 협정에 서명했으며, 한국에서 12억 5000만 달러의 투자를 받아 3년 안에 폴리에틸렌과 폴리프로필렌의 생산 능력을 50퍼센트 이상 높일 수 있게 되었으며, 알제리에서 아프리카의 소나트락*과 손잡고 폴리프로필렌을 생산할 계획이라는 것을 알게 되었다. 요컨대, 이 문제에 대해서 아주 신중한 토탈은 향후 몇 년 안에 천연 플라스틱 생산량을 적어도 50퍼센트 이상 늘릴 계획이다.

전통적인 슈퍼마켓은 끝나는가?

프랑스 정부는 〈프랑스가 포장재의 수거 및 분류에서 서유럽 국가 중에 가장 뒤지고 있다〉[21]는 것을 스스로 인정하며, 프랑스의 성적을 평균 이상으로 올리겠다는 야망을 미래에는 보여 주겠다는 결정을 내렸다. 최고의 지위는 「순환 경제를 위한 낭비 방지법 Anti-Gaspillage pour une Economie Circulaire, AGEC」[22]에 주어졌다. 2020년 2월 10일에 발효된 이 법은 2025년까지 제품 내에 재활

---

* Sonatrach. 탄화수소 자원 개발을 위해 설립된 알제리 공기업.

용 플라스틱을 최소한 20퍼센트로 하고, 패스트푸드점의 일회용 식기를 재사용이 가능한 식기로 교체하고, 〈분리 규칙에 혼란을 초래〉할 수 있는 포앙베르 유형의 마크에 대한 처벌을 약속했으며, 무엇보다도 2040년까지 모든 일회용 플라스틱 포장재를 금지하도록 규정하고 있다. 일회용 면봉, 물컵, 접시는 2020년부터 금지되었다. 2021년 1월 1일에는 빨대, 수저, 플라스틱 막대로 확대되었다. 그러나 이런 금지 조치는 그저 식전에 먹는 오르되브르에 불과하다. 구체적으로 말하자면, 일회용품 사용 금지는 오늘날 대형 소매점의 매대를 채우고 있는, 사용 후에 바로 버려지는 모든 플라스틱 포장재, 즉 치약 포장재부터 세제 용기, 요구르트병, 햄 포장재 등에도 적용되기 때문에 일회용품은 지금의 슈퍼마켓에서 사라질 수밖에 없다. 이 상황은, 가능하면 포장재 없이 무게를 재서 판매하거나, 대체재로 바꾸거나, 두께를 늘려서 재사용할 수 있는 포장재를 이용하는 등의 여러 선택지와 마주해야 하는데, 기업의 입장에서는 일대 변혁이다. 이를 실행하기 위해 5년마다 〈감축, 재사용-재이용, 재활용〉이라는 목표를 설정한다. 2020년 말에 진행된 협의 단계에서[23] 첫 번째 5개년 계획은 2021년부터 2025년까지가 해당되었다. 많은 사람이 이 문제를 담당하는 국무장관 브륀 푸아르송Brune Poirson에게 2040년 만기는 너무 긴 기간이라고 비판했다. 이 비판에 국무장관은 이렇게 항변했다. 「우리 사회가 플라스틱 가공을 한 지 60년이 지났습니다. 이 상황에서 벗어나는 데 20년은 생각을 해야 합니다. 더구나 이런 변화가 극빈층에 피해를 주면 안 됩니다. 극빈층이 구매하는 생활필수품이 종종 과도하게 포장이 되기 때문에 비용에서 부담이 될 수 있습니다.」

특히 주목을 받은 것은 논란의 여지가 있는 조치였다. 재활용을 잘하기 위해 더 많은 플라스틱 용기를 수거하는 것을 목표로 하는 보증금 제도를 실행하는 문제였다. 마지막으로 중재를 할 당시, 푸아르송 국무장관은 지역 사회와 환경운동가에게 강도 높은 비판을 받았는데, 지역 사회는 설비 비용이 문제였고, 환경운동들은 최대 50번까지 재사용할 수 있는 유리병보다 재활용 효과가 적은 보증금 제도에 회의적이었다. 폐기물 관리의 유럽 전문가인 클라리사 모라프스키가 보기에 이건 큰 실수였다. 플라스틱 용기를 보관하는 것이 필요한 첫 단계가 아니라고 판단했기 때문이다. 「리필이 가능한 제품에 기회를 주고 싶다면 리필이 불가능한 제품에 대한 공급망이 필요합니다.」 다시 말하자면, 소비자는 플라스틱이건 유리건 금속이건 관계없이, 사용 후에 모든 음료 용기를 반환하는 방법을 다시 익혀야 하는 것이다. 일단 익숙해지면, 플라스틱 용기를 완전히 없애고 재사용이 가능한 유리병이 자리를 잡는 것이 더 쉬워질 것이다. 또한 세척이 끝나고 재생된 플라스틱 용기도 15회까지 재사용할 수 있어서 14개의 일회용 용기가 생산되는 걸 막을 수 있다. 아무것도 잃지 않았다. 이 법은 2023년에 지방 당국이 유럽연합 정책위원회에서 요구하는 90퍼센트 수거에 — 2020년에는 58퍼센트 — 접근하는 데 어려움을 겪을 경우, 보증금이 부과될 수 있다고 알린다. 2021년에 프랑스 환경 에너지 관리청이 첫 번째 단계를 놓았다.

〈문화 혁명이 필요하다〉

푸아르송은 정부를 떠나 대의원이 되어 인도에서 보낸 시간을 회상한다. 「여하튼 그 시간은 플라스틱에 대한 생각을 과격하게 만들었어요. 전에는 재활용을 믿었지만, 그거로는 절대로 충분하지 않아요.」 정부에서 일할 때 두 번째 각성이 있었다. 국무장관으로 재직한 3년 동안 푸아르송은 이렇게 증언한다. 「산업계의 이해관계가 걸려 있는 상황에서 빠져나오기가 얼마나 어려운지를 깨달았어요. 이건 세기의 싸움입니다. 문화 혁명이 필요해요. 달에 가는 것과 같다고 생각해야 해요. 우리는 시스템을 전복시켜야 합니다. 국가는 이에 대한 준비가 되어 있지 않다고 생각합니다.」 필리프 볼로Philippe Bolo 의원과 앙젤 프레빌Angèle Préville 상원의원도 다른 말을 하지 않는다. 몇 달간 조사하고 수십 번의 청문회를 한 후에, 그들은 2020년 12월에 플라스틱 오염에 대한 정보가 담긴 보고서를 발표했다. 두 의원은 현재 공공 권력이 선호하는 경로, 즉 기술 발전, 폐기물 관리 개선, 시민 역량 강화, 녹색 성장 등이 〈비효율적〉이라고 판단했다. 두 의원은 이 정책을 〈소비를 줄이고 재사용을 개발하는 보다 적극적인 정책을 희생시켜 가며 재활용의 효율성 개선에 너무 집중하고 있다〉라고 말한다. 이어서 그들은 〈플라스틱 오염에 반대하는 싸움은 우리의 생산과 소비 방식의 격변을 전제로 한다. 그 싸움은 과소비 사회의 모델에 대해 심도 있는 질문을 할 것을 요구한다. 그리고 그 싸움은 경제 모델을 검토해야 하는 산업체 사람들을 포함해 수많은 이해관계에 잠정적으로 의문을 제기한다〉라고 결론을 내린다.[24]

13장

잊힌 사람들

「특히 제3세계 국가들을 비롯해 세계 인구가
계속해서 증가함에 따라, 포모사 그룹은 전 세계가
최상의 삶의 질에 도달할 수 있도록 지원하고 있습니다.」[1]

제닐 파크스Janile Parks, 대만 포모사 플라스틱스Formosa Plastics 그룹 대변인

「플라스틱이 자신의 이웃보다 거북이에게 해를 끼친다고 아는 사람들이 훨씬 더 많습니다. 이웃보다 거북이를 더 아껴서 그런 것이 아니라, 단지 잘 모르고 있기 때문이지요.」그린피스 미국 지사에서 15년이 넘게 해양 문제를 다루고 있는 해양 생물학자 존 호시바의 말이다. 「거북이는 그저 문제의 일부에 지나지 않습니다.」상대적으로 〈사회적 정의를 구성하는 거대한 요소〉에 관심을 갖는 것이 시급하다고 호시바는 지적한다. 이베트 아렐라노 Yvette Arellano도 같은 생각인데, 그녀가 그런 견해를 갖게 된 것은 미국 석유 산업의 중심인 휴스턴에 살고 있는 영향도 크다. 아렐라노는 텍사스주의 환경 정의 보호 단체인 테자스TEJAS에서 일하고 있다. 얼마 전까지만 해도, 아렐라노는 〈플라스틱 오염이 도로에 버려진 물병이나 해양의 쓰레기 섬〉과 같은 것이라 알고 있었고, 〈이것이 어디에서 비롯되는지, 무엇으로 만들어졌는지, 왜 계속 지속될 수 있는지는 결코 생각해본 적이 없었다〉. 아렐라노는 이렇게 말한다. 「이제는 플라스틱 오염이 하수관에서 흘러나오며, 방금 내린 눈처럼 보일 수 있다는 것을 압니다. 또 그것은 발암성 물질인 벤젠을 합법적으로 방출하는 정제 공장의 굴뚝에서 피어오르는 검은 연기 같은 것이라는 사실도 알고 있습니다. (……) 플라스틱은 정제 공장과 화학 공장의 모습을 하고 있으며, (……) 불타는 소각로 냄새를 풍깁니다. (……) 플라스틱은 저녁 뉴스 시간이나 당신이 잠자는 동안에도 당신을 깜짝 놀라게 하는 화학적 경고 사이렌을 울립니다. 운동화, 기름, 매니큐어, 농구공, 타이어 등에서 냄새로도 납니다. 더욱 끔찍한 것은 여러분들이 냄새를 맡을 수도, 만질 수도 없는, 우리의 감각으로는 느낄 수 없는 것들이 있다는 겁니다……. 저는 제가 숨 쉬는 공기, 제가 마시는 물이 깨끗한지를 끊임없이 불안해하며 살고 있으며, 먹을거리를 재배할 수조차 없는 해로운 토양을 걱정하며 살고 있습니다.」²

이미 보았듯이, 우리가 플라스틱을 사용하는 순간, 즉 우리가 전자레인지로 음식을 데운다거나 난연제가 잔뜩 들어간 소파에 누워 있을 때, 혹은 수혈을 받는 순간에도 인체로 스며든다. 모두가 플라스틱에 노출되지만, 어떤 사람들은 플라스틱이 제품이 되기 전과 그 역할을 다한 후의 단계에서 어쩔 수 없이 플라스틱과 그 첨가제에 더 많이 노출된다. 그 최전선에는, 채굴 현장, 생산 공장, 매립지와 소각로 근처에 사는 주민들이 있으며, 또 플라스틱 공장 근로자와 소방관, 폐기물 수거업자들도 있다. 이 잊힌 희생자들을 집중적으로 살펴보자.

무용수, 그리고 강압적 밀어붙이기

펜실베이니아주는 미국 민주주의 요람으로 알려져 있다. 바로 이곳에서 1776년 7월 4일, 신생국의 독립 선언문이 채택되었다. 하지만 미국 북동부의 이 주는 훨씬 덜 숭고한 일화로 명성을 얻게 되는데, 바로 2003년에 발견된 엄청난 매장량의 셰일가스를 개발하게 된 것이다. 이 현실을 알리기 위해, 로이스 바우어비욘슨Lois Bower-Bjornson은 수압 파쇄로 파괴된, 그녀가 사는 지역을 온라인으로 둘러보는 프랭크랜드 투어Franckland Tour[3]를 시작했다. 이 무용수가 환경 단체인 클린 에어 카운슬Clean Air Council에 합류하여 적극적 행동에 나서도록 유도한 사람은 아무도 없었다. 바우어비욘슨이 결심을 하게 된 것은 네 명의 자녀들, 그리고 셰일가스 유정과 함께 살기 때문에 다른 이웃들처럼 〈공기, 물, 토양 그리고 전반적인 삶의 질〉에 대한 치명적인 영향을 감내해야 했기 때문이다. 하지만 가장 저명한 로비스트들을 영입하고, 파쇄 공정을 선전하도록 정치인들에게 자금을 지원하는 산업계가 강압적으로 밀어붙이는 상황에서 한 사람의 무용수가 얼마나 영향력을 미칠 수 있을까? 탄광으로 오염된 공기, 더러운 물……, 한때 세계 최대 철강 산업 단지였던 피츠버그 지역은 막중한 환경 빚을 물려받았고, 파렴치한 기업들이 화학 잔류물을 방출한 오하이오강은 현재 미국에서 오염이 심한 강 중에 한 곳이다. 전면적인 셰일 탄화수소의 개발은 상황을 더욱 악화시킬 뿐이다. 2020년 기준, 펜실베이니아주의 마르셀루스 분지에는 1만 2,000개가 넘는 셰일가스 유정이 가동 중인데, 이곳은 미국에서 가장 기대되는 매장량이 묻혀 있다. 같은 해 초에, 미국 화학 협회는 이러한 성공을 자축하며 국가 전체적으로 총 1140억 달러에 달하는, 준비하거나 진행 중인 133개가 넘는 새로운 프로젝트를 발표했다.

은퇴한 소아과 전문의이자 오염 문제 전문가인 네드 케티어 Ned Ketyer 박사에 따르면, 셰일가스를 추출하기 위해서 170개가 넘는 화학 물질이 사용된다고 한다. 미국은, 가스 회사들이 파쇄 공정에서 배출되는 유독성 물을 처리 과정을 거친 후에 하천으로 방류하도록 허가하고 있다. 하지만 처리 과정에서 모든 오염 물질이 제거되는 것은 아니다. 2013년에 노스캐롤라이나의 연구원들은 처리 시설이 위치한 곳의 하류에서 상류보다 200배까지 높은, 우려할 만한 수준의 방사능 수치를 확인했는데, 이는 파쇄 공정에 사용된 물 속에 존재하는 상당량의 라듐 때문이다.[4] 방사성 폐기물, 유독성 매연, 토양과 지하수 층으로 흘러드는 유해 물질들, 모래 공급과 가스 운송을 위한 수천 대의 디젤 트럭들에서 나오는 배기가스, 유정과 가스관에서 누출되는 메탄⋯⋯. 오염의 원인은 셀 수 없을 정도이며, 일단 시추를 실행하면 압력 차이 때문에 표면까지 저절로 올라오던 기존의 탄화수소 추출 과정에서 발생하는 오염보다 훨씬 더 심각하다. 증거들이 늘어나면서, 이러한 공해가 주민들에게 미치는 영향과 그 연관성이 밝혀지고 있다. 2013년 이후로, 파쇄 공정이 건강에 미치는 영향에 관한 연구가 1,600개가 넘게 발표되었고, 이 중 84퍼센트는 이 방식이 공중 보건에 위협이 된다고 밝혔다. 인근 주민들에게서 조사된 증상은 불면, 두통, 출혈, 감기, 인후염, 호흡 곤란, 피로, 불안, 우울증 등 다양하다. 연구들에 따르면, 임산부는 더욱 위험에 처해 있었고, 파쇄 현장에서 1킬로미터 이내 신생아들은 저체중으로 태어날 위험성이 더 높았으며, 이는 이후 성장 발달을 악화시키는 것으로 나타났다.[5] 이 분야의 근로자들은 파쇄 공정에서 역류되는 물 속에 존재하는 많은 양의 방향족 탄화수소 벤젠으로 인해, 백혈병과 같은 혈액암에 걸릴 위험이 더 높다.

「복권에 당첨됐다고 믿었어요」

2019년, 수압 파쇄가 가장 활발히 진행되고 있는 펜실베이니아 주 남서부 네 개의 카운티에서 유잉Ewing 육종이 예기치 못하게 급증하는 현상이 관찰되었다. 매우 드물게도, 이 골종양은 아이들과 청소년들을 공격한다. 「2008년부터 2018년까지 소아, 청소년, 청년에게서 67건의 희귀 종양이 파악되었고, 이 중에서 27건은 유잉 육종이었으며, 40건은 다른 소아암들이었습니다. 이 수치들은 그와 같은 지역, 주로 시골이며 교외에 있는 지역에서 예상할 수 있는 것보다 훨씬 높은 수치들입니다.」 케티어 박사는 설명한다. 그럼 석유와 가스 산업계는 이에 대해 뭐라고 말하는가? 박사의 의견은 이렇다. 「산업계는 석유 화학 제품(특히 제약업계에서 사용되는 플라스틱)이 우리의 건강과 안전을 증진시킨다는 이야기를 제외하고는, 공중 보건에 대해서는 절대로 언급하지 않습니다. 그들은 수압 파쇄가 대기 질을 향상시키고, 온실가스 방출을 줄인다고도 이야기합니다. 물론, 이 두 가지 주장은 명백히 잘못된 것입니다. 석탄을 채굴하고 연소시키는 것에 비하면, 수압 파쇄에 의한 가스 추출과 연소는 좀 덜 지저분할 수도 있습니다. 마치 담배에 필터를 씌우는 것처럼 말이죠. 하지만 어떤 의사도 필터를 씌웠다고 담배가 위험하지 않다고 말하지는 않을 겁니다……」 셰일 산업의 열렬한 옹호자이자 펜실베이니아주 주지사인 톰 울프는 — 이 사람은 마리너 이스트 2 파이프라인 승인 권한과 관련해 부패 혐의로 FBI의 조사를 받고 있다 — 결국 가족의 뜻에 따라, 2019년 말에 문제를 명확히 밝히기 위해 대규모 보건 연구를 실시하기로 했다.

소아과 의사 케티어는 수압 파쇄의 위험성에 대해 〈이제는 더 이상 옥신각신할 때가 아니다〉라고 말한다. 이 의사와 마찬가지로, 클린 에어 카운슬의 바우어비욘슨도 〈메탄과 유해한 화합물을 줄이고, 사람들이 살고 일하며 시간을 보내는 곳에서 셰일 가스 유정이 너무 가까이 위치하는 것을 방지하기 위해 강력한 규제〉를 요청한다. 일부 유정들은 학교에서 300미터도 채 안 되는 곳에 있으며, 심지어 브라이언 랫캐니시Bryan Latkanish 경우처럼, 거주지로부터 100미터도 떨어지지 않은 곳에도 있다. 셰일가스는 49세 이혼남인 이 농부의 삶을 산산조각 냈다. 그는 이렇게 말한다. 「2011년부터, 제 땅에서 수압 파쇄 작업을 했습니다.」 그러고 나서 셰브론이 인수한 아틀라스 에너지Atlas Energy가 도착했을 때였다. 「그들은 제게 800만~1300만 달러를 약속했어요. 전복권에 당첨됐다고 믿었지요.」 하지만 그의 환상은 곧 깨졌다. 농장은 완전히 파괴되었고, 수압 파쇄의 진동으로 그의 집은 기초가 무너져 내렸고, 물은 더 이상 마실 수 없었으며, 그의 아들은 특히 천식과 두통에 시달리고 있다. 그 자신도 신장에 생긴 문제를 포함해 다양한 병으로 여러 차례 입원을 했다. 랫캐니시는 이사를 가기 위해 필사적으로 애쓰고 있지만, 오염된 그의 땅은 원래 가격의 10분의 1밖에 나가지 않는다. 「회사는 내게 거짓말을 했고, 우리 삶은 완전히 망가졌어요. 이 사업은 펜실베이니아주와 그 농업 공동체를 무너뜨리고 있어요.」

설거지를 하려고 차를 타고 가다

시추 작업이 유해하다면, 가스 운송 또한 건강에 문제를 일으킨다. 30대 간호사 에리카 타Erica Tarr는 2020년 봄에 펜실베이니아주의 새집으로 이사를 하며 그 대가를 치르고 있다. 그때 이후로 그녀는 매일같이 차를 타고 가까운 친척 집에 가서 설거지를 하고 두 살 난 딸을 목욕시키게 되었다. 2020년 6월에 〈우리가 먹는 물이 갈색으로 변했고, 압력이 낮아지며 우물이 말라 버렸어요〉라고 타는 설명한다. 타의 남편과 딸은 병에 걸렸다. 물에 대한 조사와 분석이 이루어진 후에, 그녀는 우물이 서노코와 이네오스의 자금을 지원받는 인근 마리너 이스트 2 공사 현장에서 방출한 시추 잔여물로 인해 오염되었을 가능성이 있다는 결론을 내렸다.

석유 회사들에게는 애팔래치아산맥의 귀중한 광맥이 오로지 유럽 공장으로 빠져나가도록 놔두는 것은 있을 수 없는 일이다. 로열더치셸Royal Dutch Shell의 미국 자회사는 2012년부터 셰일이라는 파이에서 자기 몫을 챙기기 위해 자리를 잡았다. 수억 유로 보조금에 대한 대가로, 로열더치셸은 엄청난 규모의 증기 분해 시설을 갖춘 거대 복합 폴리에틸렌 생산 단지를 건설하기로 약속했다. 이 프로젝트는 60억 달러로 추산되며, 2021년에 공사가 완료될 예정이다. 미국 화학 협회와 많은 공화당 의원들은 펜실베이니아주의 행운이라고 외쳤다. 도널드 트럼프Donald Trump도 2020년 9월에 피츠버그 인근 선거 캠페인 당시, 가스 산업이 펜실베이니아에서 100만 개가량의 일자리를 창출했다고 장담했다. 종종 그렇듯이, 이전 미국 대통령은 실제로 2만 6,000개에 가까운 일자리 숫자를 35배나 부풀리며 자기 멋대로 과장했다.[6] 민주당 소속의 피츠버그 시장 빌 페두토Bill Peduto는 이에 속지 않는다. 페두토는 이 운 좋은 수입이 장차 환자들을 돌보기 위해 수십억 달러의 비용을 지출하게 만들 것이라는 점을 알고 있다. 피츠버그 지역에서는 2010년부터 건강과 환경을 보호하기 위해 수압 파쇄를 금지하고 있었지만, 펜실베이니아주의 다른 곳에서는 여전히 허가되고 있었다. 〈우리는 피츠버그가 어떻게 될 것인가에 대한 중대한 국면으로 접어들고 있습니다. 기업은 주민들의 건강에 미치는 영향을 무시한 채, 오하이오주 계곡에 적어도 7개의 크래킹(에탄 분해 공정) 공장을 건설할 것이라고 합니다. 이것은 좋은 사업이 아니라 도시를 팔아넘기는 것입니다.〉[7] 2019년 말에, 페두토는 이렇게 비판하며 산업계와 공화당의 분노를 동시에 일으켰다. 하지만 펜실베이니아주 주민들은 의견을 바꾸기 시작한다. 석탄 산업의 쇠퇴 이후 너무나도 피폐해진 경제 상태로 인해, 주민들은 오래전부터 셰일이라는 횡재에서 이득을 보려고 상당한 위험을 감수할 준비가 되어 있었다. 그러나 지금은 텍사스주나 루이지애나주에서 본 것을 걱정하며, 이번에는 자신들 지역이 암 골목Cancer Alley으로 변하는 것이 아닌가 두려워하고 있다.

〈죽음으로 가는 길〉, 탈출구가 없기 때문이다

암 골목, 이는 루이지애나주의 주도 배턴루지와 재즈의 상징적 도시인 뉴올리언스를 가르는 약 100킬로미터에 이르는 길에 붙여진 별명이다. 미시시피 근처의 작은 동네 세인트제임스에 사는 은퇴 교사인 샤론 라비뉴Sharon Lavigne는 이곳을 차라리 〈죽음으로 가는 길〉이라고 부르길 원한다. 왜냐하면 미시시피와 접한 이 〈강변 구역〉 주민들은 사형 선고를 받은 죄수들처럼 이곳을 벗어날 수 없기 때문이다. 다른 곳으로 이사를 가기에는 너무도 빈곤해, 이들은 그저 이곳에 남아 암이나 산업 재해로 죽음을 맞이하는 것 외에 선택의 여지가 없다. 공기는 쉬지 않고 화학 물질을 실어 온다. 종종 두통을 유발할 정도로 매캐한 냄새가 코를 자극한다. 〈길을 따라 걷다 보면, 수 킬로미터에 걸쳐 공장 다음 공장, 끝없이 공장들이 나옵니다. 어느 순간, 이곳이 인간을 위한 장소가 아닌 기계를 위한 장소라는 기이한 느낌을 받게 됩니다〉라고 루이지애나 출신이자 환경법 옹호 단체 국제 환경법 센터의 회원인 제인 패튼Jane Patton은 토로한다.

벤젠, 클로로프렌, 산화에틸렌, 포름알데히드……, 이 살인자들은 제2차 세계 대전 이후 석유 화학 업체들이 그곳에 자리를 잡은 후부터, 미시시피강을 따라 엄청나게 많아졌다. 공장 수십 개가 그곳에 있다. 루이지애나주는 64개의 구역으로 이루어지는데, 여기서 구역은 다른 주의 카운티에 해당한다. 미국 환경청에 따르면, 네오프렌 생산 공장이 위치한 세인트존더밥티스트 구역은 미국에서 대기 오염으로 인한 암 발병 위험이 가장 높은 곳이다.

과거 듀폰이 소유했던 이 공장은 2015년에 일본 기업 덴카Denka에 인수되었으며, 이곳은 잠수복에 사용하는 네오프렌을 생산하는 미국 내 마지막 공장이다. 문제는 이곳이 클로로프렌을 상당량 방출하는 것인데, 클로로프렌은 독성이 매우 높은 물질로 인근 주민들을 전국 평균치보다 50배나 높게 암 발병 위험에 노출시킨다. 거의 모든 가정에 암으로 사망한 가족이 있을 정도이며, 많은 사람이 피부병, 안구 질환, 폐 질환, 두통, 구토, 근육 약화 등으로 고통받고 있다. 2016년에는 미 환경청이 플라스틱 생산 시 나오는 또 다른 발암 물질이자, 암 골목에 흔히 존재하는 산화에틸렌의 위험성을 상향 조정했다. 이에 대해 미국 화학 협회는 이렇게 분석한다. 이 새로운 기준은 〈선택적 과학에 기반을 둔 중대한 결점을 보이며, 이는 불합리할 정도로 과도한 신중함으로 귀결된다〉. 로비 단체인 미국 화학 협회가 강조하는 핵심은 〈산화에틸렌은 수많은 일상용품을 제조하는 데 사용되는 다목적의 가치 있는 물질〉이라는 것이다.[8]

　지역 주민들이 이런 고통을 감내하기가 더욱 어려운 것은 산업계가 열악한 지역 사회의 약점을 이용하고 있기 때문이다. 10여 개의 석유 화학 공장이 있는 세인트제임스 인근 구역의 조지프Joseph 사제는 2019년 『리베라시옹』과의 인터뷰에서, 산업 폐기물과 연이은 암 발병 사이의 연관 관계를 규명할 수 있는 연구를 지원하기 위해 필요한 40만 달러를 준비하지 못한 것을 안타까워하며 이렇게 주장했다. 〈만약 이곳이 흑인 지역 사회가 아니었더라면, 공장들이 들어오지 못했을 겁니다. 기업들은 여기

주민들이 싸우기 위한 수단이 부족하다는 것을 알고 있어요. 이는 송유관 건설이 어떻게 사전에 그 목적지가 바뀌었는지를 확인해 보기만 하면 됩니다. 백인 지역 사회가 이에 반대했기 때문이지요.)[9]

선샤인 프로젝트, 암울한 사업

세인트제임스 구역에서, 궁극의 적은 〈포모사 플라스틱스〉라는 이름이다. 1980년대부터 미국에서 활동 중인 이 기업을 상대로, 퇴직 교사 라비뉴와 대부분 빈곤한 아프리카계 미국인인 그녀의 이웃들이 함께 싸우고 있다. 2018년, 라비뉴는 저렴한 원자재 비용과 10억 달러 보조금 지원에 이끌린 대만의 거대 플라스틱 기업이 그녀의 집에서 3킬로미터 떨어진 곳에 세계에서 가장 규모가 큰 플라스틱 생산 단지를 건설할 것이라는 사실을 알게 된다. 100억 달러가량이 소요되는, 14개의 설비 시설을 서로 끼워 넣는 건설 작업이다. 암호명은 선샤인 프로젝트Sunshine Project로, 인근에 있는 다리 선샤인 브리지Sunshine Bridge에서 영감을 얻어 이름을 붙였다고 한다. 이름은 햇빛 사업이지만 암울하기 그지없다. 무엇보다 막대한 양의 산화에틸렌을 방출함으로써, 이미 꽤 높아져 있는 발암 위험을 3배나 더 높일 수 있기 때문이다. 이 사업은 그 자체만으로 세계 경제에서 오랫동안 유지되던 역할이 점차 바뀌는 것을 상징한다. 지금까지 아시아 정부들은 경제 성장의 대가로 오염을 감수했고, 석유 화학 기업들은 아시아에 자리를 잡아 왔다. 그런데 이제는 아시아 기업들이 미국으로 방향을 돌리고 있다. 원자재가 더 저렴하고 의회 의원들이 기업에 더 호의적이기 때문이다.

세인트제임스 구역에 포모사가 들어온다는 발표가 나자마자, 라비뉴는 이 프로젝트를 무산시키기 위해, 〈세인트제임스여, 일어나라Rise Saint-James〉라는 단체를 조직한다. 프로젝트를 무산시킬 가능성을 높이기 위해, 라비뉴와 생물 다양성 센터는 두 곳의 다른 관할 구역에 나란히 소송을 제기한다. 이들은 감독 기관이 승인한 오염 허용에 이의를 제기하는데, 이들에 따르면 이 허용이 대기 질 및 수질에 관한 법률 위반이라는 것이다. 그러나 코로나 팬데믹이 한창인 2020년 봄에, 포모사는 조용히 초대형 건설 작업을 시작한다. 법원은 허가의 유효성에 대한 결정이 날 때까지 공사를 중단할 것을 명령한다. 2020년 11월에 첫 번째 법원의 결정이 나왔는데, 공사가 진행 중인 한 곳의 일시적 중단을 고지하며, 공사 현장에 어떤 작업도 재개하지 못하도록 했다. 이 첫 번째 승리는 소송의 당사자인 루이지애나주 버킷 브리게이드Louisiana Bucket Brigade 단체에 활기를 불어넣는다. 「우리는 골리앗이 쓰러지기 시작하는 모습을 볼 수 있을 겁니다. 흑인 지역 사회의 해체, 묘지 훼손, 습지대 파괴, 유독성 대기 오염의 두 배 증가, 엄청난 온실가스 방출, 발암 위험 증가와 같은 포모사가 가하는 위협들이 용납될 수 없다는 것은 전문 기술자가 아니더라도 이해할 수 있습니다. 이 프로젝트는 처음부터 끔찍한 발상이었으며, 절대로 허가되지 말았어야 합니다.」[10] 포모사 플라스틱스가 환경친화적인 기업이 아니라고 알려진 점은 주민들의 걱정에 더욱 기름을 붓는 격이었다. 감독 기관이 환경을 너무나 오염시킨다고 판단해 대만에서 쫓아낸 이 기업은 2018년에는 델라웨어에 있는 PVC 생산 공장도 문을 닫아야만 했다. 환경에 관한 법률 위반으로 여러 차례 유죄 선고를 받았기 때문이다.

「포모사요? 최악의 기업 중 하나예요.」 포트러배카Port Lavaca에서 새우잡이 어선 선장이었던 다이앤 윌슨Diane Wilson은 포모사 플라스틱스를 잘 알고 있다. 윌슨은 인근 텍사스주에서 30년이 넘게 그들을 겪어 왔다. 1989년에, 윌슨은 자신이 거주하는 캘훈 카운티가 미국에서 가장 오염이 심한 곳이라는 사실을 알게 되자, 현재 전 세계적으로 10만 명이 넘는 직원을 고용하고 있는 이 대만의 대기업을 상대로 전쟁에 돌입한다. 포모사 플라스틱스는 당시 폴리에틸렌과 폴리프로필렌의 생산을 늘리려 계획하고 있었다. 「저는 물, 공기를 비롯해 그 회사가 받은 모든 허가 사항에 대해 싸우려고 했고, 이를 2년이나 지연시켰습니다.」 이 선장은 홀로 싸운다. 아무도 그녀를 도와주지 않는다. 「사람들은 보복하겠다고 위협하는 포모사를 두려워했어요.」 포모사 측의 돈을 거절하자, 윌슨은 온갖 시련을 겪게 되었다. 거대 석유 화학 기업이 그녀를 상대로 소송을 제기하기 전, 어떤 식으로 그녀의 변호사인 사촌을 매수하고, 개를 죽이고, 배를 파손했는지에 대해 윌슨은 이야기한다. 하지만 윌슨은 결코 굴복하지 않았고, 마침내 승리했다. 2020년에 별개의 소송에서 이 유쾌한 옹고집 여성은, 몇 년 전부터 멕시코만의 수질을 오염시키고 있는 포모사 포인트 컴포트Formosa Point Comfort 공장의 플라스틱 알갱이 누출에 대해 5000만 달러의 벌금을 선고받도록 하는 데 성공했다. 또한 포모사는 향후 모든 정화 작업에 대한 비용을 떨 부담해야 하며, 모든 추가적 확산에 대해서도 군소리 없이 책임을 받아들여야 할 것이다.

〈플라스틱의 메카〉

텍사스주에는 휴스턴 운하를 따라, 30여 개의 정유 공장과 석유 화학 공장들이 모여 있다. 휴스턴에서 확인된 가장 유해한 여섯 가지 오염 물질 중 네 개는 플라스틱의 생산과 연관되어 있다.[11] 2017년 8월 허리케인 하비가 지나간 후에, 환경 단체 테자스의 아렐라노는 계속해서 공장들이 늘어나고, 새로운 사업, 특히 에탄 분해 관련 프로젝트들이 생기는 것을 걱정스럽게 지켜보고 있다. 「휴스턴은 지금 플라스틱의 메카로 변해 가고 있어요.」 아렐라노는 한탄한다. 2020년 초반에 발표된 연구에 의하면, 멕시코만의 이 지역에서 88개 이상의 프로젝트가 계획 중이거나 이미 건설 중인 것으로 확인되었다.[12] 그런데 심지어 이 위험한 공장들은 기후 변화가 심해지면서 더욱 빈번해질 것으로 예상되는 허리케인에 버틸 수 있도록 건축되지도 않고 있다. 기업들은 피해가 생기면 보험이 보상해 줄 거라 여기며, 그저 운에 맡기는 것으로 만족한다. 아렐라노에게 남은 해결책은 하나다. 「플라스틱을 근원적으로 멈추게 하는 겁니다. 우리는 하나도 잃을 게 없어요.」

패튼도 이 의견에 함께한다. 국제 환경법 센터의 활동가인 패튼은 루이지애나주에서 자랐는데, 역사에 기록될 만한 다우 공장들과 불과 수백 미터 떨어진 곳이었다. 그녀는 여전히 거기 살고 있으며, 매일같이 싸우고 있다. 「깊이 몰두할수록, 플라스틱이 드러내는 부당함, 루이지애나주의 풍경 속에 깊게 뿌리박힌 부당함에 대해 더 많이 깨닫게 됩니다.」 그녀가 보기에는, 플라스틱 산업은 목화 재배라는 집약적이었던 식민지 노예 산업을 대체한 것에 불과하다. 「타격을 입는 공동체는 흑인 사회입니다. 의사 결정권을 가진 사람들은 백인이고요. 정치는 인종 차별적인 겁니다.」 고용을 창출하기 위해 기업들에게 할당하는 두둑한 보조금에 관해서도 패튼은 매우 유감스럽게 생각한다. 「기업들이 부담하지 않는 이 수백만 달러는 안타깝게도 도로나 학교 같은 시설에 투자되지 않습니다.」「이곳 사람들은 생수를 사서 마시고 다른 곳에서 재배된 먹거리를 먹는 것 외에는 달리 선택의 여지가 없습니다. 이래서는 안 되는 겁니다. 이는 사람의 권리를 침해하는 거예요. 이 모든 게 다 기업의 이윤을 위해서니, 정말 화나는 일이죠. 만일 기업이 아니라 사람을 선택했다면 어떠했을까요?」

최전선에 있는 근로자들

특히 공장 인근의 주민들이 오염에 취약하다고 하더라도, 제일가는 플라스틱의 희생자는 공장 내부에 있다. 수많은 근로자가 심각한 재해로 희생을 치르고 있으며, 대다수는 유해한 물질과 접촉하고 있다. 한 연구에 의하면,[13] 미국 로드아일랜드의 나일론 공장에서 몇 년간 미세 섬유를 흡입한 근로자들은 폐암에 걸릴 위험이 3배가 높은 것으로 밝혀졌다. 안타깝게도, 일반적으로 근로자들은 작업 환경이 건강을 위협한다는 사실을 가장 뒤늦게 알게 되며, 고용주들은 대체로 책임을 회피하려고 한다. 바로 PVC 구조 내부에 있는 가스나 염화비닐로 인해 미국에서 발생한 사건이 그 경우다. 1930년대부터, 이 가스가 근로자들의 피부와 뼈뿐만 아니라, 실험용 동물들의 간에도 유해한 작용을 한다고 경고했는데도 불구하고, 산업계는 이러한 위협을 은폐했다. 1970년대 초에, 장기간 염화비닐에 노출되면 희귀 간암인 혈관 육종의 발병이 촉진된다는 사실을 알게 되었을 때도 마찬가지였다. 1974년이 되어, 미국 켄터키주 루이빌에 있는 비에프굿리치B. F. Goodrich 타이어 공장에서 염화비닐을 PVC 가루로 가공하던 근로자 네 명이 1968년에서 1973년 사이에 혈관 육종으로 사망한 사실이 폭로되자, 회사는 마침내 위험이 존재한다는 것을 알린다. 감독 기관의 압력으로 회사는 설비 시설을 변경하고 작업자들의 노출을 제한했는데, 이에 들어가는 비용이 900억 달러에 이를 것이라고 불평했다. 실제 비용은 300분의 1 정도로 보인다.[14]

다른 분야의 근로자들도 PVC에 노출돼 고통받고 있는데, 바로 소방관들이다. 건설과 가정용품에 점점 더 많이 쓰이고 있는 PVC는 열을 가하면 염화수소를 방출하는데, 이 가스는 흡입 시 치명적이다. 따라서 화재 현장에 갇힌 사람은 불길이 닿기 전에, PVC의 유독성 연기에 질식되어 죽을 수 있다. 프랑스 식품 환경 노동 위생 안전청Agence nationale de sécurité sanitaire de l'alimentation, de l'environnement et du travail, ANSES은 〈1950년대 이후로, 합성 재료와 플라스틱 사용의 증가는 도시 화재 발생 시, 배출되는 연기의 독성과 복잡성을 증가〉시켰고, 이는 소방대원들의 건강 위험을 악화시킨다고 지적한다. 식품 환경 노동 위생 안전청은 특히 단열재 속에 들어가는 난연제를 주목하는데, 〈거의 알려진 바가 없는 화학 물질에 대한 노출로 이어지기〉 때문이다.[15]

플라스틱이 생산돼 사용되고 나면 수명이 다하는 순간에 도달한다. 대개 소각되는데, 이는 많은 사람에게 해로운 과정이다. 이런 소각 시설은 기후 변화에 대처하는 전 세계의 목표와 상충하는 온실가스 배출 외에도, 다이옥신, 퓨란, PVC 연소 시 나오는 발암 물질과 더불어 수은, 카드뮴, 납과 같은 중금속까지 포함된 유해 오염 물질들을 방출한다. 〈현재 유럽의 소각장에 대한 표준과 기술은 30년 전의 그것과는 전혀 다릅니다〉라며, 유럽 소각로 제조업체를 대표하는 브뤼셀의 폐기물 에너지 유럽 공급 단체 European Suppliers of Waste-to-Energy Technology, ESWET는 소각을 옹호한다. 이 조직은 또 이렇게 말한다. 「에너지 재활용 기술에 관해 대중에게 전해지는 이미지는 종종 시대에 뒤떨어져 있습니다. 특히나 오염과 관련된 부분이 그러하죠. 오늘날 아이폰 11이 1980년대의 벽돌만 한 휴대폰과 거리가 먼 것처럼 기술은 진화하고 있습니다.」 제로웨이스트유럽의 전문가인 야네크 베크Janek Vähk는 물론이라고 인정한다. 「유럽의 표준은 가장 엄격하다고 알려졌지만, 그것뿐이에요. 지켜지지 않는 경우가 자주 있습니다. 산업계가 배출의 측정과 같은 부분에서 일부 허점을 이용하기 때문이지요.」 산업계는 배출 부문에서 여과 장치가 오염을 제한하는 데 충분하다고 확신한다. 하지만 환경 단체들과 연구 기관들이 수행한 여러 연구에 의하면, 소각로 주변에서 생산되는 축산 제품들

— 우유, 달걀 등 — 에서 비정상적으로 높은 다이옥신 수치가 검출되었다. 네덜란드에서 가장 현대적인 잔류물 에너지 플랜트 Reststoffen Energie Centrale, REC 같은 소각장도 끊임없이 규제 기준을 넘어서는 것으로 나타난다.[16] 소각 후 남은 재, 결국 통제 수준이 높은 매립지에 묻히게 될 중금속이 가득한 그 재는 둘째 치고라도 말이다.

6미터 높이의 플라스틱 쓰레기

아시아에서는 규정이 상대적으로 덜 엄격하고 제대로 적용되지 않는 경우가 흔하기 때문에 상황이 더욱 열악하다. 세계 자연 기금은 예를 들어 중국의 수은 배출 기준은 유럽에서 시행 중인 기준보다 훨씬 느슨하다고 강조한다. 그 결과, 중국 내 500여 개의 폐기물 소각로[17]는 수은 배출 증가의 주요 원인 중 하나다. 게다가, 폐기물을 에너지로 재활용하는 중국 내 설비 시설의 78퍼센트는 잔류성 유기 오염 물질로 등록된 물질인 다이옥신을 배출하는데, 유럽연합의 기준을 준수하지 않는다. 다이옥신의 위험성을 세계에 알린 것은, 바로 1976년에 유독성 구름을 발생시킨 이탈리아 세베스코Sevesco 화학 공장의 누출 사고다. 얼마 지나지 않아, 이 물질들은 폐기물 소각에서 나오는 주요 오염 물질 가운데 하나로 파악되었다. 다이옥신이 젖소의 우유까지 오염시킨다는 사실이 드러나자, 1980년대 말에 유럽의 몇몇 국가들은 규제 장치를 마련했고, 이후 유럽연합 차원에서 채택되었다.

염화 다이옥신의 위험성에다 그 사촌인 브롬화 다이옥신의 위험성이 더해진다. 그 영향에 대해 거의 밝혀진 게 없는데도, 이 물질들은 수많은 일상용품의 브롬화 난연제로 사용되어 점점 더 널리 퍼지고 있다. 실제로 이런 일상용품들은 〈그 수명 주기를 따라, 특히 연소 시 브롬화 다이옥신을 방출한다〉.[18] 이미 대기 오염으로 하루 4,000명 이상이 사망하는 중국에서 폐기물 소각의 폭발적 증가는 재난을 초래할 수 있다. 국제 유해물질 제거 네트워크IPEN의 전문가인 리 벨Lee Bell은 이렇게 경고한다. 「회사들은 다이옥신 문제를 해결하는 데 성공했다고 할 것입니다. 하지만 이는 사실이 아닙니다. 값비싼 여과 장치를 설치하면, 문제가 재로 옮겨지는 것뿐이니까요.」 1,000킬로그램의 소각된 폐기물은 250킬로그램 이상의 재를 생성하는데, 이 재는 〈아직까지 훨씬 규제를 덜 받으며, 인간의 건강과 환경에는 엄청난 문제가 되고 있다〉.

2019년에 중국이 오염된 플라스틱에 대해 국경을 폐쇄한 뒤로, 그린피스는 결국 서구에서 수출하는 폐기물의 희생자가 되어 버린 말레이시아로 조사를 하러 갔다. 몇 달 후에, 그린피스는 〈여러 매립지에 버려진 플라스틱 조각들에는 다양한 금속, 준금속, 잔류성 유기 오염 물질을 포함한 유기 화학 물질들이 들어 있었으며, 이런 물질들은 주변 환경을 오염시켰을 가능성이 높다〉고 밝혔다.[19] 아주 작은 들과 나대지까지로 야외 매립지가 늘어나고 있었다. 지역 환경 단체 일원인 서니 트네오Sunny Tneoh 박사는 고위험 독성 폐기물이 가득 찬 6미터 깊이의 구멍을 가리키며 이렇게 설명한다. 「이 폐기물이 여기 버려진 지 이제 거의 1년이 되어 가는데, 이 땅에서는 더 이상 아무것도 자라지 않습니다. 이는 장대비와 열대 고온으로 모든 땅이 그냥 놔두어도 금방 푸르게 변하는 말레이시아에서는 극히 비정상적인 일입니다.」[20] 기업들은 감시망을 피하려고 여러 가지 술수를 동원한다. 이제는 폐기물을 야간에 태우거나, 야외에 내다 버리기 전에 분쇄해 버린다. 플라스틱 포장지를 판독해 발송지를 알아내지 못하도록 하기 위해서다. 말레이시아의 한 화학자는 극도로 유해한 이런 처리 관행에 맞서 싸우려고 한 대가로, 페이스북에서 그녀의 목에 2만 5,000달러의 현상금이 걸린 것도 목격했다. 인터폴은 수질 및 대기 오염 같은 〈보건과 관련된 주요 사건들〉의 목록을 제시한다. 불법 플라스틱 재활용 공장들이 〈폐기물 연소 시 발생하는, 여과 장치도 거치지 않은 해로운 연기와 유독성 폐수〉를 방출하는 동안, 플라스틱 폐기물은 팜유용 종려나무 재배 농장에 숨겨져 있었을 것이다.[21] 2019년에는 킴킴강Sungai Kim Kim의 엄청난 오염으로 인해 3,000명 가까이 환자가 발생했고, 100여 개의 학교가 문을 닫게 되었다.

「당신들 정말 이기적이군요」

태국에 사는 50대 여성 파야오 차룬웅Phayao Charoonwoong은 콕후아카오Kok Hua Khao 마을에 있는 자기 집 우물의 물을 더 이상 마실 수가 없다. 2018년 겨울 어느 날 아침에 보니 물이 흐려져 있었다. 분석 결과에는 아연, 철, 망간, 납 같은 중금속들이 높은 수치로 검출되었다. 감자를 재배하는 차룬웅은 미국에서 들어오는 플라스틱 폐기물을 재활용하는 공장에서 100미터 거리에 살고 있다. 차룬웅은 이렇게 증언한다. 「어느 날 밤, 12명의 캄보디아인 노동자들이 100여 명의 중국인 노동자들로 교체되었어요. 그리고 이전에는 이틀에 한 번 한두 대 트럭이 오던 것이 매일 열 대의 트럭들로 바뀌었어요. 일꾼들은 낮에는 구리로 된 선을 벗겼고, 밤에는 플라스틱을 태웠어요.」[22] 매캐한 타는 냄새를 피할 방법은 없다. 〈냄새는 집으로 스며들었고, 냄새가 심할 때면 구토가 날 정도였다.〉 플라스틱 폐기물이 마을을 침범한 이후 차룬웅은 매달 체중이 감소하고 있지만, 의사에게 진료를 받을 형편이 되지 않는다. 차룬웅과 마을의 주민들은 거듭해서 공장에 항의했다. 공장은 여러 번 문을 닫았지만, 몇 주가 지나고 나면 다시 가동을 시작한다. 목소리가 태평양 건너 캘리포니아주에까지 전해지기를 바라며 차룬웅은 이렇게 외친다. 「당신들은 정말 이기적이군요. 이건 당신들 쓰레기고, 거기에 독성이 있다는 것을 알고 있잖아요. 어째서 그것들을 태국에 버리는 겁니까?」

인도네시아에서는 두부 공장들이 이러한 독성 폐기물들을 독식하고 있다. 반군Bangun과 트로포도Tropodo 마을은 제지 회사들과 가까운 곳에 있는데, 이 제지 회사들은 매일같이 재활용 재료인 폐지 덩어리 속에 섞여 있는 플라스틱 쓰레기들을 처분한다. 2019년 말에 네 개의 환경 단체들이 발표한, 믿기 어려울 정도로 놀라운 보고서에 따르면, 이 두 마을은 〈매일 50톤 이상의 형편없는 저질 플라스틱〉을 받고 있다.[23] 트로포도에서는 50개의 두부 공장이 증기 생성에 필요한 연료로 이 쓰레기들을 난로에 넣고,

반군에서는 매일같이 수십 대의 화물 트럭에 플라스틱을 싣고 가 야외에서 태운다. 유독성 재는 주변의 땅 곳곳에 떨어진다. 두 곳의 야외에서 키우는 암탉의 달걀을 채집해 분석한 결과, 다이옥 신과 브롬화 난연제 같은 극도로 유해한 화학 물질이 높은 수준 으로 나타났다. 트로포도의 두부 공장 근처에서 낳은 일부 달걀 에서는 베트남의 고엽제 오염 지역에서 기록된 수치와 견줄 만한 다이옥신 수치가 검출되었다. 고엽제는 몬산토에서 제조한 엄청 난 독성을 지닌 제초제로, 베트남 전쟁 동안 미군에 의해 사용되 어, 베트남 국민와 미군 등 수백만 명에게 기형을 일으킨 원인이 됐다. 성인이 저 달걀 중에 하나만 먹더라도, 유럽연합이 정한 일 일 섭취 허용량을 70배나 초과할 수 있다.

친환경 벽돌과 플라스틱 도로

저소득 국가에서 발생하는 오염보다는 서구 고객들의 플라스틱 때리기에 신경을 더 쓰는 대량 소비재 브랜드들은 소각을 선호하 는 경향이 있다. 2019년부터, 네슬레는 필리핀 내 시멘트 가마에 서 소각하기[24] 위해 플라스틱 폐기물을 수거하는 것을 지원하고 있는데, 이 소각 처리는 오염을 많이 유발한다. 스위스 기업 네슬 레는 또한 필리핀 재활용 및 재료 지속 가능성 동맹Philippine Alliance for Recycling and Materials Sustainability, PARMS 내에서 유니레버, 프록터앤드갬블과 함께 개별 포장지를 〈친환경 벽돌〉로 가공하 는 프로젝트에 참가하고 있다. 그런데 이 벽돌은 과연 친환경적 일까? 이 벽돌은 플라스틱 포장재로 제조한 도로 아스팔트인 플라스팔트Plasphalt를 생각나게 한다. 쓰레기를 처리하기를 희망하는 인도가 선구자로 나섰다. 2018년 기준으로, 이미 1만 킬로미터의 도로가 이 새로운 재료로 포장되어 있다. 이 시범 프로젝트들 뒤에는, 플라스틱 황제 가운데 하나인 미국 기업 다우케미칼이 숨어 있다. 그런데 이런 도로와 벽돌은 시간이 흐르고 악천후를 겪으면서 어떻게 변할까? 〈이런 방식의 결과는 알려져 있지 않으며, 환경과 보건에 대한 영향도 거의 연구가 이루어지지 않고 있다〉고 세계 소각로 대안 연합은 경고한다.[25] 그러나 독성 물질이 요구르트병에서 사람으로 옮겨 간다는 사실을 입증할 수 있었다면, 햇빛과 비에 노출된 도로에서도 옮겨 갈 것이라고 합리적으로 생각할 수 있다. 그러면 토양과 물이 오염될 수 있다. 대부분 플라스틱을 함유하고 있는 도로 표시 선의 침식으로 인해 이미 오염된 것처럼 말이다.

적어도 스위스에서는 평온하다. 어쨌거나 일부 사람들은 그렇게 생각한다. 그린피스의 호시바는 스위스 투자은행 사람들을 방문했을 당시, 플라스틱 오염으로 인한 보건 위험에 대해 논의했다. 그는 모임의 주최 측이 그를 안심시키려고 한 말을 기억한다. 「그들은 내게 스위스에서는 플라스틱 문제가 없다고 말했어요. 그저 덜 보이는 것뿐입니다. 다 소각해 버리니까요! 그들도 공기나 토양을 오염시키고 있어요. 아마 별로 느끼지 못할 수도 있지만, 일어나고 있습니다. 다른 모든 곳에서와 마찬가지로 말입니다.」

14장

희망이 없는 것은
아니다!

「플라스틱의 생산과 사용을 줄이고자 하는 권고 사항들은
상당한 역효과를 가져올 수 있고 거의 실용성이 없을 겁니다.」

미국 화학 협회

•

이 단계쯤 이르면, 독자 여러분은 분명 약간은 비관적인 생각이 들 것이다. 이긴 싸움이 아니었다는 것을 알게 되었을 것이다. 그래도 좋은 소식이 있다면 모두 실패한 것은 아니며, 아직 희망이 있다는 것이다. 해결책이 존재하기 때문이다. 근본적이기는 하지만 해결책은 존재한다. 또한 엄청난 능력만큼이나 멋진 인물들 — 다비드, 팀, 타티아나, 비요른, 존…… — 이 매일같이 상황을 변화시키기 위해 노력하고 있다. 그렇다면 믿어 보는 건 어떨까? 저들 중 누군가가 어느 순간 여러분에게 욕실 이야기를 한다 해도 너무 불안해하지 않기를 바란다. 상징적인 표현이지만, 분명한 진실을 말하고 있다. 「욕조가 넘치고 있다면, 급선무는 넘친 물을 닦아 내는 것이 아니라 수도꼭지를 잠그는 것입니다.」

수도꼭지를 잠그는 것. 즉 근본적으로 생산을 줄이는 것. 이것이 유일한 진짜 해결책이다. 수도꼭지를 잠근다. 좋다, 그런데 어떤 방법으로? 해답의 시작은 두 명의 40대 여행자들에게 있다. 한 사람은 팀 그래비엘, 미국인이며 파리에 살고 있다. 다른 사람은 다비드 아줄레, 프랑스인이고 제네바에 거주한다. 둘은 모두 변호사다. 팀은 환경 조사국에 있고, 다비드는 국제 환경법 센터에서 일한다. 이들의 공통점은 국제법의 위력을 믿는다는 것이다. 두 사람은 모두 플라스틱 오염에 대한 하나의 조약만이 전 세계적 차원에서 효과적으로 싸울 수 있는 유일한 수단이라고 생각한다. 이 조약은 2018년부터 **유엔 환경 총회**United Nations Environment Assembly, UNEA의 안건에 오르고 있다. 유엔 환경 총회는 환경에 관한 세계 최고의 의사 결정 기구로서 2년에 한 번씩 케냐 나이로비에서 열린다. 이 조약이 성공한다면 기존의 두 가지 법률을 보완하게 될 것이다. 하나는 플라스틱 폐기물 거래를 규제하는 바젤협약이고, 다른 하나는 국제 해사 기구International Maritime Organization, IMO가 관리하는 마폴MARPOL협약으로, 선박 오염을 감독한다.

새로운 조약은 나머지 모든 문제들, 예를 들면 대체로 알려지지 않은 토양 오염, 그리고 좀 더 포괄적으로는 생산에서 폐기물 관리까지의 플라스틱 전체 수명 주기 문제를 저지하는 임무를 띠게 될 것이다. 두 법률가가 볼 때, 이 조약은 새 플라스틱의 생산을 제한할 수 있는 더할 나위 없는 기회다. 이는 하나의 혁명이다. 어떤 이들이 볼 때는 비현실적이겠지만, 다비드에게는 해볼 만한 것 같다. 협상을 면밀하게 지켜보고 있는 다비드는 이렇게 강조한다. 「우리는 환경에 부정적인 영향을 미치는 화학 물질이나 제품의 생산을 줄이고 제한하는 방법을 알고 있습니다. 우린 이미 환경 문제에 관한 가장 효과적인 국제 협약을 통해 그 방법을 썼습니다. 이는 바로 오존층을 파괴하는 물질들을 규제하는 몬트리올 의정서입니다.」 1980년대 말에, 각국은 불소가스 생산량을 발표하기 시작했다. 이후 생산량 수준이 동결됐고, 이로 인해 가격이 오르고 대안을 찾으려는 움직임이 일었다. CFC 가스는 결국 점차적으로 금지되었다.

「CFC 가스와 오존층에 난 구멍은 엄청난 공포였으며, 이는 거의 즉각적으로 해결되었습니다.」 그래비엘은 이렇게 회고한다. 맞다. 하지만 당시에 불소가스 생산업자는 소수에 불과했다. 플라스틱 산업은 그와 달리 훨씬 더 강력하고 규모도 확대되어 있다. 국가들은 결코 국가적 일류 산업의 생산 규제 조치를 받아들이지 못할 것이다. 그렇지 않겠는가? 그래비엘은 꼭 그렇게만 생각하지 않는다. 「이 문제에 관한 유엔 환경 총회의 첫 번째 회의 당시 오로지 해양 폐기물로만 시작했지만, 이후에 육지 위의 폐기물을 포함시키는 데 성공했어요. 점차적으로 모두가 이 문제는 생산으로 거슬러 올라가지 않고서는 해결할 수 없다는 사실을 깨닫고 있습니다.」 그래비엘은 플라스틱이 〈급속도로 변화하는 문제〉이기 때문에 더욱 그렇게 믿고 싶어 한다. 「우리는 순식간에 시속 0킬로미터에서 시속 100킬로미터로 지나왔습니다. 이런 말을 하지만 저는 환경 단체에서 일하고 있습니다. 아시겠지만 환경 단체들은 늘 상황이 그리 빨리 변하지 않는다고 생각하거든요.」 바젤협약에 관한 일화는 협상을 얼마나 서둘러 처리할 수 있는지를 보여 줬다. 노르웨이가 제안한 지 겨우 9개월 만에, 플라스틱 무역에 관한 수정안이 채택되었다. 전대미문의 일이다. 이와 마찬가지로, 비슷한 시기에 브뤼셀에서는 일회용 플라스틱에 관한 지침이 기록적인 시간 내에 구상되고 표결에 부쳐졌다.

프랑스의 딴죽걸기

2021년 초에는 이 국제 조약의 결말이 어떻게 될지 예측하기 어려웠다. 한쪽에서는 120개 국가가 이를 지지하는데, 오직 미국만은 확실하게 거부 의사를 표명했다. 플라스틱을 새로운 노다지로 보는 사우디아라비아도 더 이상 흥분하지 않는다. 늘 있는 이런 방해꾼들만 제외하면, 2022년에 나이로비에서 결의안이 채택되고, 공식적인 협상이 시작되기 위한 모든 과정이 순조롭게 보인다. 매주, 이 조약에 대한 지지가 높아지고 있다. 2020년 11월, 메가폰을 잡은 사람은 영국 환경부 장관 잭 골드스미스Zac Goldsmith이다. 「해양의 플라스틱은 2025년까지 세 배가 증가할 것으로 보입니다. 우리가 직면한 문제는 매우 거대하고도 시급합니다. 이제 기존의 틀을 훨씬 뛰어넘는 새로운 전 세계적 협약을 교섭할 때가 되었습니다. 유엔 회원국 가운데 이미 3분의 2가 이 협약에 가입했으므로, 우리는 이제 플라스틱 오염에 맞서 싸우기 위한 억누를 수 없는 동력을 만들어 낼 기회를 갖게 되었습니다. 기후 변화에 대한 파리협약과 오존층 파괴에 대한 몬트리올 의정서를 만들었던 것처럼 말입니다.」 트럼프 행정부가 새로운 미국 대통령인 조 바이든Joe Biden 행정부로 바뀐 것은 이러한 움직임에 윤활유가 될 것이다. 유엔 전문가들에 따르면, 〈아마도 새로운 협약은 4년 후에 빛을 보게 될 것〉이라 한다.[2]

한편으로, 산업계가 무기의 날을 세우고 있다. 미국 화학 협회는 국제 협상에 절대 빠지지 않는다. 미국 화학 협회 대표들은 종종 자신들의 주장을 수행하고 전달하는 미국의 공식적인 협상가들 바로 뒤에 서 있다. 그래비엘은 〈이들은 자신들의 성장을 제한하는 모든 것을 상대로 싸웁니다. 환경 단체 회원들의 신뢰도를 떨어뜨리기 위해, 이들을 얌전한 미치광이들로 자주 희화화합니다〉라고 요약한다. 폐기물에 관한 국제 모임의 오랜 단골인 짐 퍼킷도 이런 얌전한 미치광이 가운데 한 사람이다. 퍼킷은 그린피스에서 있었을 때, 로비의 절대 권력과 맞닥뜨렸던 일을 기억한다. 「여러분이 정말로 어떤 산업의 폐기물을 규제하려고 하면 이들은 광적으로 변합니다.」「1998년 바젤협약 당사국들의 회의 때였습니다. 우리는 PVC를 유해 물질로 분류하려고 하고 있었어요. 그때 산업계에서 급히 들어와서는 회의를 중단시켰어요. 그전에 두 개의 목록, A 목록과 B 목록이 이미 작성되어 있었는데, 그들은 〈C 목록에 집어넣읍시다〉라고 했어요. 그건 후보 목록이었지요. 그 이후 아무도 더 이상 거기에 대해 언급하지 않았어요.」

때로는 예상치 못한 나라에서 딴죽을 거는 일이 발생한다. 유럽은 매우 확고하게 플라스틱에 관한 국제 협약에 찬성하는 입장이지만 프랑스는 지지에 미온적 입장이어서 보는 이들을 놀라게 한다. 프랑스 정부는 문제에 대해서는 거의 언급하지 않은 채, 〈좀 더 신속히 성과에 도달할 수 있는 지역적 협약에 *비해*, 전 세계가 참여하려면 15년은 걸릴 수 있는 거대한 국제 협약의 필요성〉에 의문을 제기한다. 이러한 반응 때문에 환경 단체들이 목소리를 내게 된다. 세계 자연 기금의 플라스틱 정책 책임자인 에이리크 린데비에르그Eirik Lindebjerg는 이에 대해 짜증스러워한다. 우선 15년이라는 시간 때문인데, 어쨌거나 너무 길다. 과거 수많은 조약은 그보다 훨씬 짧은 시간에 협상을 끝냈다. 그다음은 〈기존의 법률이 문제를 해결하기에 부족하다는 증거가 충분하고도 넘치기 때문이다. 생산 감소를 강제하려는 목표도 없고, 해양의 플라스틱 오염에 대한 공통된 정의조차도 없으며, 오염을 측정할 방법도 없다〉. 더구나 유엔환경총회가 위촉한 전문가들조차도 2017년에, 18개의 국제 협정과 36개의 지역 협정을 검토해 본 후 이들이 너무나도 〈단편적이라는〉 점을 인정했다.

전투의 최전선에 있는 아프리카

긍정적인 신호는 다국적 기업들이 2020년 10월 처음으로 전 세계적 차원에서 게임의 규칙을 표준화할 수 있는 유일한 방법인 유엔 협정에 찬성한다는 입장을 발표했다는 거다.[3] 다국적 기업에는 코카콜라, 네슬레, 유니레버, 펩시코 등이 있다. 이틀 후에 놀랍게도 플라스틱스유럽이 조약을 지지한다는 공식 성명을 발표했다.[4] 비록 그린워싱 작업이라는 걸 추측할 수 있었지만, 이러한 발표는 몇 년 전까지만 해도 생각조차 할 수 없는 것이었다. 그러나 생산을 줄이는 것은 어림도 없었다. 2020년 9월, 플라스틱의 근원적 감축을 포함해 오염에 맞서 매우 〈특별한〉[5] 노력을 요구하는 연구 두 개가 동시에 『사이언스』에 발표됐다. 이를 계기로 미국 화학 협회는 서둘러 〈플라스틱의 사용과 생산을 줄이고자 하는 권고 사항들은 상당한 역효과를 가져올 수 있고 거의 실용성이 없다〉라고 반박하며, 유리와 같은 대용 물질들을 사용하는 것은 〈환경 비용을 네 배까지 증가시킬 수 있다〉고 경고했다.[6] 단한 번만 사용한다면 그렇겠지만, 실제로 수십 번을 재사용한다고 하면 당연히 그렇지 않다.

아프리카는 이런 논쟁에 귀를 막고 그들 입장에서 희망하는 조약을 요구한다. 르완다가 그런 경우인데, 그들은 생산 감축에 찬성한다. 르완다 정부에 자문 역할을 하는 크리스티안 세코모 비람은 「미리 결론이 나 있는 건 아니지만, 몇 년이 걸릴 수도 있는 싸움입니다」라고 인정한다. 「하지만 과학적 데이터들이 점점 더 우려를 나타내는 상황이기 때문에 성공할 것입니다. 몬트리올 의정서도 처음에는 많은 국가가 그리 호의적이지 않았지만, 결국은 성공을 거두게 되었지요.」 다비드도 까다로운 싸움이 될 것으로 예상한다. 그럼에도 불구하고 다비드는 이렇게 인정한다. 「제가 그토록 열중하는 건, 싸워 볼 만하다고 생각하기 때문입니다. 아마도 제가 꿈꾸는 그런 이상적인 조약이 되지는 못할 거예요.」 하지만 사고방식은 변하고 있다. 「3년 전, 가장 낙관적인 사람들 조차도 결코 바젤협약 수정안에 기대를 걸지 않았을 겁니다. 국제 협상 12년 동안, 플라스틱에 관해서는 늘 실망한 채로 나왔죠. 그날만 제외하고 말이죠. 우린 9개월 만에 혁명을 쟁취한 겁니다. 그러니⋯⋯.」

생산 제한은 필요하지만 그것만으로 충분하지는 않을 것이다. 왜냐하면 내일 당장 생산을 멈춘다 하더라도 여전히 수십억 톤의 플라스틱이 환경에 남아 있기 때문이다. 이런 점에서 볼 때, 플라스틱 알갱이는 특히나 관심을 끈다. 이는 실제로 유일하게 산업계가 소비자들에게 책임을 떠넘길 수 없는 폐기물이다. 그들의 공장에서 유출된 것은 전적으로 그들의 책임인 것이다. 이런 이유로, 덴마크나 텍사스주에서 취해진 법적 조치는 근본에 가닿아 있다. 2019년 말, 포모사를 상대로 5000만 달러의 벌금과 만(灣)으로 플라스틱 알갱이를 더 이상 방출하지 않겠다는 약속을 얻어 낸 다이앤 윌슨의 전례 없는 승리는 책임 범위에 변화를 가져왔고, 면책에 대해 종지부를 찍었다. 이 벌금은 수질 오염과 관련해 미국에서 개인이 기업을 상대로 얻어 낸 가장 높은 금액이었다.[7]

지구 편에 선 판사들

이 이야기의 교훈은 플라스틱 오염에 맞서 민법도 국제법만큼 효과적인 수단이 될 수 있다는 것이다. 기후 분야에서는 이미 몇 해 전부터 이런 일이 일어나고 있다. 네덜란드의 위르헨다Urgenda 소송은 청천벽력같이 큰 반향을 일으켰다. 2015년, 일반 시민의 편에 선 지방 법원 판사가 처음으로 정부에 온실가스 배출을 과감하게 줄일 것을 요구한 것이다. 또 다른 상징적인 소송은 플라스틱 오염이라는 전선에 판례를 만든 것으로, 정부가 아니라 산업계가 상대였다. 2020년 2월, 어스 아일랜드Earth Island 해양 생물 보호 연구소는 코카콜라, 펩시코, 네슬레가 포함된 10개의 다국적 기업들을 상대로 캘리포니아주 법원에 소송을 제기한다. 어스 아일랜드는 플라스틱 추방 연대의 해안 청소 작업을 참조해 세 개 기업에 해양 오염의 14퍼센트에 대한 책임을 묻는다. 소환장을 접수한 날, 서모나 마줌다Sumona Majumdar는 이렇게 설명한다. 「이 소송은 오염, 그리고 플라스틱 포장재가 재활용 가능하다는 주장에 대해 기업들에 책임을 지게 하려는 것입니다. 너무나도 오랫동안 기업들은 이 비용을 대중에게 전가해 왔습니다.」[8] 전례가 없는 이 소송들은 거대 석유 업체, 거대 담배 기업, 거대 제약 업체를 상대로 제기되었던 소송들과 맥락을 같이한다. 어스 아일랜드의 변호사는 플라스틱 기업들이 동일한 전략을 쓰고 있으며, 발생한 피해와 〈유해한 영향을 은폐하고 잘못을 부인하기 위해 동시에 기울였던 노력들〉에 대해 이제 그들이 답변해야 할 차례라고 했다. 이 소송은 기나긴 시리즈의 시작에 불과할 것이다.

한 환경 단체는 이 분야에서 특히 흥미로운 일을 하고 있다. 지구를 그 첫째 고객으로 삼은 클라이언트 어스다. 설립자 제임스 손턴James Thornton은 범상치 않은 인물이다. 조류학 애호가이며 선불교 신자인 이 미국 변호사는 미국에서 수십 건의 소송에서 승소해 정부가 수질 오염의 관리 감독을 강화하게 만들었다. 그후 런던으로 방향을 돌려 환경 훼손에 대항해 오로지 법률의 힘으로 싸우기 위해 2007년 비영리단체인 클라이언트 어스를 창설했다. 「유럽 사람들은 제가 하고자 하는 일을 이해하기 어려워했습니다. (……) 유럽의 많은 국가에서 변호사는 부동산 거래와 유언장을 관리하는 사람들이지요. 그들이 세상을 바꾸는 일을 한다고 보기는 어려웠습니다.」[9] 클라이언트 어스는 런던에서부터, 브뤼셀, 바르샤바, 마드리드, 베를린 그리고 베이징까지로 확대되었다. 영국과 폴란드에서는 대기 오염에 대항해, 또 유럽 어업 문제와 관련해 이미 여러 차례 승소했다.

만일 플라스틱에 투자를 멈춘다면?

타티아나 루한은 2018년에 클라이언트 어스의 〈플라스틱 팀〉에 합류했다. 「처음에는 사람들의 관심을 끌었지만, 정말로 시간과 돈을 가진 극소수의 소비자를 제외하면 소비자들이 거의 관심이 없다는 것을 우리는 알게 되었지요. 그래서 우리는 문제의 근원, 즉 플라스틱을 시장에 내놓는 사람들에게로 거슬러 올라갔어요.」 클라이언트 어스는 투자자들을 겨냥하기로 결정한다. 2018년 7월에 클라이언트 어스는 투자자들을 위한 보고서를 하나 발표하는데, 그 보고서는 플라스틱 제조업자와 주요 소비자들은 금전적 위험과 평판 훼손이라는 중대한 위협에 처해 있다고 투자자들에게 설명한다. 해양 오염, 기후 변화에 끼치는 영향, 어디에나 존재하는 미세 플라스틱, 유독성 첨가제에 의한 인체 오염 또한 기업들이 책임져야 할 위험이라고 보고서는 경고한다.[10] 플라스틱 쓰레기로 더럽혀져 관광객들이 발길을 끊은 발리의 해변, 인도의 막힌 하수구, 오염된 어획물…… . 기업들은 이런 피해에 대해 대가를 치러야 할 것이며, 그 금액은 최고에 도달할 가능성이 있다. 1972년에 등장해 유럽 법으로 제정된 지 30년도 넘은 오염자 부담 원칙은 기업들에게 그들이 환경에 끼치는 피해를 예방하고 복원하도록 의무를 지우고 있다. 원유 유출 시 석유 회사들을 상대로 적용되었던 이 원칙은, 플라스틱 오염과 관련해 기업들에 책임을 지우기 위해 제시된 적은 이제껏 거의 없었다.

분명 금융 기관들은 아직 문제를 인식하지 못했고, 계속해서 무제한으로 플라스틱 산업에 자금을 조달해 주고 있다. 2015년

1월에서 2019년 9월 사이, 265개의 대형 은행들은 1조 7000억 달러, 즉 하루 7억 9000만 달러에 해당하는 대출과 보증을 40개 기업들, 〈플라스틱 포장재 가치 사슬에서 핵심 역할을 하는 이들〉에게 제공한 것으로 보인다.[11] 주로 미국계와 유럽계인 20개 은행이 이 자금의 80퍼센트를 조달했다. 이들 중에는 뱅크오브아메리카Bank of America, 도이체방크Deutsche Bank, BNP파리바BNP Paribas, 소시에테제네랄Société Générale이 있다. 타티아나는 2019년 투자자들과 의견을 주고받았던 것을 기억한다. 「이들은 자신들이 위험한 산업에 관여하고 있다는 것을 인식하지 못했고, 예를 들면 당시 유럽에서 통과 중이던 법률안에 대해서도 전혀 모르고 있었어요.」

런던에서 투자자들에게 경고를 보내는 것은 클라이언트 어스뿐만이 아니다. 기후와 관련된 재정적 위험을 분석하는 싱크탱크인 카본 트래커Carbon Tracker 또한 매우 분주해 보인다. 이들은 산업계가 기대하는 성장이 지나치게 낙관적이라는 오류가 있다고 은행과 연기금에 경고한다. 카본 트래커는 네 개의 임박한 문제를 지적한다. 〈파리협약에서 탄소 배출 0을 목표로 하는 시점에 플라스틱의 탄소 배출은 두 배가 된다는 점, 톤당 1,000달러 이상으로 추산되는 플라스틱의 과세되지 않은 외부효과,* 엄청난 양의 쓰레기, 선형 시스템에서 순환 시스템으로 가려는 소비자와 유권자들의 새로운 태도.〉[12] 재정 전문가들에 의하면, 업계의 또

---

* 어떤 경제 주체의 활동이 그 활동의 당사자가 아닌 제3자(사회)에게 편익이나 비용을 발생시켰는데, 그것이 가격 체계에 반영되지 않아 자원 배분의 비효율성을 초래하는 경우를 말한다.

다른 실수는 신흥 시장의 수요 급증에 기대를 거는 것이다. 이들은 이렇게 자문한다. 전문가들은 〈뭐하러 이런 나라들이 제일 잘사는 나라들의 《낭비와 사치 습관》을 따라 하겠는가? 이런 국가들이 이미 플라스틱 수요를 줄이기 위한 조치를 취했다는 걸 볼 때, 그럴 가능성은 거의 없다. 무엇 때문에 인도나 우간다의 지도자들이 기어이 우리와 같은 실수를 하길 원하겠는가? (……) 그 누구도 플라스틱 쓰레기를 원하지 않는다〉라고 주장한다. 따라서 카본 트래커는 투자자들에게 약속된 미래 수익성에 회의적인 태도를 갖도록 권고한다. 지평선이 선명해 보인다고 땅이 단단한 것은 아니기 때문이다. 전문가 팀은 이렇게 풀이한다. 「어떤 산업에 문제가 생기기 위해서 수요가 반드시 0으로 감소될 필요는 없어요. 그 반대로, 종종 수요가 정점을 찍는 순간이나 혹은 그 바로 전에 문제가 돌발하는 경우가 있지요. 요점은, 우리 모두가 생활 속의 많은 분야에서 계속 플라스틱의 이점을 누릴 수 있다는 것입니다. 다만 우리가 이윤에 영향을 주고, 수요의 성장률을 2퍼센트에서 0퍼센트로 낮추기 시작한다면 산업계에 미치는 영향은 상당할 것입니다.」

알 수 없는 플라스틱 발자국

2014년부터 유엔은 기관 투자자들에게 위험성을 알려 왔다. 만일 플라스틱이라는 폭탄 제조업체들이 그러한 위험에 책임이 있다면, 거기 투자한 이들도 〈보유한 기업 주식과 프로젝트들에 투자한 자금으로 인해 마찬가지로 위험을 받는 것이다〉.[13] 유엔은 투명성 결여, 즉 플라스틱 발자국을 공개하기로 결정한 기업이 너무나도 소수라는 점을 매우 유감스럽게 생각한다. 예를 들면 플라스틱을 엄청나게 소비하는 제화나 스포츠 용품업계는 이에 대해 단 한마디도 언급하지 않는다. 이런 기업들도 환경에 대한 책임감을 보여 주기 위해서는, 〈이미 많은 기업이 탄소 배출과 환경에 대한 다른 영향을 알리듯이〉 플라스틱 사용량을 공개해야 할 것이다. 유엔은 기업들이 사용량뿐만 아니라 폴리머 종류, 재활용된 플라스틱 함유량, 그리고 수명이 다한 플라스틱이 어떻게 되는지, 〈매립되는지 또는 공정 과정에서 에너지가 회수되는지 안 되는지, 소각되는지, 재활용이나 재사용되었는지〉까지도 공개할 것을 제안한다.

더구나 플라스틱 오염을 상대로 한 싸움에서 유럽 챔피언인 유럽연합 집행위원회 부위원장 프란스 티메르만스는 기업들에 매우 명확한 입장을 밝혔다. 「우리의 목표는 여러분이 적응하고 변화해 나갈 수 있도록 돕는 것입니다. (……) 여러분이 과거에 집착하고 머무른다면, 저는 여러분을 도울 수 없고 여러분도 힘들어질 것입니다.」[14] 앞서 나는 유럽 규제의 결함을 비판했다. 하지만 결점이 있다고 해서, 자격이 없어지는 건 아니다. 특히 규제 조치는 플라스틱과 첨가제의 독성 통제에 크나큰 희망을 가져다준다. 금발 머리와 장난기 어린 웃음을 보이는 최고의 파수꾼이 있다. 57세 덴마크인 비요른 한센Bjorn Hansen. 유럽 화학물질청ECHA을 이끌고 있다. 유럽 화학물질청은 화학 물질에 대한 REACH 규정을 시행하기 위해 2007년에 창설되었으며, 헬싱키에 본부가 있고 600여 명의 직원이 일한다. 미국에서 학업을 마친 후, 한센은 유럽연합 집행위원회에 합류해 REACH 규정이 실행되는 걸 함께했다. 2018년에 그는 유럽 화학물질청의 수장이 되었다. 한센은 REACH 규정이 플라스틱 오염을 줄이는 데 〈결정적으로〉 도움이 될 수 있다고 본다. 이 규정은 기술적인 측면에서 엄청난 가능성을 제공한다. 「나머지는 어떤 정치적인 문제입니다.」 유럽 화학물질청에는 실제로 과학 위원회와 경제 관련 위원회라는 두 개의 위원회가 있는데, 이 위원회들은 그저 권고성 의견만을 제공한다. 권고안은 유럽연합 집행위원회에 회부되며 궁극적으로는 회원국들이 최종 결정한다. 훨씬 더 정치적인 유럽연합 집행위원회는 이제까지 위험 물질 두 가지 중 한 가지만 유럽 화학물질청의 권고 사항을 따랐다. 종종 기계를 오작동하게 만드는 로비 활동 탓이다.

미세 플라스틱 없이도 제품은 가능하다

유럽연합 집행위원회의 요청으로 유럽 화학물질청은 REACH 규정과 관련해 몇 가지 매우 중대한 작업에 착수했다. 첫 번째는 미세 플라스틱에 대한 규제안을 구상하는 것이다. 일단 자연 속에서 미세 플라스틱의 분해에 손을 쓸 수 없다면, 대신 제조업체들이 일부 제품에 의도적으로 추가하는 미세 플라스틱을 마구 집어넣는 것은 막아야 한다. 매년 5만 톤의 미세 플라스틱이 운동 경기장의 인조 바닥, 비료, 화장품, 세제, 페인트, 코팅제, 잉크, 식품 보조제 같은 분야와 더불어 건설, 의료, 화석 연료 부문에서 의도적으로 사용된다. 이 중 3분의 2 이상은 결국 환경 속에 남게 될 것이다. 어떻게 노출 기준을 잡아야 안전할까? 그건 알 수 없다고 현재의 연구는 답한다. 따라서 배출을 최소화하는 것이 급선무다.

온 힘을 다해 항의하는 기업들에 한센은 뒤를 돌아보라고 조언한다. 「현재 미세 플라스틱이 포함된 제품의 대부분은 이미 20년 전 미세 플라스틱 없이도 시장에 나와 있었습니다. 따라서 가능한 일이에요.」 이는 지속 가능한 아름다움을 모토로 하는 브랜드 뷰티 키친Beauty Kitchen의 창립자인 조 치들리Jo Chidley가 유럽 화학물질청의 공청회 당시, 유럽 뷰티 제품 로비 단체인 코스메틱 유럽Cosmetics Europe의 오만함으로 가득 찬 전문가들 앞에서 증언한 내용이다. 그날, 치들리는 이렇게 말한다. 「다른 전문가들은 불가능하다거나 제형 품질이 그리 좋지 않을 것이라고 했지만, 제가 미세 플라스틱을 첨가하지 않고도 경제적으로 실현 가능한 제품을 제조할 수 있다는 증거를 가져가자, 유럽 화학물질청은 안도의 한숨을 쉬었습니다.」 이 문제에서 다국적 기업들의 역할이 크다는 걸 알고 있는 영국 화학자(조 치들리)는 이렇게 증언한다. 유니레버 제품의 95퍼센트가 미세 플라스틱을 함유하고 있다는 사실에, 그는 이렇게 대응했다. 「저는 그들에게 다른 방법으로 만들 수 있다는 것을 보여 주었습니다.」 「누가 먼저 시작하는가입니다. 당신 회사가 뷰티 키친처럼 작을 때는 변화를 시도하고 실수할 수도 있습니다. 그건 당신 인생이니까요. 하지만 유니레버는 단 한 번의 실수가 수백만 파운드의 손실이 됩니다.」

미세 플라스틱에 대한 제한 조치는 2022년부터 채택될 것이다. 그러나 여러 비정부기구들은 이를 갈고 있다. 이들은 유럽 화학물질청이 작성한 초안을 비판하면서, 〈산업계의 강력한 오염 유발자들이 빠져나갈 구멍을 확보했다〉고 비난한다. 환경 단체 연맹인 유럽 환경국은 너무 많은 예외 사항, 4년에서 8년까지의 너무 긴 유예 기한, 그리고 플라스틱 입자 누출에 관한 의무 사항이 없다는 점을 규탄한다. 유럽 환경국은 특히 유럽 화학물질청이 규제 대상 미세 플라스틱의 크기를 애초의 1나노미터가 아닌 100나노미터로 100배 늘림으로써 산업계의 압력에 굴복했다고 비난한다. 유럽 환경국은 기업들이 금지된 미세 플라스틱을 대체하기 위해 기준보다 더 작고 더 유해할 수 있는 나노 플라스틱으로 몰려들게 될 것을 우려한다. 이러한 크기 제한 규정이 없었다면, 〈앞으로 몇 년 내 기술이 상업적으로 실현 가능해지더라도, 산업계가 100나노미터 이하의 미세 플라스틱을 첨가할 수 없게 하는, 일종의 시간을 초월해 적용이 가능한 제한 조치를 보장〉할 수 있었을 것이다.[15]

피터 심슨Peter Simpson은 유럽 화학물질청 제한 조치의 초안 작성에 참여했다. 심슨은 규제의 범위를 줄이려 했다는 것을 부인한다. 「100나노미터는 현실적이며 시행 가능한 기준입니다.」 현재는 더 작은 입자를 측정하기가 불가능하다. 너무 낮은 기준을 설정해서 생기는 위험은, 업계의 주장처럼 결국 적용이 불가능한 기준이어서 업계가 제한 조치에 이의를 제기하고 법정에 서게 되는 것이라고 심슨은 설명한다. 유예 기한은 유의미한 수준으로 되어야 한다. 「만일 유예 기한을 1년으로 조치를 시행한다면, 이는 엄청난 영향을 줄 것입니다.」왜냐하면 기업들은 그 시간에 제품을 재구성할 수 없을 것이고, 일부는 〈그냥 진열대에서 사라지게 될 것이기 때문〉이다. 심슨은 미세 플라스틱과의 전쟁은 이제 시작일 뿐이라고 안심시킨다. 실제로 유럽연합 집행위원회는 이제 의도적으로 첨가된 것이 아닌 미세 플라스틱에 관심을 갖는다. 2020년 10월에 독일에서 열린 회의에 참석했던 위원회 대표에 따르면, 미세 플라스틱에 대한 현재의 제한 조치는 〈퍼즐의 한 조각에 불과하며, 모든 종류를 다루기 위한 포괄적인 계획을 가지고 있다〉고 한다.[16] 또한 자동차 타이어와 섬유에서 나오는 플라스틱 입자와 먼지의 영향을 평가하는 연구가 〈조만간〉 시작될 것이라 한다.

유럽 기관들은 더 잘 협력해야 한다

독성 분야에서도 상황은 진전되고 있다. 한센은 〈우리는 시장에 출시된 모든 화학 물질에 대해 어떤 위험이 있는지를 2027년까지 규명하고자 한다〉고 설명한다. 프탈레이트와 같은 플라스틱 가공제에 관해서는 〈2023년까지 완료할 것〉이라고 한다. 유럽 시장에는 4,000여 개의 화학 물질이 대량(100톤 이상)으로 나와 있다. 2020년 말 기준, 그중 겨우 절반에 대해 평가가 완료되었다. 한센은 이렇게 말한다. 「우리가 나아가는 속도가 그리 빠르지 않다는 점에는 전적으로 동의합니다. 많은 사람이 바라는 것보다 훨씬 느리지요. 저도 알고 있습니다. 하지만 진행 중입니다.」자원 부족은 먼저 평가의 일부를 맡고 있는 국가 기관들에 영향을 미친다. 유럽에서 가장 활동적인 곳으로 꼽히는 프랑스 식품 환경 노동 위생 안전청과 같은 기관에서 연간 2~4개 물질만을 평가할 수 있다는 점을 볼 때 문제의 심각성을 더 잘 이해할 수 있다. 게다가 싸움은 균형이 맞지 않는 경우가 허다하다. 프랑스 식품 환경 노동 위생 안전청 내의 아무개는 익명으로 이렇게 하소연한다. 「어떤 물질에 대해 업계와 싸워야 할 때, 우리는 혼자인데 상대편에는 4~5명의 산업계 대표와 시간당 우리의 한 달 치 월급을 받는 변호사들이 있습니다……」

또한 동일한 물질을 동시에 여러 유럽 기관 ─ 유럽 화학물질청, 유럽 식품 안전청, 유럽 의약품 기구EMA ─ 에서 분석한다는 사실은 엄청난 시간과 자원의 낭비를 의미한다. 한센은 이렇게 말한다. 「우린 좀 더 잘 협력해야 합니다. 동일한 자료, 동일한 과학, 동일한 위원회 위에서 일해야 합니다. 과학자이자 유럽 공무원으로서 제가 보기에는 이는 명백한 실수입니다. 다시 말해 우리는 이를 바꿔야 합니다. (……) 세 개 기관들이 화학 제품을 분담한다면 훨씬 효율적이겠지요.」 유럽연합 집행위원회는 2020년 10월에 화학 물질에 대한 전략을 발표하면서, 어떤 화학 물질이 다른 물질과 섞일 때 위험성이 폭발하는 칵테일 효과를 검토해야 할 필요성을 인정했다. 이 문제는 2009년부터 유럽연합 집행위원회의 안건에 올라 있지만 별 진전이 없다. 세계 최고의 전문가인 안드레아스 코르텐캄프Andreas Kortenkamp는 이렇게 회상한다. 「(10년 전) 저는 기업들의 많은 저항에 부딪혔습니다.」 「이들은 두 가지 점에 대해 내게 반박했습니다. 이런 효과를 평가한다는 것은 불가능한 임무이며, 어쨌거나 그 용량이 제한된다면 효과도 없다는 것입니다.」하지만 반발은 점점 수그러들었고, 연구는 저용량으로 사용한 물질들도 서로 방해 작용을 해 독성 효과를 유발할 수 있다는 점을 명백하게 입증했다.[17] 영국의 독물학자(안드레아스 코르텐캄프)는 이제는 규제 기관들이 노출 한계치를 낮춰야 한다는 걸 깨닫기 시작했다고 만족해한다. 구체적인 구상은 유해한 모든 상호 작용을 피하기 위해서, 각각의 물질에 대한 최대 규제 용량을 10이나 100으로 나누는 것이 될 예정이다.

〈20년씩 걸릴 일을 막다〉, 4,700번이나……

유럽은 과불화 화합물이라는 극도로 민감한 파일에 대해서도 급진전을 보인다. 이 잔류성 유기 오염 물질은 아이들의 백신 반응에 영향을 주며, 당뇨병을 조장하고, 생식 능력, 간·갑상선 기능을 방해한다. 사람에게는 마시는 물이 주요 오염 원인이긴 하지만, 직물과의 접촉 또한 신체 기관으로 침투하는 하나의 원인이 될 수도 있다. 과불화 화합물의 절반은 의류, 특히 아웃도어 의류 제조에 사용된다. 한번 환경에 영향을 미치게 되면 되돌릴 수 없다. 반가운 소식은 독일, 네덜란드, 덴마크, 스웨덴, 노르웨이가 2020년 이 화학 물질들을 제한하는 프로젝트 작업을 시작했다는 것이다. 한센은 이렇게 예상한다. 「2024년, 유럽 화학물질청 의견을 브뤼셀에 제출해야 될 겁니다.」 그리고 나면 회원국들은 의사 표명을 하게 될 것이다. 새로운 점은 이 규제 조치가 어떤 한 가지 물질에만 해당하는 것이 아니라 4,700개가 넘는 과불화 화합물 그룹 전체에 적용된다는 것이다. 이는 전례가 없는 하나의 격변이다. 비스페놀 그룹과 프탈레이트 그룹도 마찬가지로 검토 대상이 될 수 있다. 유럽 화학물질청 이사는 다음과 같이 요약한다. 「우리가 과불화 화합물에 대해 얼마 안 되는 자료를 가지고 있는데, 이 물질들은 매우 우려됩니다. 다양한 여러 결과를 얻었는데, 공통점은 이 물질들이 모두 매우 잔류성이 강하다는 것입니다.」 그룹 차원의 접근 방식은 엄청나게 많은 시간을 절약하게 할 것이다. 산업계는 이에 대해 뭐라고 할까? 유럽 화학물질청 이사는 이렇게 대답한다. 「물질을 하나씩 들여다봐야 할 것입니다. 당연히 그렇게 해야겠지만, 공무원으로서 우리에게는 어떤 의무가 있으니까요. 기업들이 정보를 가지고 있으므로 우리에게 정보를 제공하도록 동기를 부여할 방법을 찾아야 합니다. 〈만일 여러분이 그렇게 하지 않으면, 금지시킬 것입니다〉라고 그들에게 말하면, 효과가 나타나지요……」 롭 빌롯Rob Bilott은 이런 방식에 깊은 인상을 받는다. 이 미국 변호사는 듀폰이 파커스버그 공장에서 사용한 과불화 화합물의 위험성을 알리는 데 20년이나 걸렸다. 「제가 유럽에서 본 것은 믿기 어려울 정도로 고무적입니다. 이런 그룹 차원의 접근 방식은 더 이상 물질들을 하나씩 다루지 않아도 되니까요.」 「이는 매번 20년씩 걸릴 일을 막은 겁니다.」

조금씩, 모든 곳에서, 플라스틱의 위험성에 대한 보호막이 생기고 있다. 과학자들, 환경 단체들, 심지어 정치인들까지. 정치인 가운데 일부는 기후 변화에 관한 정부 간 협의체Intergovernmental

Panel on Climate Change, IPCC같이 관련 문제에 관한 전 세계의 모든 자료를 한데 모을 수 있는, 플라스틱 버전의 〈IPCC〉를 설치할 것을 제안한다.

반세기 전, 캐나다에서 탄생한 이래로 그린피스는 DDT, 석면, 혹은 오존층을 파괴하는 가스에 반대하며 수많은 캠페인을 주도해 왔다. 그린피스는 플라스틱을 상대로 한 이번 싸움에 대해서 어떤 생각을 할까? 이전의 것들보다 다소 무모한 걸까? 존 호시바는 이렇게 대답한다. 「저는 매일 스스로에게 질문을 합니다. 이 문제는 모든 사람과 관련이 있고, 유권자이자 소비자인 우리 모두는 정치인들과 기업가들에게 영향력을 행사할 수 있습니다. 그러나 이 문제는 훨씬 더 많이 일상에 침투해 있으며, 다른 것들보다 더욱 문화적 성격을 띱니다. 희소식은, 문화는 빠르게 변할 수 있다는 것이죠. 그리 자주 일어나지는 않지만, 그래도 많은 일례가 있습니다. 조지 W. 부시George W. Bush가 대통령이던 시절, 그는 핵폐기물을 버리기 위해 마리아나 해구를 이용해야 한다고 말하곤 했습니다. 이후 그 아들이 대통령이었을 당시, 아들은 마리아나 해구를 보호하기 위한 법안에 서명했지요. 문화는 바뀝니다.」

맺음말

〈나뭇잎이 나무에서 떨어지면 트럭에 실려 분리배출장으로 가지 않는다. 또 숲에서 동물이 죽으면 소각하지 않는다. 진정한 순환 경제는 자연을 모방하려는 것이 아니라, 자연의 일부가 되려는 것이다.〉 이는 재활용의 새로운 왕을 꿈꿔 왔던, 툴루즈의 라 부클 베르트라는 스타트업의 젊은 창업자 세 명이 도달한 결론이다. 비록 플라스틱이 해초나 게 등이 수억 년 동안 분해되어 형성된 석유, 가스, 석탄을 통해 탄생했다고 하더라도, 플라스틱은 오늘날 더 이상 자연의 일부가 아니다. 혼자 겉돌고 있다. 너무나도 많은 독성 합성 첨가제를 채워 넣어서, 초자연적인 존재가 되었으며, 동시에 범죄자도 되었다.

　재활용은 장기적인 프로젝트가 아니다. 안타깝게도, 이러한 인식은 정책적 수준에는 이르지 못하고 있다. 우리는 온 힘을 다해 재활용을 추진하고 있다. 그렇다면 꼭 생각해 봐야 할 질문이 있는데, 바로 이거다. 우리는 언제쯤 플라스틱에서 벗어날 수 있을까? 언제쯤 건강과 환경에 문제가 되지 않고, 지속적이며, 정말로 생분해되는 물질을 만들어 낼 수 있을까? 전투 여신의 모습처럼, 기후 변화에 맞선 싸움에서 시민들에게 책임감을 불어넣는 것도 반드시 필요하지만, 그거로 충분치는 않다. 규제가 절대적으로 필요하다. 기업들은 강제당할 때만 행동하는 경우가 허다하기 때문이다. 이해는 간다. 경쟁 업체들은 결과에 신경 쓰지 않고 계속해서 더 적은 비용을 쓰며 생산하고 있는데, 나만 추가 비용을 부담할 이유가 있겠는가? 그리고 많은 제조업자들 자신도 제품 속에 무엇이 들어 있는지 모른다. 공급망이 워낙 복잡하고, 연결 고리들 사이에 비밀이 철저히 지켜지기 때문이다. 따라서 이들도 유해한 물질들을 어떻게 대체해야 할지 모르고, 공급업자들에게 어떤 행동을 취하기에는 힘이 너무 미약하다. 감독 당국이 시작할 수 있게 도와주고 길을 보여 줘야 한다.

미국의 애즈 유 소As You Sow 재단은 2006년부터, 지속 가능한 포장에 관해 50개 다국적 기업이 이루고 있는 진척 상황을 정기적으로 평가하고 있다. 2020년 보고서에서, 재단은 이렇게 지적한다. 〈플라스틱 폐기물 문제의 해결책은 가까운 시일 내에 가능하지 않으며, 아직 가까이 있지도 않다. (……) 기업들은 과감한 약속을 하고는 이를 지키지 않는다.〉[1] 플라스틱에 대해 진지하게 임하는 기업이 한 곳 있다면, 10개 기업은 아무것도 하지 않는다. 이미 자발적 행동만으로 충분한 단계를 훨씬 넘어섰다. 모든 기업이 동등한 입장에서 활동할 수 있도록 규제를 조율하는 것이 시급하다. 입법권자들은 플라스틱뿐 아니라 더 나아가 일회용품 전체를 대상으로 삼아야 한다. 왜냐하면 일회용 알루미늄 캔이나 유리병도 더 이상 바람직하지 않기 때문이다.

산업계와 정책 입안자들을 불러 모아야 한다. 그들이 머뭇거린다면, 집단행동과 법을 동원해야 강제할 수 있을 것이다. 비정부기구들이 개시한 소송은 변화를 불러일으키기 시작했다. 조직 사회학 센터의 부국장 소피 뒤뷔송켈리에Sophie Dubuisson-Quellier는 프랑스 의회 청문회 중에, 〈소비자 행동을 구성하는 데 있어 기업의 역할〉을 강조하며, 순진한 시민들에게 책임이 없음을 주장했다. 뒤뷔송켈리에는 또한 제품의 혁신은 〈새로운 고객을 끌어들이고 생산 비용을 줄이는 데 정신이 팔린 기업의 목표를 우선적으로 반영한다〉고 강조한다.[2] 우리가 일회용 플라스틱에 크게 의존하게 된 것은 〈저렴한 플라스틱 가격을 이용해, 자신들의 시장을 엄청나게 확장한 기업들이 그렇게 만든 것이다〉라고 뒤뷔송켈리에는 풀이한다. 〈우리의 소비 습관은 깊이, 지속적으로 변해 왔다. 현재 이 소비 습관은 사회에 깊숙이 뿌리박힌, 제품의 풍요, 과소비, 환경 비용의 아웃소싱으로 포장재 가치 결여에 근거한 사회적 기준에 의해 지배되고 있다. 일회용 플라스틱은 이전에 소비자가 직접 해 오던 작업들(준비, 청소, 보관 등)에서 해방시킨다는 구실 아래 새로운 일상 생활에 뿌리를 내렸다. 이러한 소비 방식에서 벗어나는 것은 어려운 일이다.〉 뒤뷔송켈리에는 〈그런 혁신은 한 개인의 결정으로 이루어 내기는 어려우며 사회 전체와 관련된 좀 더 체계적인 변화를 필요로 한다〉고 판단한다.

쓰레기 없는 사회로의 가장 큰 장애물 중 하나는 현재의 경제 모델에 있다. 두 명의 젊은 독일 사회학자는 〈성장에 대한 비판 없이는 쓰레기 제로 사회도 없다〉고 썼다. 일회용품 사회가 점점 더 비판을 받는다 해도, 이런 상태라면 소비자들이 일회용 포장재를 포기하기란 쉽지 않다. 테이크 아웃 방식, 〈특권과 정보력을 가진 소수의 소비 집단에게만 열려 있는〉 지속 가능한 소비, 포장재 사용을 의무화하는 식품 공급망의 세계화, 성장 없는 세상을 상상할 수 없는 자본주의 이데올로기……. 결론은 〈사회 전체적 차원에서 플라스틱의 지속 가능한 사용을 장려하기 위해서는, 쓰레기 제로 운동이 더욱 정치성을 띠어야 하며, 더 많은 소비자가 다가갈 수 있어야 한다〉는 것이다.[3]

이 책을 덮기 전, 여러분은 〈저자가 좀 과장하고 있는 게 틀림없어……〉라고 생각할 수도 있다. 그 반대로 나는 현실이 더 열악할까 봐 걱정된다. 한 가지 확실한 것은, 상황이 나아지기 전에, 좀 더 나빠질 것이라는 점이다. 이에 관해 여러분에게 세 가지 지표를 제시할까 한다. 첫 번째 지표, 플라스틱 오염에 관한 대부분의 연구(이미 상당한 우려를 나타내는)는 플라스틱 폐기물에 관해 세계 은행의 수치를 참고한다. 그런데 확인된 정보에 의하면, 이 수치는 오로지 〈지자체의 고형 폐기물〉, 즉 생활 쓰레기만을 취합한 것이라 한다. 따라서 농업이나 산업 폐기물은 빠진 것이다. 세계은행은 이 범주에 〈정확한 데이터〉가 없다고 확인해 주지만, 통상적으로 산업 폐기물(모든 종류가 합쳐진)이 지자체 쓰레기에 비해 18배가 더 많다는 사실을 인정한다.[4] 두 번째 지표, 오늘날 플라스틱 병으로 인한 오염이 문제라고 생각하는가? 이는 그저 시작에 불과하며, 매일 부풀어 가는 시한폭탄이다. 유럽에서는 다시 보증금 제도로 돌아가려고 하는 반면, 멕시코, 인도네시아, 중국, 인도에서는 전략적 선택으로 인해 20년 동안 수억 명의 소비자들을 반대 방향으로 향하게 하고 있다. 재사용 가능한 병 하나를 20~50개 일회용 병들이 대체하고 있다. 세 번째 지표, 바로 이 페이지를 쓰기 얼마 전 발표된, 내분비 교란 물질에 관한 최신 보고서는 시급히 행동을 취해야 한다는 확신을 준다. 최고 전문가들이 작성한 이 보고서는 〈향후 6년간 30~36퍼센트 증가할 것으로 보이는 현재의 플라스틱 생산 가속화로 인해, 내분비 교란 물질에 대한 노출과 세계적 내분비 질환 비율의 증가가 심각하게 악화될 것〉이라고 확언한다.[5]

독성학자 마르틴 바그너는 2000년대 들어, 생수 속에서 내분비 교란 물질을 처음으로 발견한 인물 중 한 사람이다. 「저도 다른 사람들과 마찬가지였죠. 미네랄워터는 아주 깨끗하고 건강한 것이라 생각했어요. 저 멀리 수백 미터 속에서 끌어낸 순수한 물, 이런 광고들을 염두에 두고 있었어요.」 그는 깜짝 놀랄 만한 결과를 알게 되고, 과정을 반복하고 또 반복해 봤지만 틀린 것이 아니었다. 현재 노르웨이에 정착한 바그너는 이렇게 확신한다. 「이 일은 제 눈을 뜨게 해주었지요. 전 플라스틱 안에 분명 또 다른 유해한 화학 물질들이 있을 거라고 생각했어요.」 15년이 지난 지금, 바그너는 여전히 조금 외롭다 느끼며, 이 문제에 관해 더 많은 연구가 있기를 바란다. 왜냐하면 〈비스페놀 A와 프탈레이트를 제외하면 과학자들이 거의 들여다보지 않기 때문이다〉.

현재로서는 가장 유해한 물질들을 줄이고 없애기 위해, 전 세계적 차원의 정책을 채택하는 것이 필수적이다. 미국이 시민들의 건강을 제물로 삼아 산업계의 이익을 보호하며 이제까지 이런 움직임에 제동을 걸어 왔다면, 유럽, 아프리카, 중국은 전투에 돌입할 준비가 되었다는 것을 보여 주었다. 수많은 첨가제와 수많은 종류의 플라스틱이 존재한다. 의료계 같은 특정 분야에서는 일부 독성 물질을 덜 유해한 대체 물질로 바꾸는 것이 반드시 필요하다. 또한 쉽게 재활용될 수 있도록, 제품을 더 단순하게, 한 가지 수지로만 만들도록 구상하는 것도 매우 중요하다. 그러나 첨가제, 심지어 플라스틱을 종이와 같은 다른 일회용 재료로 대체하는 것은 해당되지 않는다. 이는 자원의 고갈이라는 또 다른 문제를 낳기 때문이다. 필요한 변화는 훨씬 더 깊은 곳에서 나와야 한다. 가능하다면, 재사용을 가장 우선시해야 하며, 무엇보다도 우리의 소비 생활, 소비 방식을 바꾸어야 한다. 여러분도 도전해 보기 바란다. 플라스틱을 구매하지 않고 일주일을 살아 보는 거다. 그럼 당장 여러분이 소비를 줄일 수 있음을 알게 될 것이다. 다른 것도 마찬가지다. PVC로 된 신용카드의 모습처럼, 플라스틱은 그 자체만으로도 과소비의 동의어가 되었다.

실용적이고 없어서는 안 되는, 무취의 플라스틱은 안전하고 무해하게 보인다. 하지만 그렇지 않다. 플라스틱은 한 번만 오염시키는 게 아니다. 생산, 사용, 재활용, 소각, 매립이나 자연 속에서 여러 번에 걸쳐 오염을 일으킨다. 확신하건대, 눈에 보이는 오염보다 눈에 보이지 않는 오염이 결국 많은 것들을 흔들어 놓을 것이다. 혈액, 공기, 토양, 농작물, 저장된 식수…… 등에 대한 오염, 우리 모두에게 은밀하게 영향을 미치는 것들이다. 원자력에 대해 생각해 보자. 이 에너지는 이산화탄소를 거의 배출하지 않아 기후에는 긍정적이라 할지라도, 보이지 않는 위험이 되기도 한다. 체르노빌 참사, 더 최근에는 일본 후쿠시마 사고를 겪으며, 이런 위협을 실제로 인식하게 되었다. 플라스틱 독성과 기후 변화에 대한 플라스틱의 영향을 마침내 인정하려면, 또 다른 비극이 일어날 때까지 기다려야 하는 걸까? 산업계는 그들이 꾸준히 주장해 오는 것처럼 부당하게 핍박을 당하고 있지 않다. 보건 스캔들은 이미 지구상 여기저기서 진행 중이다. 생식 능력은 곤두박질치고 있다. 아이들을 살펴보면, 현재 모든 신생아들은 이미 오염되어 있다. 행동해야 한다. 바로 지금.

몇 달 전, 내가 플라스틱 업계에 관한 이 조사에 착수하며 재활용의 실상을 알리기 시작했을 무렵, 이 문제에 관해 매우 정통한 동료 한 명이 오전 내내 트위터에서 내 논설 중 하나를 박살 내고 있었다. 놀랍기도 하고 한편 침울하기도 해, 난 내 실수가 무엇인지를 물어보기 위해 연락을 했다. 그의 대답은 이러했다. 「플라스틱에 대해 전면전을 선언하는 건, 미안하지만, 완전 어리석은 짓이에요. 요즘 시대적 흐름에는 맞죠. 잘 팔릴 겁니다. 하지만 바보 같은 짓입니다. 플라스틱의 문제는 특히나 수명이 다하고 나서죠. 하지만 재활용이 헛짓거리고 분류해 봐야 아무 소용없다는 등의 이야기를 사람들에게 한 덕분에, 우린 스스로 우리 무덤을 파게 된 겁니다.」 그의 이메일 답장을 보고 난 생각에 잠겼다. 사실, 난 아무 말도 안 하고, 부모님, 친구들, 이웃들에게 〈분리배출 행동〉이 플라스틱 오염에서 지구를 구할 것이고, 그들이 버린 요구르트병은 재활용될 것이라 계속해서 믿게 놔둘 수도 있었다.

하지만 심사숙고 끝에, 난 누구나 쓰레기통 뒤에서 무슨 일이 벌어지는지 알 권리와 최선으로 행동하기 위한 카드를 손에 쥘 권리가 있다고 생각했다. 생태계 붕괴의 책임자들에 대한 분노[6]를 목소리 높여 표시하는 언론인 에릭 라 블랑슈Éric La Blanche처럼, 나도 시민들이 제대로 미리 고지를 받지 못했다고 생각한다. 그와 함께 이렇게 자문해 본다. 〈언론인의 입장에서 타이타닉호의 오케스트라와 같이 얌전히 연주를 계속하는 것이 자신의 역할을 하는 것보다 더 중요할까?〉 그리고 재활용이 단편적이고 불완전하다고 해서, 더 이상 분류할 필요가 없다는 것이 아니다. 이는 당연히 내가 전하고 싶은 메시지가 아니다. 나는 언젠가 모든 것들이 진정으로 재활용되기를 바라며, 계속해서 올바른 쓰레기통에 분리배출을 할 것이다. 무엇보다도, 미리 앞서 행동하려고 노력하고 있다. 스스로 내 요구르트와 샴푸 만드는 법을 배웠다. 쇼핑할 때는 가능한 한 포장재를 쓰지 않으려고 한다. 테플론보다는 스테인리스 프라이팬을 고르며, 검은 플라스틱보다는 나무로 된 국자, 타파웨어보다는 유리 용기, 합성 섬유보다는 천연 섬유로 된 의류, 화장품이나 세제도 공장에서 대량 제조된 제품보다는 수제품을 택한다. 개인 차원에서의 핵심 단어는, 플라스틱 발자국을 줄이는 것이다. 그렇게 함으로써, 독성 혼합물에 대한 노출도 줄이게 될 것이다. 상황은 바뀌어야 하며, 바뀔 것이다. 그 누구도 소리 없는 살인자의 품에서 잠들고 싶지는 않기 때문이다.

용어 해설

과불화 화합물 Perfluorés 폴리 및 퍼플루오로알킬Poly-and perfluoroalkyl 물질로, 영어 약자인 〈PFAS〉로 더 많이 알려져 있다. 방수성과 더불어 오염과 기름기에 강하고 눌어붙지 않는 등 놀라운 특성을 가진 4,700개가 넘는 분자들이 그룹을 이루고 있다. 이동성이 매우 뛰어나며, 거의 파괴되지 않는 과불화 화합물은 환경과 먹이 사슬 도처에 존재하며, 〈불멸의 화학 물질〉이라는 별명까지 얻었다. 가장 잘 알려진 것은 PFOA와 PFOS로, 고환암, 신장암, 간 기능 장애, 면역 체계 약화, 생식력 감퇴 등과 관련이 있다.

기계적 재활용 Mechanical Recycling 플라스틱 구조를 건드리지 않은 채, 다시 사용하기 전 포장재들을 분류, 세척, 분쇄, 용해하는 것이다.

나노(초미세) 플라스틱 Nanoplastic 미세 플라스틱 참조.

나프타 naphtha 원유를 증류할 때 나오는 액체 탄화수소. 이로부터 에틸렌과 프로필렌을 생산할 수 있고, 이 물질들로 플라스틱 원료를 만들 수 있다. 유럽과 아시아에서는 플라스틱을 주로 나프타로 만든다.

내분비 교란 물질 Endocrine disruptors 호르몬 작용을 모방, 차단, 변조하며, 신체 기관의 정상적인 기능을 방해하는 분자들. 정확히 호르몬처럼, 극히 적은 용량에서도 작용하는 특성을 가지고 있다. 〈내분비 교란 물질〉이라는 명칭은 1991년, 생물학자 시어 콜번이 미국에서 조직한 윙스프레드 협의회에서 붙여졌다.

다이옥신Dioxine 이 화학 물질의 독성은 1970년대에 발견되었다. 염소화·불소화·브롬화된 다이옥신이 있는데, 브롬화 다이옥신의 영향은 훨씬 덜 알려져 있다. 브롬화 다이옥신은 특히 수많은 일상 생활 용품 속에 들어 있는 브롬화 난연제가 연소될 때 방출된다.

다층 구조 Multilayers 과자 포장, 음료수 팩, 초콜릿 바 껍질 같은 부드러운 플라스틱으로 된 이 포장재는 각기 다른 물질 — 보통 플라스틱과 알루미늄 — 의 여러 층으로 구성된다. 이런 복합적 포장재는 방수성과 습기·빛·열 차단성, 충격과 비틀림에 대한 내구성 등 각기 다른 재료의 장점들을 결합시킬 수 있게 해준다. 이 포장재는 식품 보존은 용이하게 할지라도, 재활용은 거의 불가능하다.

모노머Monomer/**폴리머**Polymer 폴리머는 분자량이 많은 고분자로, 구슬 목걸이에 비유할 수 있다. 〈모노머〉라 부르는 각각의 구슬들은 탄소와 수소로 구성되며, 때로는 염소나 산소 같은 다른 원자들이 여기에 합류한다. 예를 들면, 에틸렌은 탄소원자 2개와 수소원자 4개로 이루어진 모노머다. 수천 개의 에틸렌 분자들이 서로 결합되어 하나의 폴리머를 형성하는데, 이것이 바로 세계에서 가장 널리 쓰이고 있는 폴리에틸렌이다.

미국 화학 협회 American Chemistry Council, ACC 이 거대 로비 단체는 세계적으로 매우 강력한 전문 협회 중 하나다. 워싱턴 D.C.에 기반을 두고 있으며, 150년 전 펜실베이니아주 유정에서 처음으로 석유가 나왔을 무렵, 이 협회도 세상에 나왔다. 협회에는 국내외 170개 업체들이 결집해 있으며, 그중에는 아르케마, 바스프, 브라스캠, 케무어스, 셰브론 필립스, 코베스트로, 다이킨, 다우, 듀폰, 엑손모빌, 인도라마, 사빅, 셀, 솔베이, 토탈 같은 버진 플라스틱(한 번도 사용하지 않은 새 플라스틱)을 생산하는 세계적 주요 기업들도 있다.

미세 플라스틱 Microplastic/**나노(초미세) 플라스틱**Nanoplastic 미세 플라스틱은 그 크기가 5밀리미터 미만인 플라스틱 입자다. 인위적으로 제조된 플라스틱이며, 생산 현장에서 빠져나오는 과립들, 혹은 의류 세탁 시 나오는 섬유 부스러기, 농업 비료에서 나오는 플라스틱, 식품 포장재 파편 등 부피가 더 큰 물체에서 나오는 조각들이다. 나노 플라스틱은 미세 플라스틱보다 더욱 작은 것들로, 1~1,000나노미터 크기다. 1나노미터가 0.000001밀리미터임을 고려할 때, 나노 플라스틱은 정말 현미경으로나 볼 수 있을 것이다.

바이오 플라스틱 Bioplastic 이 용어는 종종 두 종류의 플라스틱을 지칭하는 데 쓰인다. 두 종류는 매우 다른데, 하나는 바이오 성분 플라스틱이고 다른 하나는 생분해되는 플라스틱이다. 플라스틱의 1퍼센트 미만이 바이오 성분 플라스틱인데, 전분이나 사탕수수 같은 바이오 소재에서 추출된 것이다. 〈생분해되는〉이라는 수식어는 살아 있는 유기체에 의해 자연적으로 분해되거나 소화될 수 있는 플라스틱에 해당된다. 바이오 성분 플라스틱이라고 해서 반드시 생분해되는 것은 아니며, 그 반대도 마찬가지다.

브롬화 난연제 Brominated Flame Retardant 1950년대부터, 발화와 화재를 지연시키기 위해 사용되고 있으며, 시장에 나와 있는 난연제의 3분의 1을 차지한다. 이 중 일부는 2000년대 초반부터 규제를 받고 있기는 하지만, 여전히 수많은 일상용품 속에 사용되고 있다. 스톡홀름협약에 등재된 잔류성 오염 물질의 일부로, 점차적으로 환경을 오염시키며, 먹이 사슬 속에서 발견된다.

비스페놀Bisphenol 일상 생활 제품 속에 많이 들어 있는 합성 화학 물질 그룹을 지칭한다. 이 물질 중 대다수가 내분비 교란 물질로 여겨진다. 가장 많이 알려진 것은 〈비스페놀 A〉 또는 〈BPA〉라고도 부르는 물질로, 1960년대부터 폴리카보네이트를 제조하기 위해 대거 사용되어 왔다. 폴리카보네이트는 투명하고 내구성이 뛰어난 플라스틱으로, 부엌용 소형 가전제품 같은 데에 쓰인다. 비스페놀은 금속 재질의 음료 캔이나 통조림의 내부 코팅에서도 찾을 수 있다.

석유 화학petrochemical 석유 화학의 70퍼센트 이상은 플라스틱 생산과 관련된다. 나머지는 비료와 세제 등을 만드는 데 사용된다.

수명 주기 평가 Analyses de cycle de vie, ACV 또는 Life Cycle Analaysis, LCA 이 평가는 어떤 하나의 제품이나 서비스가 그 시작부터 수명이 끝날 때까지 수명 주기의 모든 단계 동안 환경에 미치는 영향을 측정한다. 천연자원의 소비, 유발되는 오염, 제품의 제조와 운송에 필요한 에너지, 폐기물 관리 등이 반영될 수 있다.

수압 파쇄법 Hydraulic fracking 이 공정은 물, 모래, 화학 물질의 혼합물을 지하에 주입하는 것으로 이루어지며, 암석 틈새에 갇혀 있던 탄화수소와 셰일가스, 셰일오일이 표면에 떠오르도록 아주 미세한 균열을 만드는 데 쓰인다. 이 공정은 심한 오염을 유발하고, 에너지 소비가 많은 것으로 알려져 있다.

알갱이Granule 폴리머 대부분은 직경 5밀리미터의 알갱이 형태로 만들어진다. 이 다양한 색의 알약 같은 알갱이들은 흔히 제조 현장이나 운송 트럭에서 빠져나와 주변을 오염시키고, 결국 하천과 바다로 흘러들어 가는 경우가 허다하다.

에탄ethane 천연가스 속에 존재하는 무색, 무취의 가연성 가스. 특히 메탄가스와 셰일가스 내부의 5~10퍼센트를 차지한다. 북아메리카와 중동에서는 플라스틱 대부분을 에탄으로 만든다.

열가소성 플라스틱thermoplastic 다시 녹여서 새로 사용할 수 있는 플라스틱. 전 세계에서 사용하는 플라스틱의 약 90퍼센트에 해당한다.

열경화성 수지thermosetting resin 폴리우레탄처럼 매우 단단한 플라스틱으로, 한번 굳으면 고체 상태로 유지되며, 거의 재활용이 불가능하다.

유감스러운 대체 Substitution regrettable 어떤 독성 화학 물질을 사실상 똑같이 유해한 다른 물질로 대체하는 것을 가리킨다. 예를 들면, 비스페놀 A가 비스페놀 S로 대체되는 경우가 해당된다.

유럽 식품 안전청 European Food Safety Authority, EFSA 2002년 설립되어, 이탈리아 파름에 본사가 있다. 역할은 식품과 관련된 위험에 대해 독립적인 과학적 의견을 제공하는 것이며, 이곳의 의견은 유럽의 입법 구상에 일조한다.

유럽 화학물질청 European Chemicals Agency, ECHA 핀란드 헬싱키에 자리 잡고 있으며, 유럽 시장에 출시된 화학 물질의 위험성을 관리 감독하는 역할을 한다. 2007년에 창설되어, 화학 물질에 대한 REACH 규정의 시행을 감시한다.

유엔 환경 총회 United Nations Environment Assembly, UNEA 2012년에 창설된, 환경에 관한 세계 최고의 의사 결정 기구다. 세계적 당면 과제를 정하고, 국제 환경법을 발전시키기 위해, 2년에 한 번씩 케냐 나이로비에 모인다.

일회용 플라스틱에 관한 지침 Single Use Plastic Detective 2019년 5월에 채택된 이 지침은 흔히 〈SUP 지침〉이라고 불린다. 지침은 2021년 7월부터, 10개의 일회용 플라스틱 용품을 금하고 있는데, 일회용 수저, 포크, 나이프, 빨대, 컵, 풍선대 같은 유럽 해안에서 가장 많이 발견되는 것들이다. 또한 지침 본문은 제조업자들에게 병뚜껑을 병에 연결되게 만들 것과 담배, 탐폰, 물티슈에 플라스틱이 함유되어 있음을 라벨에 표시할 것을 강제한다. 담배 회사는 담배 꽁초 수거에 대해 책임지게 된다. 지침은 더 나아가, 2025년까지 PET 음료병의 77퍼센트를, 2029년까지 모든 플라스틱 병(PET 아닌 병도 포함)의 90퍼센트를 재활용 목적으로 수거할 의무를 부과한다.

잔류성 유기 오염 물질 Persistent Organic Polluant, POP 흔히 〈POP〉로 불린다. 2004년부터, 가장 광범위하게 퍼져 있고 독성이 매우 강한 POP들이 스톡홀름협약의 목록에 등재되어 있다. 어떤 물질이 이 목록에 올라가기 위해서 갖춰야 할 조건으로는, 인간이나 환경에 유해하고, 오랜 시간 잔류해야 하며, 쉽게 옮겨 가고 먹이 사슬을 따라 살아 있는 유기체 안에 축적되어야 한다.

증기 분해 Steam Cracking 수증기를 섭씨 800도 이상 가열해, 탄화수소 분자(나프타 또는 에탄)를 깨서 모노머(에틸렌, 프로필렌 등)를 얻는 공정이다. 이 모노머들은 중합 공정으로 서로 결합되어, 폴리에틸렌이나 폴리프로필렌과 같은 폴리머를 형성한다.

칵테일 효과 Cocktail effect 이 표현은 각각 따로 사용 시 안전한 물질이 다른 물질과 결합되었을 때 유해한 효과를 유발할 수 있다는 사실을 가리킨다.

폴리머Polymer 모노머 참조.

프탈레이트Phtalate 특히 PVC 속에 가소제로 사용되는 화학 물질 그룹으로, 유연성을 부과하는 특성이 있다. 프탈레이트는 용기에서 내용물로 옮겨 갈 수 있다. PVC가 많이 사용되는 의료계에서 흔히 존재한다. 이 중 일부는 내분비 교란 물질이며, 다른 것들도 역시나 암, 비만, 당뇨, 천식의 발병에 역할을 하는 것으로 의심되고 있다.

플라스틱 가공업체 Plasturgie 플라스틱 원료를 사서 다양한 제품으로 가공하는 회사를 지칭한다.

플라스틱스유럽PlasticsEurope 브뤼셀에 기반을 둔 이 전문 협회는 토탈이나 이네오스 같은 유럽의 플라스틱 원료 제조업체와 다우, 엑손모빌, 사빅 같은 글로벌 거대 기업의 유럽 자회사들을 대표한다.

플라스틱에 관한 유럽의 전략 EU Plastics Strategy 2018년 1월 16일에 채택된 플라스틱에 관한 유럽의 전략은, 특히 2030년까지 모든 플라스틱 포장재들을 재활용하거나 재사용하고, 일회용 플라스틱 소비를 줄이고, 화장품이나 비료 같은 제품에 의도적으로 미세 플라스틱을 사용하는 것을 제한할 계획이다.

화학적 재활용 Chemical recycling 산업계에 의해 〈선진적 재활용〉이라 다시 이름이 붙여졌다. 화학적 재활용은 폴리머를 부서트려서 좀 더 짧은 분자로 변형시키고 다시 모노머 상태로 되돌린다. 열과 화학 용매를 이용하는 이 방식은 더 많은 종류의 플라스틱, 심지어 오염되거나 혼합된 것까지도 재활용할 수 있고, 새 플라스틱만큼이나 질 좋은 폴리머를 생산할 수 있게 해준다.

환류Gyre 해류에 의해 형성되는 거대한 바닷물의 소용돌이다. 바다에서 떠다니는 쓰레기들은 자연히 그리로 끌려들어 간다.

DEHP [디(2-에틸헥실)프탈레이트] 프탈레이트 계열 중 가장 잘 알려지고 독성이 높은 물질 중 하나다. DEHP는 인간과 환경에 대한 내분비 교란 물질로 간주된다.

NIAS non-intentionally added substances 의도적으로 첨가된 것이 아닌, 불순물이나 제조 과정에서 나타나는 부산물을 지칭한다. 기업들조차도 자신들 제품 속에 들어 있는 NIAS의 정체를 모두 파악하지 못하고 있다.

PVC 폴리염화비닐 세계적으로 가장 널리 쓰이는 플라스틱 중 하나다. 염화비닐로부터 만들어지는데, 염화비닐은 발암성 가스다. 가공되지 않은 상태의 PVC는 단단해서, 연성 플라스틱을 만들기 위해서는 가소제를 첨가해야 하는데, 가장 흔히 쓰이는 것은 프탈레이트다. PVC는 80퍼센트까지 첨가제를 포함할 수 있다. PVC는 연소 시, 극도로 유독한 화학 물질인 다이옥신과 퓨란을 방출한다.

REACH 화학 물질의 등록, 평가, 허가 및 제한Registration, Evaluation, Authorization and Restriction of Chemicals이라는 뜻의 영어 약자. 2017년, 유럽연합에 의해 채택된 REACH 규정은 연간 1톤 이상 규모로 유럽연합 내에서 생산되거나 수입되는 모든 화학 물질을 데이터베이스에 등록할 계획이다. 유럽 화학물질청은 이 규정의 시행을 감시하는데, 화학 물질에 대해 독성을 평가하고, 출시에 대한 승인을 부여하며, 가장 유해한 물질들은 대체하는 것을 목표로 한다.

감사의 말

감사의 말을 쓸 시간이 되자, 갑자기 손이 느려졌다. 쏜살같이 써야 할 부분에서 신중해지고 주저하고 있다. 정말 할 말도 많고, 아부를 했어야 하는데 말이다.

브뤼셀에서 마닐라, 헬싱키에서 키갈리와 샌프란시스코를 거쳐 앙카라까지, 우선 이 책에 인용이 되었건 그렇지 않건, 플라스틱이 초래한 위기의 정도를 가늠하고 더 잘 이해할 수 있도록 나를 도와준 모든 분에게 감사의 말을 전하고 싶다. 여러분의 능력은 여러분이 가진 열정과 끈기를 넘어선 엄청난 것이었다. 이 일에 함께해 주어서 그저 감사할 뿐이다.

여느 갓난아기와 마찬가지로, 이 책은 탄생할 때, 유토피아를 꿈꾸는 다비드 아줄레 대부, 소피 퀴토야니스 대모의 도움을 받았다. 너무나 고맙게도 다비드는 처음부터 끝까지, 특히 2020년 6월이라는 최악의 시기에 나에게 왔다. 통찰력, 상황의 적절성에 대한 판단, 파괴적인 유머를 소유한 소피에게도 감사한다. 우리와 함께 질식하지 않게 될 아기 물개들에게도 고맙다.

기꺼이 이 원고를 읽어 준 브뤼노에게도 감사의 말을 전한다. 내가 비상벨을 울리지 않도록 해준 점은 말할 것도 없다. 열정적인 모습을 보여 준 크리스찬도 고마운 사람이다. 이 책에 중요하게 언급하지 못한 점을 사과하고 싶다.

필립 로비네와 마린 몽테귀는 나를 전적으로 신뢰하고 〈칼만 가족〉으로 환영해 주었다. 감사할 뿐이다. 나의 친구이자, 나를 그들에게 데려다준 로랑 노이만에게도 꼭 고맙다는 말을 하고 싶다.

이 원고가 레주르에 실릴 수 있도록 기회를 준 라파엘에게 감사한다. 세상에 알려질 가치가 있는 독립적이고 짓궂은 이 정보 사이트가 오래오래 지속되길 바란다.

마지막으로 이 책을 절대로 사지는 않겠지만, 매의 눈으로 성실하게 읽고 또 읽을 분들께도 감사 인사를 전한다. 그분들이 없었다면 이 책은 나보다 더 형편없었을 것이다.

주

1장

1 PlasticsEurope, *Plastics' Contribution to Climate Protection*, 2010.

2 Susan Freinkel, *Plastic: A Toxic Love Story*, Houghton Mifflin Harcourt, 2011. 『플라스틱 사회』, 김승진 옮김(을유문화사, 2012)

3 Life Magazine, "Throwaway living", 1955년 8월.

4 Roland Barthes, *Mythologies*, éditions du Seuil, 1957. 『현대의 신화』, 이화여자대학교 기호학연구소 옮김(동문선, 1997)

5 폴리에틸렌은 전 세계 플라스틱 수요의 31퍼센트를, 폴리프로필렌은 18퍼센트, 합성 섬유는 15퍼센트, PVC는 10퍼센트, PET는 9퍼센트, 폴리우레탄은 7퍼센트, 폴리스티렌은 6퍼센트를 차지하고 있다. 이 수치는 두 개의 자료, 즉 국제 에너지 기구의 *The Future of Petrochemicals*(2018년 10월), 그리고 학술지 *Sciences Advances*에 실린, 롤랜드 게이어Roland Geyer, 제나 R. 잼벡Jenna R Jambeck, 카라 라벤더 로Kara Lavender Law 공저의 학술자료 "*Production, use and fate of all plastics ever made*"(2017)를 근거로 계산한 것이다.

6 2019년, 중국은 고분자의 31퍼센트를 생산했으며, 아시아의 나머지 지역(20퍼센트), 북미(19퍼센트), 유럽(16퍼센트), 아프리카-중동 지역(7퍼센트)보다 앞섰다. 출처: PlasticsEurope

7 CIEL, *Plastic & Climate: The Hidden Costs of a Plastic Planet*, 2019년 5월.

8 IEA, *The Future of Petrochemicals*, 2018년 10월.

9 Richard Heede, "Tracing anthropogenic carbon dioxide and methane emissions to fossil fuel and cement producers, 1854-2010", *Springer*, 2013.

10 우리의 인터뷰 요청에 긍정적으로 답을 한 후, 미국 화학 협회는 갑자기 레이더에서 사라졌다. 이 협회에서 인용으로 되어 있지만 각주로 처리되지 않은 인용문들은 그 협회의 웹사이트 www.americanchemistry.com에서 발췌했다.

11 IHS Markit, *Population Growth and Materials Demand Study*, étude préparée à la demande de l'American Chemistry Council, 2019년 8월.

12 엑손모빌이 2019년 6월 13일에 공식 발표.

13 Robert Stier, "Petchems push", in *National Champions: State Oil Companies Evolve to Face the Future*, S&P 글로벌 플랫츠가 2019년 10월에 출간한 보고서.

14 Alexander H. Tullo, "Why the future of oil is in chemicals, not fuels", *C&EN*, 2019년 2월 20일.

15 엑손모빌, 2019년 4/4분기 실적.

16 BP Energy Outlook, 2019.

17 국제 에너지 기구, *Oil 2020*, 2020년 3월.

2장

1 Eunomia, "Investigating options for reducing releases in the aquatic environment of Microplastics emitted by(but not intentionally added in) products", Final report, 2018년 10월.

2 Hideshige Takada and al., "Plastic resin pellets as a transport medium for toxic chemicals in the marine environment", *Environmental Science and Technology*, 2001.

3 C&EN, *Global Top 50 Chemical Companies of 2018*, 2019년 7월 29일.

4 "The Rich List 2020", *Sunday Times*.

5 Ineos, "Bienvenue à bord des navires Dragon Ships", 2016년 3월 23일.

6 Robert Howarth, "Ideas and perspectives: is shale gas a major driver of recent increase in global atmospheric methane?", *BioGeoSciences*, 2019년 8월.

7 Sergio Chapa, "Drilling down: British petrochemical giant Ineos plans

to begin fracking in Texas", *The Houston Chronicle*, 2020년 5월 4일.

8 ClientEarth, *Ineos Faces Emergency Legal Action to Block Antwerp Plastics Plants*, 2020년 11월 9일.

9 Mark Kleinman, "Coronavirus: Ineos tycoon's venture seeks government loan", Sky News, 2020년 5월 12일.

10 Ineos, *Ineos Receives Gold Sustainability Rating from EcoVadis*, 2020년 12월 15일.

11 Rob Edwards, "Ineos, SSE, and Exxon top climate polluter 'league of destruction'", *The Ferret*, 2020년 10월 2일, "Ineos 'under-reporting' climate emissions, says regulator", 2020년 6월 29일.

12 Food & Water Europe, *Ineos' Chequered Environmental Track Record in Europe*, 2017년 11월.

13 Reid Frazier, "AG Josh Shapiro charges company for leaks, spills in Washington County", *State Impact Pennsylvania*, 2020년 6월 12일.

14 "Associated Press: FBI is investigating Wolf administration's issuing of Mariner East pipeline permits", *State Impact Pennsylvania*, 2019년 11월 12일.

15 Surfrider Foundation Europe, *Plastic Giants Polluting Through the Backdoor*, 2020년 11월.

16 Plastic Soup Foundation, *Ducor Tries to Shift the Responsibility for Plastic Pollution*, 2020년 7월 15일.

3장

1 Isaar Orr, "Plastic bags save lives, so why are "environmentalists" trying to ban them?", *Center of the American Experiment*, 2020 3월 16일.

2 환경에 버려진 비닐봉지 수명에 관한 모든 것이 기술되어 있는데, 이는 수십 년에서 5,000년까지 간다. 2018년 *L'État des plastiques*라는 보고서에서, 유엔은 플라스틱이 분해되는 데는 〈수천 년〉이 걸릴 수 있다고 언급한다.

3 Michel-Edouard Leclerc, "Vingt ans après E. Leclerc, la loi va supprimer les sacs plastique", *De quoi je me MEL*(블로그 이름), 2015년 12월 28일.

4 Gilles van Kote, "Le sac plastique : un si ingénieux fléau", *Le Monde*, 2016년 7월 1일.

5 Tabibul Islam, "Bangladesh: ban on plastic bags changes shopping habits", IPS News Agency, 2002년 1월 29일.

6 UNEP(유엔 환경 계획), *Single-use Plastics: A Roadmap for Sustainability*, 2018년 6월.

7 UNEP, *Legal Limits on Single-use Plastics and Microplastics: A Global Review of National Laws and Regulations*, 2018년.

8 ReportLinker, *Global Plastic Bags and Sacks Industry Report*, 2020년 9월.

9 Cabinet IRI, *Covid-19 Impact: Consumer Spending Tracker*, 2020년 3월 19일.

10 G. Kampf 외, "Persistence of coronaviruses on inanimate surfaces and their inactivation with biocidal agents", *The Journal of Hospital Infection*, 2020년 2월 6일.

11 *Health Expert Statement Addressing Safety of Reusables and Covid-19*, 2020년 6월.

12 Emanuel Goldman, "Exaggerated risk of transmission of Covid-19 by fomites", *The Lancet*, 2020년 8월.

13 National Conference of State Legislatures, *State Plastic Bag Legislation*, 2020년 11월 18일.

14 New Hampshire, Sununu 주지사, *Governor Chris Sununu Issues Emergency Order 10*, 2020년 3월 21일.

15 Lettre de la Plastics Industry Association à Alex Azar, 2020년 3월 18일.

16 Ivy Schlegel, *How the Plastic Industry is Exploiting Anxiety about Covid-19*, 2020년 3월 26일.

17 PlasticsEurope, *Plastics' Contribution to Climate Protection*, 2010년.

18 WWF, *Pollution plastique : à qui la faute?*, 2019년.

19 Tearfund, *The Burning Question*, 2020년 3월.

20 Eunomia, *Plastics: Can Life Cycle Assessment Rise to the Challenge?*, 2020년 10월.

21 UNEP, *Single-use Plastic Bags and Their Alternative: Recommendations from Life Cycle Assessments*, 2020년.

4장

1 American Chemistry Council, "Are toxic chemicals included in the plastic products we buy?", *Plastics FAQs*.

2 *Health Expert Statement Addressing Safety of Reusables and Covid-19*, 2020년 6월.

3 Lisa Zimmermann 외, "Benchmarking the in vitro toxicity and chemical composition of plastic consumer products", *Environmental Science & Technology*, 2019년 8월.

4 Ksenia Groh 외, "Overview of known plastic packagingassociated chemicals and their hazards", *Science of the Total Environment*, 2019년 2월 15일.

5 Theo Colborn, Pete Myers 외, *Déclaration de consensus de Wingspread*, 1992년 7월.

6 18개 언어로 번역되었다. 한국어판은 1997년 출간되었다.

7 Corporate Europe Observatory, *Leaked Industry Slides Reveal Insights on the Chemical Industry's Lobbying Strategy*, 2017년 5월 17일.

8 UNEP, IPEN 외, *Les Additifs toxiques du plastique et l'économie circulaire*, 2020년 9월.

9 ChemSec(국제 화학 사무국), *The Ultimate Guide to Cheat Regulation and Sell Toxic Chemicals in the EU*, 2020년 9월 24일.

10 스테판 푸카르, 2018년 6월 24일 France Culture 채널에서 방송한 「환경 매거진, 원인에서 결과까지De cause à effets, le magazine de l'environnement」 프로그램에서 "암과 내분비 교란 물질, 누구의 잘못인가?Cancers et perturbateurs endocriniens : à qui la faute?"라는 주제에 관하여.

11 Nathaniel Rich, "The lawyer who became DuPont's worst nightmare", *New York Times*, 2016년 1월 6일.

12 Arlene Blum 외, "The Madrid statement on poly- and perfluoroalkyl substances (PFASs)", *Environmental Health Perspectives*, 2015년 5월 1일.

13 FluoroCouncil, "Fluorotechnology is critical to modern life: The FluoroCouncil counterpoint to the Madrid statement", *Environmental Health Perspective*에 게재된 설명, 2015년 5월.

14 The Nordic Council, *The Cost of Inaction*, 2019년 3월.

15 Aude Massiot, Perfluorés, un déni français, *Libération*, 2020년 6월 17일.

16 미시간주 정부 웹사이트에 게시된 제소 사본, "Michigan files lawsuit against 3M, DuPont and others for PFAS contamination", 2020년 1월 14일.

17 프랑스 보건 당국, *Polluants du quotidien: données inédites chez les enfants et les adultes*, Esteban 조사, 2019년 9월.

18 CIEL 외, *Plastic Planet: The Hidden Costs of a Plastic Planet*, 2019년 2월.

19 Leonardo Trasande 외, "Estimating burden and disease costs of exposure to endocrine-disrupting chemicals in the European union", *The Journal of Clinical Endocrinology and Metabolism*, 2015년 3월.

5장

1 Charles James Moore, "Trashed: across the Pacific ocean, plastics, plastics, everywhere", *Natural History*, 2003년 11월.

2 Nathalie Gontard와 Hélène Seingier, Plastique, *le grand emballement*, Stock, 2020년. 『플라스틱 세상』, 구영옥 옮김(폭스코너, 2021)

3 Alan Jamieson 외, "Microplastics and synthetic particles ingested by deep-sea amphipods in six of the deepest marine ecosystems on Earth", *Royal Society Open Science*, 2019년 2월.

4 AFP, "Des microplastiques jusque dans les entrailles des océans", 2019년 2월 27일.

5 James Carlton 외, "Tsunami-driven rafting: Transoceanic species dispersal and implications for marine biogeography", *Science*, 2017년 9월.

6 UNEP, IPEN 외, *Les Additifs toxiques du plastique et l'économie circulaire*, 2020년 9월.

7 Janice Brahney 외, "Plastic rain in protected areas of the United

States", *Science*, 2020년 6월.

8　Anderson Abel de Souza Machado 외, "Microplastics as an emerging threat to terrestrial ecosystems", *Global Change Biology*, 2018년

9　Baoshan Xing, "Research in land plants shows nanoplastics accumulating in tissues", *University of Massachusetts Amherst*, 2020년 6월.

10 Gea Oliveri Conti 외, "Micro- and nano-plastics in edible fruit and vegetables. The first diet risks assessment for the general population", *Environmental Research*, 2020년 8월.

11 "Du plastique partout dans le Léman", *La Revue polytechnique*, 2019년 4월 14일.

12 Oliver Milman, "Pollution from car tires is killing off salmon on US west coast, study finds", *The Guardian*, 2020년 12월 3일.

13 OECD, *Non-exhaust Particulate Emissions from Road Transport*, 2020년 12월 7일.

14 스페인 란사로테에서 열린 미세 플라스틱의 영향에 관한 2018 MICRO 학회 당시, ECHA 수석 과학 책임자인 피터 심슨의 발언. 〈반감기〉는 어떤 물질이 그 작용의 절반을 소실하는 데 걸리는 시간을 의미한다.

15 Sarah-Jeanne Royer 외, "Production of methane and ethylene from plastic in the environment", *PLOS One*, 2018년 8월 1일.

16 Alina M. Wieczorek 외, "Microplastic ingestion by gelatinous zooplankton may lower efficiency of the biological pump", *Environmental Science and Technology*, 2019년 4월 1일.

17 Mikaël Kedzierski, "Microplastic contamination of packaged meat: Occurrence and associated risks", *Food Packaging and Shelf Life*, 2020년 2월.

18 Laura Hernandez, "Plastic teabags release billions of microparticles and nanoparticles into tea", *Environmental Science and Technology*, 2019년 9월.

19 WHO, *Microplastics in Drinking Water*, 2019

20 Damian Carrington, "Microplastic particles now discoverable in human organs", *The Guardian*, 2020년 8월 17일.

21 오스트레일리아 뉴캐슬 대학교, "Plastic ingestion by people could be equating to a credit card a week", *University News*, 2019년 6월.

22 Kieran Cox 외, "Human consumption of microplastics", *Environmental Science and Technology*, 2019년 6월.

23 Antonio Ragusa 외, "Plasticenta: First evidence of microplastics in human placenta", *Environmental International*, 2021년 1월.

24 G. Allen Burton, Jr, "Stressor exposures determine risk: So, why do fellow scientists continue to focus on superficial microplastics risk?", *Environmental Science and Technology*, 2017년 11월.

25 Ifremer, *Les huîtres menacées par les microplastiques dans les océans*, 2016년 3월 24일.

6장

1 PlasticsEurope, "Emballages plastique : pourquoi tant de haine?", *PlasticsleMag*, 2019년 3월 5일.

2 Carmen Freire 외, "Concentrations of bisphenol A and parabens in socks for infants and young children in Spain and their hormonelike activities", *Environmental Journal*, 2019년 6월.

3 ResearchAndMarkets.com, "Global bisphenol A market report 2018: Analysis 2013-2017 & Forecasts 2018-2023", 2018년 11월 29일.

4 Wei Bao 외, "Association between bisphenol A exposure and risk of all-cause and cause-specific mortality in US adults", *JAMA Open Network*, 2020년 10월.

5 CHEM Trust, *From BPA to BPZ: A Toxic Soup?*, 2018년 3월.

6 Maël Montévil, Ana Soto 외, "A combined morphometric and statistical approach to assess nonmonotonicity in the developing mammary gland of rats in the CLARITY-BPA study", *Environmental Health Perspective*, 2020년 5월.

7 Food and Drug Administration(FDA), *Questions & Answers on Bisphenol A(BPA) Use in Food Contact Applications*, 2018년 2월 2일. 2019년 말, 저자가 공식적으로 질의한 문서에서 FDA는 이러한 입장을 재차

확인했다.

8 Herman Autrup 외, "Human exposure to synthetic endocrine disrupting chemicals (S-EDCs) is generally negligible as compared to natural compounds with higher or comparable endocrine activity: How to evaluate the risk of the S-EDCs?", *Archives of Toxicology*, 2020년 6월 8일.

9 Stéphane Foucart와 Stéphane Horel, "Perturbateurs endocriniens: ces experts contestés qui jouent les semeurs de doute", *Le Monde*, 2020년 6월 22일.

10 The Environmental Working Group, *Timeline: BPA from Invention to Phase-Out*, 2011년.

11 Susanne Rust와 Meg Kissinger, "BPA industry seeks to polish image", *Sentinel*, 2009년 5월 29일.

12 EFSA, "L'exposition au bisphénol A ne présente pas de risque pour la santé des consommateurs", 2015년 1월 21일.

13 Jane Muncke 외, "Impacts of food contact chemicals on human health: A consensus statement", *Environmental Health*, 2020년 3월 3일.

14 Zero Waste Europe, *Plastics in the Spotlight*, 2020년 12월 3일.

15 Kseniah Groh, Jane Muncke 외, "Overview of known plastic packaging-associated chemicals and their hazards", *Science of the Total Environment*, 2019년 2월 15일.

16 Ineris, 비스페놀 대체를 위한 전용 사이트

17 Covestro, *Questions and Answers on Bisphenol A*.

18 Dublin Trinity College, "High levels of microplastics released from infant feeding bottles during formula prep", *Nature Food*, 2020년 10월 19일.

7장

1 "Radoszewski testifies in Congress to plastic's life-saving role during pandemic", Plastics Industrty Association 언론 보도 자료, 2020년 7월 7일.

2 MarketsandMarkets의 분석 참조, *Covid-19 Impact on Medical Plastics Market*, 2020년 4월 24일; *Global $44.66 Billion Medical Plastics Market to 2027 with Covid-19 Impact and Analysis*, 2020년 11월 20일.

3 Chauhan MN 외, "Use of plastic products in operation theatres in NHS and environmental drive to curb use of plastics", *World Journal of Surgery and Surgical Research*, 2019년 1월.

4 Chantelle Rizan 외, "Plastics in healthcare: Time for a reevaluation", *Journal of the Royal Society of Medicine*, 2020년 2월 7일.

5 Plastics Industry Association, *The Many Benefits of PVC*, 2019.

6 WHO, *La Gestion sécurisée des déchets médicaux*, 2017년.

7 ResearchandMarkets, *Global Polyvinyl Chloride (PVC) Market Size, Demand Forecasts, Industry Trends and Updates (2018-2025)*, 2018년 10월.

8 Hagai Levine, Shanna H. Swan 외, "Temporal trends in sperm count: A systematic review and meta-regression analysis", *Human Reproduction Update*, 2017.

9 Shanna H. Swan과 Stacey Colino, *Count Down: How Our Modern World Is Threatening Sperm Counts, Altering Male and Female Reproductive Development, and Imperiling the Future of the Human Race*, Simon & Schuster, 2021년 2월 23일. 『정자 0 카운트다운』, 김창기 옮김 (행복포럼, 2022)

10 Eric Mallow 외, "Phthalates and critically ill neonates: Device-related exposures and non-endocrine toxic risks", *Journal of Perinatology*, 2014년.

11 Claire Pitollat과 Laurianne Rossi, *Rapport d'information sur les perturbateurs endocriniens présents dans les contenants en plastique*, 프랑스 국회, 2019년 12월.

12 Matthew Genco 외, "Unwitting accomplices: Endocrine disruptors confounding clinical care", *The Journal of Clinical Endocrinology & Metabolism*, 2020년 10월.

13 PlasticsEurope, "Emballages plastiques : pourquoi tant de haine?", *PlasticsleMeg*, 2019년 3월.

14 Claire Pitollat과 Laurianne Rossi, *Rapport d'information sur les perturbateurs endocriniens présents dans les contenants en plastique*, 앞의 자료.

15 American Chemistry Council(ACC), *Myths and Realities about*

Phthalates in Food Containers, 2020년 12월 7일 참조.

16 Joana Correia Prata 외, "Pandemic repercussions on the use and management of plastics", *Environmental Science and Technology*, 2020년 6월.

17 Bruno Strasser와 Thomas Schlich, "A history of the medical mask and the rise of the throwaway culture", *The Lancet*, 2020년 5월 22일.

18 Ginger Hervey, "Coronavirus PPE likely to contain hazardous chemicals such as PFASs, NGO says", *Chemical Watch*, 2020년 5월 5일.

19 WHO, *La Gestion sécurisée des déchets médicaux*, 2017년.

20 Health Care Without Harm, *Non-toxic Healthcare: Alternatives to Hazardous Chemicals in Medical Devices: Phthalates and Bisphenol A*, 제2판, 2019년.

8장

1 Laura Sullivan, *Plastic Wars*, 2020년 5월에 미국 공영 라디오 방송 NPR과 미국 공영 TV방송 PBS에서 방송됨.

2 미국 연방 의회 보고서 *Facing America's Trash: What Next for Municipal Solid Waste?*, 1989년 10월.

3 Ronald Geyer, Jenna Jambeck, Kara Lavender Law, "Production, use, and fate of all plastics ever made", *Science Advances*, 2017년 7월 19일.

4 2018년 미국 환경 보호청(EPA) 보고서. 전문가들에 따르면, 2020년 실제 수치는 약 7퍼센트가 될 것이라 한다.

5 2020년 11월 엘런 맥아더 재단이 발표한 약속 이행 보고서.

6 Changing Markets, *Talking Trash*, 2020년 9월. 이 보고서는 뒷장에서도 참조되고 있음.

7 IPEN, *Some Plastics Can Poison Children*, 2020년 5월 4일.

8 프랑스 환경 에너지 해양부, *Les Polluants organiques persistants*, 2017년 4월.

9 Ignacio Zafra, "El Gobierno valenciano destituye al secretario autonómico de Medio Ambiente", *El Pais*, 2018년 2월 2일.

10 엘런 맥아더 재단, *Pour une nouvelle économie des plastiques*, 2017년.

11 As You Sow, *Waste and Opportunity 2020*, 2020년 6월 17일.

12 John Hocevar, *Circular Claims Fall Flat*, Greenpeace, 2020년 2월 18일.

13 소송 전문은 그린피스 사이트에서 열람할 수 있음 : *Walmart lawsuit*, 2020년 12월 14일.

14 Reuters, "Walmart recyclable labeling draws Greenpeace lawsuit", 2020년 12월 15일.

15 Keurig Green Mountain을 상대로 한 Kathleen Smith의 집단 소송, 2018년 9월 28일 캘리포니아주 북부 지방 법원에 제기된 소송.

9장

1 Rick Wagner, "In my opinion: Plastics-to-fuel is launchpad for innovation", *Plastics Recycling Update*, 2018년 2월 20일. Chevron Phillips Chemicals은 2000년 Chevron과 Phillips의 화학 부문이 합병되어 탄생했다.

2 위의 자료.

3 PlasticsEurope, *Recyclage mécanique*, 2020년 12월 10일 참조 페이지.

4 ACC, *New Investments in Advanced Plastics Recycling in the US*, 2020년 9월.

5 Ivy Schlegel, *Deception by the Numbers: Claims about Chemical Recycling Don't Hold Up to Scrutiny*, Greenpeace USA, 2020년 9월.

6 GAIA, *All Talk and No Recycling: An Investigation of the US "Chemical Recycling" Industry*, 2020년.

7 Quantis, *Chemical Recycling: Greenhouse Gas Emission Reduction Potential of an Emerging Waste Management Route*, Cefic이 의뢰해 2020년 10월에 발표된 보고서.

8 Andrew Rollison과 Jomoke Oladejo, *Chemical Recyling: Status, Sustainability and Environmental Impacts*, GAIA, 2020년 6월.

9 Zero Waste Europe, *Understanding the Environmental Impacts of Chemical Recycling Ten Concerns with Existing Life Cycle Assessments*, 2020년 12월.

10 Eunomia, *Chemical Recycling: State of Play*, CHEM Trust, 2020년

12월.

11 GAIA, *Chemical Recycling: Distraction, not Solution*, 2020년 6월.

12 Alliance to End Plastic Waste, *The World We Know*, 2018년.

13 Joe Brock, "Special report: Plastic pandemic: Covid-19 trashed the recycling dream", 2020년 10월 5일.

14 Joe Brock, John Geddie, Saurabh Sharma, "Big Oil's flagship plastic waste project sinks on the Ganges", Reuters, 2021년 1월 18일.

15 Alliance to End Plastic Waste, *Progress Report*, 2020.

16 Greenpeace, *Throwing Away the Future: How Companies Still Have It Wrong on Plastic Pollution "Solutions"*, 2019년 9월.

17 위의 자료.

18 GAIA, *Sachet Economy: Big Problems in Small Packets*, 2020년 7월.

19 Vijay Mahajan, "How Unilever reaches rural consumers in emerging markets", *Harvard Business Review*, 2016년 12월 14일.

20 Nestlé는 2024년까지 "대체할 재료 목록liste des matériaux"에 소포장은 포함시키지 않았다.

21 Unilever, *Rethinking Plastic Packaging – Towards a Circular Economy*, 2020년 12월 14일 참조.

10장

1 Michael Taylor, "Southeast asian plastic recyclers hope to clean up after China ban", Reuters, 2018년 1월 16일.

2 GAIA, *Discarded*, 2019년 4월.

3 Jiu-Liang Wang, *Plastic China*, 2016년.

4 1992년에서 2017년 사이, 중국은 재활용을 목적으로 하는 플라스틱 폐기물의 총 45퍼센트를 수입했다. Amy Brooks 외, "The Chinese import ban and its impact on global plastic waste trade", *Science Advances*, 2018년 6월 20일.

5 Greenpeace Japan, *Evaluation and Recommendations on Japan's Plastic Politics*, 2019년 6월.

6 Changing Markets, *Talking Trash*, 2020년 9월.

7 Greenpeace East Asia, *Data from the Global Plastics Waste Trade 2016-2018 and the Offshore Impact of China's Foreign Waste Import Ban*, 2019년 4월 23일.

8 Interpol, *Interpol's Strategical Analysis on Emerging Criminal Trends in the Global Plastic Waste Market since January 2018*, 2020년 8월.

9 Basel Action Network와 Nexus3, *Report on Fate of Re-exports of Seized Illegal Imports of Waste from the USA to Indonesia*, 2019년 10월 28일.

10 *Le Monde*와 AFP, "Les Philippines renvoient au Canada des tonnes de déchets plastique", 2019년 5월 31일.

11 Europol, *Trash Worth Millions of Euros*, 2019년 9월 18일.

12 Nicolas Wells, "Italian police dismantle toxic plastic trafficking ring", *Organised Crime and Corruption Reporting Project*, 2019년 10월 28일.

13 "Greenpeace: Turkey's Plastic Waste Import Increased by 173 Times in 15 Years", agence de presse turque Bianet, 2020년 5월 20일.

14 Emma Howard, "Oil-backed trade group is lobbying the Trump administration to push plastics across Africa", *Unearthed*, Greenpeace 조사 매거진.

15 Ocean Conservancy and McKinsey, *Stemming the Tide: Land-based Strategies for a Plastic-free Ocean*, 2015년 9월.

16 GAIA, *Technical Critique of "Stemming the Tide"*, 2015년 10월.

17 국제 에너지 기구, *The Future of Petrochemicals*, 2020. 2016년 발표된 Euromap 수치도 참조 바람.

18 Kara Lavender Law, "The United States' contribution of plastic waste to land and ocean", *Science Advance*, 2020년 10월 30일.

11장

1 Coca-Cola European Partners, *Radar Screen of EU Public Policies*, 2016년.

2 "Heroes of the environment", *Time Magazine*, 2007년 10월 17일.

3 Zineb Dryef, "Comment l'Europe a adopté la directive antiplastique",

Le Monde, 2019년 5월 17일.

4 Corporate Europe Observatory, *Comment les lobbies des emballages se cachent derrière des associations anti-déchets pour éviter des solutions plus radicales*, 2018년 3월.

5 Zineb Dryef, "Comment l'Europe a adopté la directive antiplastique", 인용된 기사.

6 Clean Europe Network, *Response to article by "Corporate Europe Observatory" of 28 March 2018*, 2018년 3월 29일.

7 Sharon Lerner, "Leaked audio reveals how Coca-Cola undermines plastic recycling efforts", *The Intercept*, 2019년 10월 18일.

8 Coca-Cola European Partners, *Radar Screen of EU Public Policies*, 2016.

9 Gilbert Koech, "Environmental pollution: Tobiko warns corporates over 'selfish interests'", *The Star*, 2020년 9월 19일.

10 Changing Markets, *Talking Trash*, 2020년 9월.

11 포장 폐기물 감소에 관해 유럽연합 집행위원회가 시작한 협의에 대한 유럽 음료 협회의 논평, 2020년 8월 3일.

12 PlasticsEurope, *Plastics: The Facts 2020*, 2020년 1월. 이 수치는 28개 회원국(브렉시트 이전)과 노르웨이, 스위스와 관련이 있다.

13 유럽 회계 감사원, *Les mesures prises par l'UE pour lutter contre le problème des déchets plastique*, 2020년 10월.

14 Fondation Heinrich Böll, *PlastikAtlas*, 2019년 6월.

15 PlasticsEurope, *The Facts* 2018년.

16 폐기물 에너지 재생 공장 연합CEWEP, The Confederation of European Waste-to-Energy Plants 웹사이트.

17 지속적인 투자에 대한 장려가 목적인 기본 틀에 관한 2020년 6월 18일 유럽의회와 유럽연합 규정.

18 플리머스 대학교, *Recycled Electrical Products Lead to Hazardous Chemicals Appearing in Everyday Items*, 2018년 5월 30일.

19 Claire Pitollat와 Laurianne Rossi, *Rapport d'information sur les perturbateurs endocriniens présents dans les contenants en plastique*, 앞의

자료.

20 Nathalie Gontard와 Hélène Seingier, *Plastique, le grand emballement*, 앞의 자료.

12장

1 La Boucle Verte, "La désillusion d'une start-up de l'économie circulaire", Facebook, 2020년 5월.

2 Ademe, *Déchets — Chiffres clés*, 2020년 출간본.

3 Jacques Pélissard, Rencontre-débat Comité 21: "Les maires, fantassins du développement durable", 2005년 6월 8일.

4 Flore Berlingen, *Recyclage, le grand enfumage*, Rue de l'Échiquier, 2020. 플로르 베를랭쟁은 제로 웨이스트 프랑스를 2020년 9월에 사직했다.

5 Ademe, *Étude prospective sur la collecte et le tri des déchets d'emballages et de papier dans le service public de gestion des déchets*, 2014년 5월.

6 2019년 7월 1일 자 시테오의 이사회 구성.

7 Citeo, *PET opaque: des avancées majeures en éco-conception, recyclage et création de nouveaux débouchés*, 2020년 1월 23일.

8 Flore Berlingen, *Recyclage, le grand enfumage*, 앞의 자료.

9 Cooperl, "Madrange lance un emballage inédit au rayon libreservice!", 2020년 4월 29일.

10 Stéphanie Senet, "Paradis fiscaux : Éco-Emballages à moitié responsable des pertes", *Le Journal de l'environnement*, 2017년 7월 18일.

11 AmCham EU, *Position Paper. Joint Statement from the Packaging Value Chain Associations on the Single-use Plastics Proposal*, 2018년 8월 22일.

12 "Plastique, la grande intox", 2018년 9월 텔레비전 채널 프랑스2(France 2)에서 방영된 「Cash Investigation」 프로그램.

13 Flore Berlingen, Recyclage, *le grand enfumage*, 앞의 자료.

14 Fabienne Maleysson, "Emballages en plastique. Le recyclage à la peine", *UFC-Que Choisir*, 2020년 10월 22일.

15 Citeo, *Guide de l'Info-Tri*, 2018년 6월.

16 Monic Sun et Remi Trudel, "The effect of recycling versus trashing on consumption: Theory and experimental evidence", *Journal of Marketing Research*, 2017년 4월.

17 Ademe, *Bilan national du recyclage 2008-2017*, 2020년 3월.

18 PlasticsEurope, *The Facts* 2020년.

19 Federec, *Le marché du recyclage*에 대한 2017년과 2019년 보고서.

20 Total, *Rapport annuel* 2019.

21 2019년 7월 10일 정부 보도 자료.

22 낭비에 반대하고 순환 경제를 독려하는 법으로, 2020년 2월 10일 발효.

23 프랑스 환경부, 2021~2025년 기간 동안 일회용 포장재의 감축, 재사용, 재이용, 재활용 목표에 관한 법령 초안, 2020년 12월 23일부터 2021년 1월 13일까지 협의.

24 Philippe Bolot와 Angèle Préville, 의회 정보 보고서, *Pollutions plastiques: une bombe à retardement?*, 2020년 12월 10일.

13장

1 Polly Mosendz, "This plastic mega-factory is a $10 billions bet on a single-use future", *Bloomberg*, 2020년 6월 8일.

2 TEDxPlasticPollutionCoalition, TED Countdown, 2020년 10월 14일.

3 *Lois' Frackland Tour*, 2020년 출간본. (뒤이어 나오는) Erica Tarr와 Bryan Latkanish의 진술은 이 비디오에서 유래한다.

4 Nathaniel Warner 외, "Impacts of shale gas wastewater disposal on water quality in western Pennsylvania", *Environmental Science & Technology*, 2013년 10월 2일.

5 Elaine Hill과 Lala Ma, "Does shale gas development impact infant health through drinking water?", 아이오와 주립 대학교, 2017년.

6 Ryan Deto, "Frack Check: Trump inflates Pennsylvania fracking job figures by 3,500 percent", *Pittsburgh City Paper*, 2020년 9월 4일.

7 Don Hopey, "To crack or not to crack: The regional climate change battle is joined", *Pittsburgh Post-Gazette*, 2019년 11월 10일.

8 American Chemisty Council, "Ethylene oxide, frequently asked questions", 2021년 2월 9일 사이트 참조.

9 Aude Massiot, "En Louisiane, sur la route de Cancer Alley", *Libération*, 2019년 6월 5일.

10 Center of Biological Diversity, "Army Corps suspends permit for formosa plastics' controversial Louisiana plant", 2020년 11월 4일.

11 CIEL 외, *Plastic Planet: The Hidden Costs of a Plastic Planet*, 2019년 2월.

12 Andrew Waxman 외, "Emissions in the stream: Estimating the greenhouse gas impacts of an oil and gas boom", *Environmental Research Letters*, 2020년 1월.

13 David Kern 외, "A retrospective cohort study of lung cancer incidence in Nylon flock workers, 1998-2008", *International Journal of Occupational and Environmental Health*, 2011년 12월.

14 David Rosner와 Gerald Markowitz, *Deceit and Denial: The Deadly Politics of Industrial Pollution*, University of California Press, 2013년.

15 ANSES, *Risques sanitaires liés aux expositions professionnelles des sapeurs-pompiers*, 2019년 10월.

16 Zero Waste Europe, *Hidden Emissions from Waste Incineration: New Case Study Reveals Dangerous Breaches*, 2018년 11월 28일.

17 Andreea Leonte, "China is burning away its ecological future", *FP*, 2019년 3월 26일.

18 AirParif, *Étude des dioxines chlorées et bromées dans l'air ambiant*, 2018년 8월.

19 Greenpeace, *The Recycling Myth 2.0*, 2020년 5월.

20 Gabrielle Maréchaux, "Plastique : les citoyens malaisiens en lutte contre les fumées toxiques", *Libération*, 2020년 10월 9일.

21 Interpol, *Interpol's Strategical Analysis on Emerging Criminal Trends in the Global Plastic Waste Market Since January 2018*, 2020년 8월.

22 GAIA, *Discarded*, 2019년 4월.

23 IPEN, Nexus3, Ecoton, Arnika, *Plastic Waste Poisons Indonesia's*

Food Chain, 2019년 11월.

24 Nestlé, *Republic Cement Partnership Expands Plastic Collection, Co-processing*, 2020년 3월 6일.

25 GAIA, *Discarded*, 2019년 4월.

14장

1 Karen McVeigh, "UK to support plans for new global treaty to "turn tide" on plastic pollution", *The Guardian*, 2020년 11월 19일.

2 유엔 환경 계획, 2018년 5월 해양 환경 속 폐기물과 미세 플라스틱에 관한 특별 개방형 전문가 집단 회의 개요.

3 *The Business Call for a UN Treaty on Plastic Pollution*, 2020년 10월 14일.

4 PlasticsEurope, *A Silver Bullet for a Circular Economy?*, 2020년 10월 16일.

5 Stephanie Borrelle 외, "Predicted growth in plastic waste exceeds efforts to mitigate plastic pollution"; Winnie Lau 외, "Evaluating scenarios toward zero plastic pollution", *Science*, 2020년 9월 18일.

6 ACC, *Plastic Makers Committed to Ending Plastic Waste in the Environment*, 2020년 9월 17일.

7 Julie Dermansky, "Activists find evidence of Formosa plant in Texas still releasing plastic pollution despite $50 million settlement", *DeSmog*, 2020년 1월 18일.

8 "Earth Island sues 10 companies, including Coke, Pepsi, and Nestle, over plastic use", *Earth Island Journal*, 2020년 2월 26일.

9 James Thornton과 Martin Goodman, *Client Earth*, Scribe, 2017년 5월.

10 ClientEarth, *Risk Unwrapped: Plastic Pollution as a Material Business Risk*, 2018년 7월.

11 Portfolio Earth, *Bankrolling Plastics*, 2021년 1월 7일.

12 Carbon Tracker, *The Future Is Not in Plastics*, 2020년 9월.

13 PNUE, *Évaluation du plastique*, 2014년

14 Robert Hodgson, "Brussels warns business over marine plastic litter",

ENDS Europe, 2018년 5월 17일.

15 European Environmental Bureau, *EU Microplastics Ban: How Industry Pressure Led the European Chemicals Agency to Dilute its Proposals*, 2020년 9월 1일.

16 Andrew Turley, " EU microplastics plan will address intentional and non-intentional sources", *Chemical Watch*, 2020년 10월 29일.

17 Raquel Carvalho 외, "Mixtures of chemical pollutants at European legislation safety concentrations: How safe are they?", *Toxicological Science*, 2014년 9월 12일.

나가는 말

1 As You Sow, *Waste and Opportunity 2020* 보고서, 2020년 6월 17일.

2 Philippe Bolo와 Angèle Préville, 의회 브리핑 보고서, *Pollutions plastiques : une bombe à retardement?*, 2020년 12월 10일.

3 Lukas Sattlegger와 Luca Raschewski, *From Zero Waste Lifestyle to a Garbage-free Society? The Limits of Waste Avoidance in a Growth-based Society*, 독일의 플라스틱에 관한 연구 그룹, PlastX 사이트, 2019년 2월 5일.

4 세계은행, *What a Waste 2.0: A Global Snapshot of Solid Waste Management to 2050*, 2018년 9월.

5 Endoctrine Society와 IPEN, *Plastics Pose Threat to Human Health*, 2020년 12월 15일.

6 Éric La Blanche, *Colère contre les responsables de l'effondrement écologique*, 2020년.

추천의 말

〈재활용하면 괜찮다〉는 〈그린워싱〉을 끝내려면

신혜정(한국일보 기후·환경 기자, 『플라스틱 게임』 저자)

「이것도 재활용이 되나요?」 플라스틱 이슈를 꽤 오래 취재해 온 저는 종종 이런 질문을 받습니다. 빨간 국물 흔적을 열심히 씻어 낸 배달 음식 플라스틱 용기, 라벨을 떼어 냈지만 접착제가 남아 버린 투명 페트병 등. 자신이 소비한 플라스틱이 재활용되길 바라며 노력한 흔적이 역력합니다. 그러나 어떤 경우든 제 대답은 질문자에게 실망을 안길 수밖에 없습니다. 〈결국 재활용되기 어렵다〉는 게 현실적인 답이니까요.

분리배출한 플라스틱이 재활용되기 어려운 건 한국만의 특수한 사정이 아닙니다. 『플라스틱 테러범』에서 저자가 언급한 것처럼, 〈1950년부터 전 세계적으로 배출된 플라스틱 폐기물 약 70억 톤 가운데 오직 9퍼센트만이 재활용〉(188쪽)되었기 때문입니다. 우리 손에 잡히는 포장재를 살펴보면 항상 화살표 세 개로 된 삼각형이 그려져 있습니다. 이렇게 〈분리배출〉 표시는 꼬박꼬박 되어 있는데도 재활용률은 왜 이리 낮을까요? 다 쓴 플라스틱을 수거해서 재질별로 철저히 분류하고, 세척해 가공하는 이 모든 과정에 막대한 비용이 들기 때문입니다. 분리배출 표시는 〈재활용이 된다〉는 의미가 아니라 〈재활용을 희망한다〉는 텅 빈 구호인 셈입니다.

플라스틱을 제조하고 판매하는 기업들은 이 사실을 말하지 않습니다. 재활용은 플라스틱 오염의 심각성을 덮고 더 많은 플라스틱을 팔기 위한 방패였기 때문입니다. 저널리스트 도로테 무아장은 이 점을 철저한 취재로 파헤칩니다. 플라스틱 생산량을 줄이는 규제가 도입되는 것을 막기 위해, 유럽의 석유 화학 산업계가 생분해 플라스틱이나 플라스틱 병 보증금제 등 다양한 우회로를 제시했다는 점도 지적합니다. 한국 정부 역시 다회용 컵을 사용하도록 장려하는 해법보다, 〈일회용 컵 보증금제〉 실시를 앞세우고 있죠. 그마저도 업계 반발에 부딪혀 전국적으로 확대하지 못하고 있는 한국의 사정도 유럽의 실태와 다르지 않아 보입니다.

재활용은 기업들이 내세우는 프로파간다 중 가장 효과적이고 치명적입니다. 플라스틱 생산량과 판매량은 늘리면서도 폐기물 처리의 책임은 소비자의 손에 고스란히 떠넘겼기 때문입니다. 미국 산업계의 전직 책임자들조자 〈재활용 장려는 소비자들에게 플라스틱의 이미지를 친환경적으로 만들고, 구매 시 이들에게 죄의식을 덜어 주려는 전략이었을 뿐〉(183쪽)이라고 실토했다는 구절을 읽으며 한숨이 절로 나왔습니다. 〈오염자 책임 원칙〉은 모든 환경 문제 해결의 기본 원칙입니다. 그러나 재활용이 어렵다는 것을 알면서도 이를 숨기고, 플라스틱 처리를 소비자에게 전가한 기업들의 행태는 〈그린워싱〉이라고 볼 수밖에 없습니다.

오염이 끝없이 재생산되는 이 현실을 바꾸기 위해 우리는 다른 질문을 던져야 합니다. 저자의 말대로, 우리가 그동안 해 왔던 〈이 플라스틱이 어디로 가고, 어떻게 제거되는 것일까?〉라는 질문은 잘못됐습니다. 〈이 플라스틱은 어디에서 왔고, 어떻게 해야 생산하지 않을 수 있을까〉라는 질문이 필요합니다. 즉 이 모든 사태를 만들어 낸 〈플라스틱 테러범〉, 플라스틱을 생산하고 더 많은 플라스틱을 판매하기 위해 진실을 교묘히 숨긴 글로벌 기업들의 책임에 초점을 맞춰야 하는 것입니다.

재활용과 환경 보호에 누구보다도 진심인 한국의 독자들에게 이는 더욱 중요한 전환입니다. 기업이 해야 할 고민들 — 제품에서 플라스틱 사용량을 줄이고, 가급적 재활용이 가능하도록 개선하는 것 — 을 대신 하다가 허무와 절망에 빠진 시민이 많이 보이기 때문입니다. 플라스틱 사용을 줄이기 위한 개인의 실천은 물론 매우 귀한 일입니다. 하지만 산업계가 먼저 플라스틱 생산을 감축하도록 고삐를 당기지 않는다면 지구에는 끊임없이 새로운 플라스틱과 온실가스가 더해질 수밖에 없습니다. 통조림 햄이나 요거트 제품의 플라스틱 이중 뚜껑 같은 불필요한 포장재를 뜯어 제조사에 돌려보내는 〈플라스틱 어택〉이 필요한 것입니다.

저는 이 책 저자가 플라스틱 속 첨가제와 내분비 교란 물질 등의 화학적 위험성을 가차 없이 취재한 부분을 읽으면서도 많은 것을 얻었습니다. 플라스틱(폐기물)은 쓰레기이기에 앞서 화학물질 덩어리이지만, 최근 한국의 환경 담론에서는 이 사실이 다소 간과되고 있기 때문입니다. 1990년대와 2000년대 초반만 해도 분명 〈환경 호르몬〉의 유해성을 지적하고 경고하는 목소리가 많았습니다. 이후 규제가 정비되고, 기존의 플라스틱 소재들이 열을 가해도 환경 호르몬이 나오지 않는 재질로 한차례 대체되면서 위험은 마치 종식된 것처럼 보입니다.

하지만 플라스틱에 여러 기능을 입히기 위해 사용되는 각종 화학 물질들이 낱낱이 공개되지 않는 한 안심하기는 이르다고 저자는 말합니다. 특히 재활용을 이유로, 제각기 다른 공장에서 만들어진 플라스틱을 뒤섞어 재가공하는 과정은 독성을 더 강화할 우려가 있다는 겁니다. 책 속에 담긴 문제 제기는, 제가 한국의 재활용 산업 현장을 취재하며 들은 얘기와도 너무나 유사합니다. 〈자동차 내부에 사용됐던 검정색 플라스틱이 주방 기구 등 저렴한 생활용품으로 재활용될 수 있는데, 그 안에 대체 어떤 화학 물질이 첨가될지는 아무도 모른다〉는 것입니다. 더구나 이 검정 플라스틱의 생산지는 저자가 책에서 다룬 〈세계의 폐기물 투기장〉, 중국이나 동남아시아가 대부분이라 정확한 원료와 재질은 미궁으로 남아 있습니다.

독자께서는 책에 담긴 〈플라스틱 테러〉의 현실을 곱씹되, 부디 이에 압도되지는 않으시길 바랍니다. 2023년 현재 국제 사회는 플라스틱 오염을 종식시킬 근본적인 해결책, 즉 플라스틱 생산을 줄이기 위한 국제 협약을 만들고 있기 때문입니다. 이 〈유엔 플라스틱 협약〉에 담기는 생산 감축 기준에 따라 인류와 지구의 운명은 바뀔 것입니다. 모든 국가에 똑같이 적용되는 강력하고 일괄적인 감축 방안이 수립될 수도 있고, 각국의 사정에 알맞게 자율적으로 시행하자는 느슨한 대안이 채택될 수도 있겠죠. 2023년 11월 현재 한국 정부의 입장은 후자입니다. 협약의 최종안은 2024년 하반기 한국에서 열리는 마지막 회의에서 결정될 것입니다. 기후 위기를 막기 위해 우리는 어떤 선택을 해야 할까요? 이 책을 읽은 여러분께서는 선명한 답을 얻었으리라 믿습니다.

옮긴이 **최린** 고려대학교 독어독문학과 졸업 후 프랑스에서 오랜 기간 유학 생활을 했다. 파리 10대학에서 지정학 DEA(박사 준비 과정) 학위를 받았으며 마른라발레 대학 유럽연합연구소에서 박사 과정을 수료했다. 귀국 후 번역을 하며 출판사에 발을 들이게 되어, 기획과 편집, 번역 등을 하며 지금까지 출판에 관련된 일을 하고 있다. 인문, 심리, 지리, 그리고 마음을 치유하는 책들에 관심이 많다. 옮긴 책으로 『인생의 비탈에서 흔들리지 않도록』, 『내게 남은 삶이 한 시간뿐이라면』, 『지정학 카페』, 『지정학: 지금 세계에 무슨 일이 벌어지고 있는가?』, 『매일, 조금씩 자신감 수업』, 『리얼 노르딕 리빙』 등이 있다.

플라스틱 테러범

발행일   2023년 11월 15일 초판 1쇄

지은이   도로테 무아장
옮긴이   최린
발행인   홍예빈 · 홍유진
발행처   주식회사 열린책들

경기도 파주시 문발로 253 파주출판도시
전화 031-955-4000 팩스 031-955-4004
홈페이지 www.openbooks.co.kr 이메일 humanity@openbooks.co.kr